高等职业院校职业素质教育改革创新教材

U0733094

# 大学生创新基础

DAXUESHENG CHUANGXIN JICHU

主　编　杨　诚

副主编　张　倩　张洪梅

参　编　马福骁　钱　潇　黄　亮　倪金星

中国教育出版传媒集团

高等教育出版社·北京

## 内容提要

本书是高等职业院校职业素质教育改革创新教材。

本书融思想性、系统性、实用性于一体,旨在助力新时代大学生实现创新发展,改变自我认知和心智模式,强化创新思维,深刻理解创新行为逻辑,成为高素质创新型人才。本书聚焦于大学生在创新活动中经常遇到的问题,重点帮助大学生了解创新活动中的注意事项、学习常见分析方法、分析典型案例,逐步培养创新精神,强化创新素质。全书共分为三个专题,分别为"创新与创新型人才""创新思维与创新方法""创新创业素养及其培育",设计了创新箴言、学习目标、案例导入、课堂思考、课堂小结等诸多栏目,内容丰富活泼,还安排了8个实训项目,以加强创新思维训练和实践能力培养。本书是新形态教材,部分学习资源以二维码的形式置于页边,可扫描获取。

本书适合作为高等职业院校公共课教材。

**图书在版编目(CIP)数据**

大学生创新基础 / 杨诚主编. -- 北京:高等教育
出版社,2024.8(2025.1重印). -- ISBN 978-7-04-062894-4

I. G640

中国国家版本馆 CIP 数据核字第 2024HW3243 号

| | | | | |
|---|---|---|---|---|
| **策划编辑** 周静研 | **责任编辑** 周静研 | **封面设计** 张文豪 | **责任印制** 高忠富 | |

| | | | |
|---|---|---|---|
| 出版发行 | 高等教育出版社 | 网　　址 | http://www.hep.edu.cn |
| 社　　址 | 北京市西城区德外大街 4 号 | | http://www.hep.com.cn |
| 邮政编码 | 100120 | 网上订购 | http://www.hepmall.com.cn |
| 印　　刷 | 上海新艺印刷有限公司 | | http://www.hepmall.com |
| 开　　本 | 787mm×1092mm　1/16 | | http://www.hepmall.cn |
| 印　　张 | 12.5 | | |
| 字　　数 | 276 千字 | 版　　次 | 2024 年 8 月第 1 版 |
| 购书热线 | 010-58581118 | 印　　次 | 2025 年 1 月第 2 次印刷 |
| 咨询电话 | 400-810-0598 | 定　　价 | 30.00 元 |

# 前　言

　　习近平总书记寄语：青年是祖国的前途、民族的希望、创新的未来。青年是社会上最富活力、最具创造性的群体，也是推动创新发展的主力军。广大青年要坚定理想信念，培育高尚品格，练就过硬本领，勇于创新创造，矢志艰苦奋斗，同亿万人民一道，在矢志奋斗中谱写新时代的青春之歌。习近平总书记还强调：新时代中国青年要树立对马克思主义的信仰、对中国特色社会主义的信念、对中华民族伟大复兴中国梦的信心，到人民群众中去，到新时代新天地中去，让理想信念在创业奋斗中升华，让青春在创新创造中闪光。

　　本书的编写旨在帮助青年学生改变自我认知和心智模式，基于创新的基础知识，结合创新情境中的实用工具，树立和强化创新思维，深刻理解创新的行为逻辑，敢于挑战和超越自我。本书聚焦青年学生在创新活动中经常遇到的问题，重点帮助青年学生了解这些创新活动中的注意事项、学习常见分析方法、分析典型案例，逐步培养创新精神，强化创新素质。

　　本书内容共分为三个专题，分别为"创新与创新型人才""创新思维与创新方法""创新创业素养及其培育"，还安排了8个实训项目，力求帮助大学生对创新形成充分、全面的认知，掌握常用的创新思维与创新技法，培育并逐步强化个人的创新素养，最终成长为新时代中国特色社会主义的合格建设者与接班人。

　　在编写本书时，编者引用和参考了专家、学者的研究成果及相关材料，在此一并表示感谢。由于编者水平有限，书中难免有不当之处，恳请广大读者批评指正！

编　者

# 目录

# 认知创新

## 一、从创新视角了解我们所处的时代

党的二十大报告强调，从现在起，中国共产党的中心任务就是团结带领全国各族人民全面建成社会主义现代化强国、实现第二个百年奋斗目标，以中国式现代化全面推进中华民族伟大复兴。实现中国式现代化的第一动力是创新。习近平总书记强调，贯彻新发展理念是新时代我国发展壮大的必由之路。必须坚持创新是第一动力，坚持创新在我国现代化建设全局中的核心地位。从创新驱动发展，到创新是引领发展的第一动力，再到实现高水平科技自立自强，建设科技强国，由此可见，党和国家领导人对创新工作的高度重视是一以贯之的。

当前，新一轮科技革命和产业变革正在加速重构全球创新版图、重塑全球经济结构。基础研究和原始创新不断加强，一些关键核心技术实现突破，战略性新兴产业发展壮大，载人航天、探月探火、深海深地探测、超级计算机、卫星导航、量子信息、核电技术、大飞机制造、生物医药等领域取得重大成果。科技创新已成为百年变局中的关键变量，只有抢占科技创新制高点，才能赢得战略主动权。

《世界是平的》《工业4.0》《大数据时代》《失控》《必然》《智能时代》等一系列著作都在解释我们当今所处的时代和社会的面貌。其实，我们现在已经处在一个VUCA时代，也就是说，我们这个时代是不稳定（volatility）、不确定（uncertainty）、复杂（complexity）和模糊（ambiguity）的。这四个单词恰恰说明了时代的特点。而创新能力是应对不确定的未来的一种能力。所以，VUCA时代本质上也是"众创时代"。

创新已经成为21世纪时代发展的大趋势。在这个"众创时代"，一切都在洗牌，一切都在革新。习近平总书记指出，放眼世界，"我们面对的是百年未有之大变局"，而我国经济发展"正处在转方式调结构的紧要关口，既是爬坡过坎的攻坚期，也是大有作为的窗口期"。我们比以往更需要用创新思维和创造方式来解决社会发展中的问题。面对席卷而来的未来的浪潮，我们要以积极的心态、变革的姿态迎接未来，决胜未来，顺势而为，拥抱"双创"！

## 二、我们为什么要接受创新教育

为了突出创新在我国现代化建设全局中的核心地位，党的二十大报告首次将教育、科技、人才三大战略进行统筹部署，指出教育、科技、人才是全面建设社会主义现代化国家的基础性、战略性支撑。党的二十大报告提出，深入实施人才强国战略，坚持尊重劳动、尊重知识、尊重人才、尊重创造，完善人才战略布局，加快建设世界重要人才中心和创新高地，着力形成人才国际竞争的比较优势，把各方面优秀人才集聚到党和人民事业中来。

实施创新教育的目的并不是培养企业家或创客，而是满足新时代社会对人才的需求。

以一纸文凭找工作、在一个单位待一辈子的时代已经过去,未来社会所需人才和当今社会所需人才有着极大不同。未来许多职业将被人工智能等技术所取代,许多新职业将产生。《2023年未来就业报告》显示,到2027年,约有23％的工作预计会发生改变,6 900万个新工作岗位将会出现,8 300万个工作机会将消失。可能在我们毕业的时候,我们所学专业所对应的岗位就已经消失;我们在毕业后甚至可能需要从事现在还没有出现的职业,这就要求我们具有应对不确定性的心态和终身学习能力。

传统教育以知识传授和记忆、理解为主,而在未来以知识记忆和简单理解为主的工作将被人工智能全面取代,所以整个教育体系的目标必须全面加以调整,由以知识记忆为主转向以能力培养为主,更加注重培养思辨能力、创造能力、创新思维和创业精神,更加注重培养人机合作的能力。这就迫切要求开展高等教育改革,呼唤创新教育与专业教育融合、产教融合。创新教育体现了一种全新的教育理念和人才培养模式,更强调培育人的创新精神、开拓进取的创业思维和强烈的成功意识。

### 三、高校创新教育的价值

教育是国之大计、党之大计。建设教育强国是中华民族伟大复兴的基础工程。教育部部长怀进鹏指出:"创造力和创新力是世界强国的基本素质,而创造力和创新力依赖于什么? 就是人才。而人才来自哪里? 就是教育。"教育强,则科技强。党的十八大以来的历史性成就与实践证明,全面建设社会主义现代化国家、实现高质量发展,科技是关键,人才是基础,教育是根本。要坚持教育优先发展、科技自立自强、人才引领驱动,加快建设教育强国、科技强国、人才强国,坚持为党育人、为国育才,全面提高人才自主培养质量,着力造就拔尖创新人才,聚天下英才而用之。

高校创新教育的价值不能仅用"创业成功率"来衡量,而是需要从对大学生的创业、就业、择业价值观,岗位创新创造能力,创新创造创业思维,家国情怀,责任感的影响等多元角度展开评价。创新教育需要回归教育本质,育人成才,即要以学生为中心,让学生成为更好的人,而非仅符合狭义的成功人士的标准。创新教育需要在此背景下进行创新理论与实践的传授。

#### (一)创新教育能帮助受教育者重塑思维与行动方式,提升领导力

美国弗吉尼亚大学的萨拉斯教授历时四年,深度访谈了30位成功创业者,通过分析研究他们的决策原则和思维逻辑,揭示了普通创新者成为优秀领导者的成长路径。她认为,这些创新者无疑都具备影响力,可以让人们追随他们。他们凭借自己拥有的资源小步行动,真诚地和他人分享成果,吸引利益相关者和感兴趣的人加入团队,与之共同创造新未来。这些人具备领导力的典型特质:非权威领导(刚开始的时候没有充足的资源)、有说服他人的能力(基于行动之后的体验、感受总结观点)、给他人安全感(在可承担的损失范围内行动)、坚持共创(给每个人创造的空间)、积极主动(将意外转化为机会)。这些创新者的思维为我们提升领导力提供了全新的视角和系统的方法论。之后,萨拉斯教授将她的研究成果——效果理论(普通人如何拥有领导者的思维)进行了教学化处理,借鉴了美国百森商学院基于实践的创业教学法,让创新思维与方法变得可教和可学。我们可以通过接受创新教育学习领导者的思维和行动方式,以提升自己的终身领导力。

**（二）创新教育能帮助受教育者形成主动积极、坚韧不拔的品质和使命感**

经过创新教育和创新实践洗礼的大学生普遍更具主动性。他们遇到问题时不是推诿塞责、消极应付，而是敢于承担责任、大胆决策。在任何一家企业，领导都期待自己的员工具备这种素质，这也是优秀员工必备的、弥足珍贵的"软实力"。

创新教育体现了思维方式的变革。首先，创新者经常用"从 0 到 1"形容自己白手起家，在拥有的资源极为有限的背景下，以主动拥抱变化的态度，勇于试错与变革，最终实现个人梦想的过程。而部分一般就业者通常认为需要在所有的资源都准备好的情况下才能开始行动，对未知或不足持消极、等待、逃避的态度。其次，创新的动态性很强，很多项目只有短期的机会窗口，若反复思虑、踌躇，必然错过最佳时间点。创新者必须具备大胆尝试的精神，勇敢果断地做出决策。最后，优秀的创新者往往是愈挫愈勇、为人正派、诚实守信的人，对这些优秀品质的培养，有助于我们养成优秀的个人品质。

**（三）创新教育可以助推高校的教育综合改革**

从更深层次来讲，高校开展创新教育，将形成一种对传统僵化的应试教育模式的倒逼机制。创新是容不得半点虚假和纸上谈兵的实践活动，最能体现一个人面对现实问题时的实践能力。极具实操性的创新教育取向与传统的应试教育取向相悖，必将催生全新的"以学生为本"的实效性高校教育模式。

创新教育的根本目的是培养学生终身学习和可持续发展的素质，培养学生开拓进取、坚韧不拔、团队协作、改革创新的精神和能力。创新教育注重培养的使命感、人际交往能力、团队建设能力、领导力、挫折失败承受力等是完全可迁移的通用技能，有助于全面提升学生的职业素质。这些都是创新教育的使命和价值所在。

## 四、怎样学习这门课

在"互联网＋教育"的大背景下，创新课程可秉承建构主义学习观和高阶思维教学设计理念，构建"教材＋在线课程＋见面指导课＋教学实践环节＋团队考核"五位一体的混合教学模式。可采用混合教学与翻转课堂等模式，充分发挥网络在线教学碎片化、学生自主分散学习知识点的优势，强化精心设计教学实践环节的见面课对创业知识、能力的内化作用。在教学过程中，翻转课堂颠覆了传统的教学模式，它将课堂主体的角色互换（由"教师为主角"变为"学生为主角"），转变课堂知识传授、课下知识内化与能力提升的方式（由集中授课变为分散、碎片化自主学习，由课下独立完成作业变为见面课集体解惑、聚焦问题互动分享），实现了三个"翻转"。学生通过教材预习和网上在线学习授课内容，教师在见面课上解构知识点、分析案例、与学生互动交流并答疑，同时结合课下教学实践活动，以此引导帮助学生感知创业过程，培养创业精神、创新意识，提升创业能力。

创新教育是培养高质量人才的有效方式，重点是对大学生的创新潜能进行有效开发，改变原来照本宣科的教学形式，融入多元的教育理念和方法，是名副其实的素质教育。有专家断言：个性化、信息化、多样化、品质化的消费将成为商业社会的主流。传统的以模仿为主的消费阶段将被个性化、信息化、多样化、品质化的消费阶段替代，这会导致向社会提供的产品和服务必须依靠设计创新、供给创新、管理模式创新来支撑。创新将在全社会的各个层面、各个领域全面展开。

　　我们身处创新的时代,但推进创新教育,鼓励大学生开展创新实践,绝不仅仅是为了支持经商图利的行为,而是为了帮助大学生获得未来个人发展的基础和动力。实际上,多数人是在工作中不断创新,从而实现个人的成长进步的。不论是自主创业,还是在工作岗位上开展创新,接受创新教育都是我们成长的需要,是社会发展的需要,是今天的需要,更是未来的需要。

　　现在,你对学习创新知识有兴趣了吗?

理论篇

# 专题一
# 创新与创新型人才

# 第一节 创新、创新型人才概论

## 创新箴言

创新是民族进步的灵魂,是一个国家兴旺发达的不竭源泉,也是中华民族最深沉的民族禀赋,正所谓"苟日新,日日新,又日新"。

——习近平

## 学习目标

1. 了解创新的概念、意义,了解创新型人才的概念、特征,创新的类型、原则。
2. 能根据创新的类型和原则合理开展创新活动。
3. 认识到创新和创新型人才的重要性,树立成长为创新型人才的理想。

### 案例导入

**亚运数字火炬手平台**

第十九届亚运会向世界呈现了首个数字点火仪式,活动参与人数超 1 亿人次。起初,如何让数字点火互动程序在手机支付宝小程序里正常运行成为首先要攻克的难题。蚂蚁集团利用自研的 Web3D 互动引擎 Galacean 打造了亚运数字火炬手平台,实现了亿级用户规模覆盖,支持 97% 的智能手机设备,用户不需要下载 App,通过支付宝小程序就能参与。为了保障其在新老机型上都能顺畅运行,项目组还设立了大型测试机房,以数百台不同年代及型号的手机进行了超过 10 万次的测试,最终帮助第十九届亚运会实现了"通过一部手机,人人都能成为数字火炬手"的目标。

### 课堂思考

1. 什么是创新?
2. 为什么要创新?
3. 怎样成为创新型人才?

"生活从不眷顾因循守旧、满足现状者,从不等待不思进取、坐享其成者,而是将更多机遇留给善于和勇于创新的人们。"在激烈的国际竞争中,惟创新者进,惟创新者强,惟创新者胜。

## 一、什么是创新

创新是人的主观能动性的高级表现形式,是人类特有的认识能力和实践能力的体现,是推动民族进步和社会发展的不竭动力。创新是知识经济时代的呼唤,是人类知识产生的原动力。一个人、一个民族、一个国家要想走在时代前列,就一刻也不能没有创新思维,一刻也不能停止创新。

### (一)创新的概念

何谓创新?许多研究者对创新的概念进行了界定,代表性的观点有如下几种:① 创新是运用知识或相关信息创造和引进某种新事物的过程;② 创新是对一个组织或相关环境的新变化的接受;③ 创新是开发一种新事物的过程,这一过程从发现潜在的需要开始,经历新事物的技术可行性分析、检验阶段,直到新事物被广泛应用为止;④ 创新是指新事物本身,具体说来就是指被相关使用部门认定的新思想、新实践或新的制造物。

综合上述观点,可以认为,创新是人们为了实现一定的目的,遵循事物发展的规律,利用已知信息,不断拓展对客观世界及其自身的认知,从而产生有价值的新思想、新举措、新事物的活动。创新通常包括技术创新、产品创新、过程创新、方法创新、管理创新、制度创新、政策创新、观念创新等,范围非常广泛。可以说,各种能提高资源配置效率的活动都是创新。

---

**案例 1-1-1**

#### 旱冰鞋的产生

有个小职员整天坐在办公室里抄写东西,常常累得腰酸背痛。他消除疲劳的办法就是在工作之余去滑冰。冬季很容易就能在室外找到滑冰的地方,但在其他季节,他就没有机会滑冰了。怎样才能在其他季节也能像在冬季那样滑冰呢?他一直在思考这个问题。思来想去,他想到了脚上穿的鞋和能滑行的轮子。他在脑海里把这两样东西的形象组合在一起,想象出了一种能滑行的鞋。经过反复设计和试验,他终于制成了四季都能滑冰的旱冰鞋。

---

创新的本质是突破。创新的过程就是人们打破思维定式,以有别于常规或常人的思路为导向,利用现有的知识和物质条件,对事物的整体或部分进行改进、变革,产生某种新颖、独特、有社会价值的概念、设想、理论、技术、工艺、产品等成果的智力活动过程。

### (二)创新的意义

首先,创新是一个民族进步的灵魂,是一个国家兴旺发达的不竭动力,也是中华民族最深沉的民族禀赋。创新能力实际上已成为国家、民族发展能力的代名词。《中国共产党第十九届中央委员会第五次全体会议公报》将"关键核心技术实现重大突破,进入创新型国家前列"写入 2035 年基本实现社会主义现代化的远景目标,坚持创新在我国现代化建设全局中的核心地位,并对推动创新发展、建设科技强国、发展现代产业体系等做出一系列重大部署,以创新引领发展,开创未来。

其次,创新不断促进社会的多种因素发生变化,推动人类社会的全面进步。纵观社会经济的发展史,创新中蕴藏着人类社会发展的无限生机。创新意识的形成和发展必然进一步推动社会生产方式的进步,从而带动经济的飞速发展,促进上层建筑的进步。

最后,创新精神是现代人必须具备的素质。社会需要充满生机和活力,有开拓精神,具备新思想、新知识、新技术的人才。创新可以促进人才素质结构的变化,帮助确定新的人才标准,代表人才素质变化的方向,可以激励人们进一步发挥主动性、创造性,引导人们提升自身的综合素质。

**课堂小结**

创新是人类知识产生的原动力,是人类特有的认识能力和实践能力,是推动民族进步和社会发展的不竭动力。

---

**案例 1-1-2**

### 网易伏羲无人装载机平台

网易(杭州)网络有限公司基于网易伏羲自主研发的面向智能体编程技术建设了网易伏羲无人装载机平台,解决了传统搅拌站数字化程度低、人力成本高、人力调度困难和作业风险大等问题。基于先进的传感器技术,伏羲智能装载机可以实时监测装载量、车辆状态和环境条件等关键指标。同时,利用大数据分析和智能算法,该平台可以对实时数据和历史数据进行综合分析,实现任务分配、路线规划和作业调度的智能化。平台已成功应用于中建八局的搅拌站场景中,有效实现了降本增效,降低人力及运营成本 200 多万元,优化了装载机的任务分配和路径规划,使研发效率提升 30%,生产效率提升 50%。

---

**课堂思考**

你认为新时代高职院校学生应如何投身创新浪潮?

## 二、什么是创新人才

国家发展靠人才,民族振兴靠人才。当前,我国进入了全面建设社会主义现代化国家、向第二个百年奋斗目标进军的新征程,我们比历史上任何时期都更加接近实现中华民族伟大复兴的宏伟目标,也比历史上任何时期都更加渴求人才。

**(一)创新型人才的概念和一般特征**

所谓创新型人才,就是具备创新意识、创新能力,能够通过自己的创造性劳动取得创新成果,在某一行业、某一领域或某一工作岗位上为社会发展和人类进步做出突出贡献的人才。创新型人才通常富有想象力,具有灵活、开放、好奇的个性和脚踏实地、不畏艰险、勇于攀登的精神。

**案例 1 - 1 - 3**

### 米老鼠的诞生

迪士尼曾一度从事美术设计工作,后来他失业了。原本他和妻子住在一间老鼠横行的公寓里,失业后,因付不起房租,夫妻俩被迫搬出了公寓,不知该去哪里。

二人呆坐在公园的长椅上。正当他们一筹莫展时,突然从迪士尼的行李包中钻出一只小老鼠。望着老鼠机灵滑稽的面孔,夫妻俩感到非常有趣,心情一下子就变得愉快了,忘记了烦恼和苦闷。

这时,迪士尼的脑海中突然闪过一个念头。他对妻子惊喜地大声说道:"好了!我想到好主意了!世界上有很多人像我们一样穷困潦倒,他们肯定也很苦闷。我要把小老鼠可爱的样子画成漫画,让千千万万的人从小老鼠的形象中得到安慰和愉快。"风靡世界的米老鼠就这样诞生了。

在失业前,迪士尼一直住在公寓里,每天都同老鼠生活在一起,却并没有产生这样的设想。而在穷途末路、面临绝境的时候,他却产生了这样的设想,原因何在?其实,米老鼠就是灵感的产物。他说:"米老鼠带给我的最大礼物,并非金钱和名誉,而是启示我陷入穷途末路时的构想是多么伟大!还有,它告诉我倒霉到极点时,正是捕捉灵感的绝好时机。"这就是发现灵感思考法。在对问题已进行较长时间思考的执着探索过程中,我们需要随时留心和警觉,在同某些相关或不相关的事物相接触时,我们的头脑中有可能突然闪现所思考的问题的答案。就像迪士尼被小老鼠触发灵感一样,许多意想不到的东西都可能成为触发灵感的媒介。

在不同的历史时期,人们对创新型人才的理解也会有所不同。

(1) 创新型人才是与常规人才相对应的一种人才类型。人们通常所说的创新型人才,就是具有创新意识、创新精神、创新能力并能够取得创新成果的人才。而所谓常规人才则是常规思维占主导地位,创新意识、创新精神、创新能力不突出,习惯按照常规方法处理问题的人才。创新型人才与通常所说的理论型人才、应用型人才、技艺型人才等是相互联系的,是由于不同的划分标准而产生的不同分类。无论是理论型人才、应用型人才还是技艺型人才,都需要有创造性,都需要成为创新型人才。

(2) 成为创新型人才的基础是人的全面发展。创新意识、创新精神、创新思维和创新能力并不是凭空产生的,也不是完全独立发展的,它们与人才的其他素质有着密切的联系。从这个意义上讲,创新型人才首先是全面发展的人才,是在全面发展的基础上实现了创新意识、创新精神、创新思维和创新能力高度发展的人才。

(3) 个性的自由发展是创新型人才成长与发展的前提。虽然不能说个性自由发展了,人就会具有创造性,就能成为创新型人才,但没有个性的自由发展,创新型人才就不可能诞生。从这个意义上讲,创新型人才就是个性自由、独立发展的人。

**(二) 创新型人才具备的特质**

当代社会的创新型人才需要既立足现实又面向未来。因此,创新型人才通常应该具备以下几个方面的特质。

**1. 博、专结合的知识结构**

创新是对已有知识的发展。在人类知识越来越丰富和深奥的今天,社会对创新型人才的知识结构、收集与处理信息的能力提出了更高的要求。创新型人才拥有的信息量越大,文化素养越高,思路便越开阔。因此,只有具备广博的知识,能够敏锐捕捉各类信息,才能在工作中做到心中有数、游刃有余、不断创新。创新型人才的知识结构既要有必要的广度,又要有一定的深度。创新型人才必须拥有深厚的文化内涵,具备扎实的专业知识,了解相邻学科及必要的横向学科知识,精通自己所从事的专业,并能掌握其最新科学成就和发展趋势,这是从事创造性工作的必要条件。

创新型人才的知识结构包括以下三种。

(1)金字塔形知识结构。金字塔形知识结构的底层是基础知识,包括自然科学、社会科学和一些应用型学科的知识;中层是专业知识,包括专业基础知识、专业核心知识和专业前沿知识;顶层是专业主攻的方向或者目标。这种知识结构强调基础理论的深厚扎实和知识的广博精深,有利于创新型人才迅速掌握学科前沿动态,从事纯理论和应用科学的研究工作。

(2)蜘蛛网形知识结构。蜘蛛网形知识结构以所学的专业知识为中心,以与其他专业相近的、有较大相互作用的知识作为连接点。这种知识结构适应性强,能够在较大空间发挥作用。具有这种知识结构的创新型人才能凭借自身的知识结构的弹性与应变能力在工作中占据主动地位。随着社会经济的不断发展,这种人才越来越受欢迎。

(3)帷幕形知识结构。帷幕形知识结构体现了具体的单位对其创新型人才在知识结构上的总体要求。单位的成员依其在组织中所处的层次,在知识结构上存在一些差异。以某个企业为例,该企业对其成员的整体知识结构要求是具有管理、财会、安全、商业、保险等方面的知识,而对企业中处于不同层次的成员来说,其掌握上述知识的比例是截然不同的,从而形成了各自不同的知识结构。这种知识结构要求创新型人才不但要注意职业类型在整体上对自身的知识结构的要求,同时还要了解职业岗位在其所在单位中的位置与层次。

**2. 坚韧不拔的创新意志**

坚韧不拔的创新意志是个体成就一番事业必须具备的基本素质和意志品格。创新是一个探索未知领域和对已知领域进行破旧立新的过程,其中充满各种艰难险阻,可能遭遇各种困难、挫折甚至失败。科学技术发展到今天,每一点进步的取得都是相当困难的。个人即使具备了丰富的知识,选准了可以有所作为的工作领域,但如果不具备坚韧不拔的创新意志,一旦在创新过程遇到困难,就有可能心灰意冷,丧失斗志,或止步不前,或无功而返。创新型人才每前进一步都需非凡的胆识和坚韧不拔的毅力,为了达成既定的目标必须始终不懈地奋斗,锲而不舍,遇到阻力不气馁,遇到挫折和挫败不退却,不自暴自弃,不轻言放弃,不达目的不罢休。只有具备了这样的创新意志,才能不断战胜创新活动中的种种困难,最终实现理想的创新目标。

3. 难能可贵的创新品质

创新品质包括敢于创新的勇气,强烈的批判精神,忘我拼搏、痴迷专注的态度,淡泊名利的思想境界,甘于长期坚守的情操,独特的思维方式和从多角度分析问题的特质等。创新型人才必须是有理想、有抱负的人,具备良好的献身精神和进取意识,具有强烈的事业心和历史责任感。创新型人才只有具备这样的品质,才能为求真知、求新知而敢闯、敢试、敢冒风险,才能拥有强大的精神动力。

4. 适度超前的创新思维

具备创新思维是创新的基本前提,创新型人才只有具备思维方式的前瞻性、独创性、灵活性,才能保证在对事物进行分析、综合和判断时做到另辟蹊径。适度超前的创新思维要求创新型人才在思维的高度上有战略性眼光,把握全局,从宏观上判断应该做什么,不该做什么;在思维的广度上,要求创新型人才知识丰富、创意多,事前进行调查,了解有关要求;在思维的深度上,要求创新型人才看得远,想得深,避免急功近利;在思维的速度上,要求创新型人才能迅速跟上客观形势的变化,可以快速反应;在思维的力度上,要求创新型人才对传统的习惯和思维有一种"穿透力";在思维的密度上,要求创新型人才多问几个"为什么",问得越多,答得越多,解决问题就越精确;在思维的精度上,要求创新型人才运用的数据、信息准确无误,在工作分工合作环节,做到严密而周详;在思维的时间维度上,要求创新型人才把握住时机,不超前,也不因滞后而丧失时机,分阶段确立目标,分阶段检查验收成果,全方位思考问题。

5. 科学求实的创新实践

创新只有建立在科学求实的基础上,才会有持久的动力和正确的发展方向。创新必须立足现实,实现新的飞跃,推动各项工作的深入开展。创新的过程是遵循科学、依据事物的客观规律进行探索的过程,任何一种创新都容不得有半点马虎和空想。因此,创新型人才必须具有严谨求实的工作作风,严格遵循事物的客观规律,从实际出发,以科学求实的态度进行创新实践。

1-1文本:詹天佑的创新故事

**课堂小结**

培养创新型人才是国家、民族长远发展的大计。当今世界的竞争说到底是人才的竞争、教育的竞争。

**课堂思考**

你认为今年的你与去年的你有什么不同?仔细思考一下,写下自己的答案,并在课上和同学们分享。

### 三、创新型人才的重要性

"问渠那得清如许，为有源头活水来。"创新型人才是经济社会发展的重要前提和保障，在创新活动中发挥着关键作用。在创业型经济迅速发展的背景下，"大众创业、万众创新"已成为国家战略，创新型人才的培养成为教育体系的重要组成部分。创新能够增强个人在职场中的竞争力，变革个人的思维模式，提高个人解决问题的能力，促进个人成长和发展。创新型人才具有敏锐的洞察力和跨界思考能力，能够推动科技创新，促进技术突破，并将科技成果转化为实际应用，推动产业升级。创新型人才的培养对于形成创新文化、提升国际竞争力具有重要意义。对于国家而言，创新型人才是实施创新驱动发展战略的关键，对于经济和社会的发展具有决定性作用。

当前，我国进入了全面建设社会主义现代化国家、向第二个百年奋斗目标进军的新征程，我们比历史上任何时期都更加接近实现中华民族伟大复兴的宏伟目标，也比历史上任何时期都更加渴求人才。实现我们的奋斗目标，高水平科技自立自强是关键。综合国力竞争说到底是人才竞争。人才是衡量一个国家综合国力的重要指标。人才是自主创新的关键，顶尖人才更是具有不可替代性。国家发展靠人才，民族振兴靠人才。我们必须更加重视人才自主培养，加快建立人才资源竞争优势。

必须看到，我国人才工作还有很多同新形势、新任务不适应的地方，人才队伍结构性矛盾突出，人才政策精准化程度不高，人才发展体制机制改革还存在"最后一公里"不畅通的问题，人才评价唯论文、唯职称、唯学历、唯奖项"四唯"的问题仍然比较突出，等等。这些问题不少是长期存在的难点，需要下大气力加以解决。

党的十九届五中全会明确了到2035年我国进入创新型国家前列、建成人才强国的战略目标。做好新时代人才工作，必须坚持党管人才，坚持面向世界科技前沿、面向经济主战场、面向国家重大需求、面向人民生命健康，深入实施新时代人才强国战略，全方位培养、引进、用好人才，加快建设世界重要人才中心和创新高地，为2035年基本实现社会主义现代化提供人才支撑，为2050年全面建成社会主义现代化强国打好人才基础。

党的十八大以来，党中央深刻回答了什么是人才强国、为什么建设人才强国、怎样建设人才强国的重大理论和实践问题，提出了一系列新理念、新战略、新举措。

一是坚持党对人才工作的全面领导。这是做好人才工作的根本保证。千秋基业，人才为本。党管人才就是党要实施人才强国战略，推进高水平科技自立自强，加强对人才工作的政治引领，全方位支持人才、帮助人才，千方百计造就人才、成就人才，以识才的慧眼、爱才的诚意、用才的胆识、容才的雅量、聚才的良方，着力把党内和党外、国内和国外各方面优秀人才集聚到党和人民的伟大奋斗中来，努力建设一支规模宏大、结构合理、素质优良的人才队伍。

二是坚持人才引领发展的战略地位。这是做好人才工作的重大战略。人才是创新的第一资源，人才资源是我国在激烈的国际竞争中的重要力量和显著优势。创新驱动本质上是人才驱动，立足新发展阶段、贯彻新发展理念、构建新发展格局、推动高质量发展，必须把人才资源开发放在最优先位置，大力建设战略人才力量，着力夯实创新发展人才基础。

三是坚持面向世界科技前沿、面向经济主战场、面向国家重大需求、面向人民生命健康。这是做好人才工作的目标方向。必须支持和鼓励广大科学家和科技工作者紧跟世界科技发展大势,对标一流水平,根据国家发展的急迫需要和长远需求,敢于提出新理论、开辟新领域、探索新路径,产出战略性、关键性重大科技成果,不断攻克"卡脖子"关键核心技术,不断向提升科学技术广度和深度进军,把论文写在祖国大地上,把科技成果应用在实现社会主义现代化的伟大事业中。

四是坚持全方位培养用好人才。这是做好人才工作的重点任务。必须坚定人才培养自信,造就一流科技领军人才和创新团队,培养具有国际竞争力的青年科技人才后备军,用好用活人才,大胆使用青年人才,激发创新活力,放开视野选人才,不拘一格用人才。

五是坚持深化人才发展体制机制改革。这是做好人才工作的重要保障。必须破除人才培养、使用、评价、服务、支持、激励等方面的体制机制障碍,破除"四唯"现象,向用人主体授权,为人才松绑,把我国制度优势转化为人才优势、科技竞争优势,加快形成有利于人才成长的培养机制、有利于人尽其才的使用机制、有利于人才各展其能的激励机制、有利于人才脱颖而出的竞争机制,把人才从科研管理的各种形式主义、官僚主义的束缚中解放出来。

六是坚持聚天下英才而用之。这是做好人才工作的基本要求。中国发展需要世界人才的参与,中国发展也为世界人才提供机遇。必须实施更加积极、更加开放、更加有效的人才引进政策,用好全球创新资源,精准引进急需紧缺人才,形成具有吸引力和国际竞争力的人才制度体系,加快建设世界重要人才中心和创新高地。

七是坚持营造识才、爱才、敬才、用才的环境。这是做好人才工作的社会条件。必须积极营造尊重人才、求贤若渴的社会环境,公正平等、竞争择优的制度环境,待遇适当、保障有力的生活环境,为人才心无旁骛钻研业务创造良好条件,在全社会营造鼓励大胆创新、勇于创新、包容创新的良好氛围。

八是坚持弘扬科学家精神。这是做好人才工作的精神引领和思想保证。必须弘扬胸怀祖国、服务人民的爱国精神,勇攀高峰、敢为人先的创新精神,追求真理、严谨治学的求实精神,淡泊名利、潜心研究的奉献精神,集智攻关、团结协作的协同精神,甘为人梯、奖掖后学的育人精神,教育引导各类人才矢志爱国奋斗、锐意开拓创新。

1-2 文本:"金刀"柳克祥:在创新路上不断走下去

**课堂小结**

　　培养创新型科技人才可以促进社会进步和增进人民福祉。科技的发展对于促进社会进步和增进人民福祉具有重要意义。

## 四、创新的类型和基本原则

### （一）创新的十种类型

创新并非少数天才的专利，一个纪律严明的团队，再加上行之有效的系统方法，就可以很好地实施创新。德布林咨询公司在研究了近 2 000 个最佳创新案例后，发现历史上所有伟大的创新都是十种基本创新类型的组合，并由此开发出了"创新的十种类型"框架，引领企业向更有序、更可靠的创新迈进了一大步。

根据创新的性质和范围，可以将创新大致分为以下几种类型：盈利模式创新、网络创新、结构创新、流程创新、产品性能创新、产品系统创新、服务创新、渠道创新、品牌创新、顾客契合创新。

**1. 盈利模式创新**

盈利模式创新指的是企业寻找全新的方式将产品和其他有价值的资源转变为利润的活动。这种创新常常会促使一个行业对关于生产什么产品、如何确定价格、如何实现收入等问题进行重新思考。溢价和竞拍是盈利模式创新的典型例子。

**案例 1-1-4**

**多种模式的盈利模式创新**

（1）订阅模式创新：奈飞是一个以订阅为基础的流媒体平台，用户可以通过付费订阅来获得无限制的观看权。这种模式不仅提供了持续的收入流，还能够吸引更多用户参与，从而提升用户黏性和市场份额。

（2）平台模式创新：优步是一个通过手机应用连接乘客和司机的平台，它通过提供便利的叫车服务和灵活的工作机会来实现盈利，通过收取司机的佣金和乘客的服务费来获取收入。

（3）社交媒体广告模式创新：脸书是一个以社交媒体为基础的广告平台，它通过向用户展示个性化的广告来实现盈利，通过收取广告主的费用来获取收入，并且利用用户的数据来提高广告的精准度和效果。

（4）电子商务模式创新：亚马逊是一个以电子商务为基础的零售平台，它通过销售商品和提供物流服务来实现盈利，通过自有品牌和第三方合作商家的销售来获取收入，并且通过高效的物流系统提供快速的配送服务。

（5）共享经济模式创新：爱彼迎是一个以共享经济为基础的住宿平台，它通过连接房主和旅行者来实现盈利，通过收取房主的佣金和旅行者的服务费来获取收入，并且通过评价和信任系统来保证服务质量。

（6）增值服务模式创新：苹果是一家以硬件销售为主的科技公司，它通过提供增值服务来实现盈利，通过 iTunes、App Store 和 iCloud 等服务来获取收入，并且通过品牌和用户体验建设建立了高忠诚度的用户群体。

（7）数据营销模式创新：谷歌是一家以搜索引擎和在线广告为基础的科技公司，它通过收集和分析用户数据来实现盈利，通过向广告主提供个性化的广告和营销解决方案来获取收入,并且通过不断改进搜索算法来改善用户体验。

(8) 增加附加值模式创新:星巴克是一个以咖啡销售为主的连锁品牌,它通过提供高品质的咖啡和舒适的环境来吸引消费者,通过销售咖啡和附加产品(如糕点和礼品)来获取收入,并且通过会员计划和移动支付等提高用户忠诚度。

### 2. 网络创新

在当今高度发达的互联网世界,没有哪家企业能够独自完成所有事情。网络创新让企业可以充分利用其他企业的流程、技术、产品、渠道和品牌而达到目的。众筹创新、众包创新等开放的创新方式是网络创新的典型例子。

**案例 1-1-5**

#### 多种模式的网络创新

(1) 爱尔威电动平衡车:它结合了智能硬件技术,通过加入座椅元素和多点控制,实现了对平衡控制的创新。爱尔威还开发了相关 App,允许用户实时监测车辆数据和骑行状况。

(2) 700Bike 自行车:它通过集成电子组件和 OLED(有机发光二极管)屏幕,实现了自动防盗、GPS(全球定位系统)定位等功能,体现了"互联网+"技术在自行车设计上的应用。

(3) 李宁智能跑鞋:它利用智能技术提升了运动性能和用户体验。

(4) 支付宝数字点火技术:它利用自研 Web3D 互动引擎,实现了数字火炬手平台的亿级用户规模覆盖。

(5) 浪潮云洲工业装备升级:它基于人工智能的工业装备数字产业链升级示范应用,通过资源整合和技术创新,解决了工业装备的健康状态实时感知和异常识别问题。

(6) 百度文心一言知识增强大语言模型:它利用多年的人工智能技术积累,持续迭代大语言模型,提升了人工智能的基础能力。

(7) 传漾 Max 品牌广告网络平台:它集合了受众管理、数据模型分析等功能,实现了一站式品牌广告投放管理。

### 3. 结构创新

结构创新是通过采用独特的方式组织企业的资产(包括有形资产和无形资产)来创造价值的活动。它可能涉及从人才管理系统到重型固定设备配置等方方面面。结构创新的例子包括建立激励机制,鼓励员工朝某个特定目标努力;实现资产标准化,从而降低企业运营成本和复杂性;创建企业大学,以持续地提供符合企业实际需求的培训;等等。

## 多种模式的结构创新

1. 亚马逊：分权管理模式

亚马逊是一家全球知名的电商公司,其成功之处在于分权管理模式的创新。亚马逊倡导将决策权下放给团队,鼓励员工更加主动、创造性地推进项目。例如,亚马逊的创新团队采用"双门限"机制,即团队在制定产品策略时,要跨过两道门槛:首先,需要征得负责产品的团队的大部分成员的同意;其次,需要征得创新团队的经理的同意。这种分权的管理模式使得决策更加高效,并激发了员工的创造力和积极性。

2. 奈飞：订阅收费模式

奈飞是一家知名的在线流媒体公司,其结构创新在于订阅收费模式的引入。以前,人们看电影和电视剧通常是通过收看广播电视或购买光盘。但奈飞采取了订阅收费模式,为用户提供无限制的在线流媒体内容。这种模式为用户提供了更多的选择和灵活性,使奈飞在竞争激烈的市场中脱颖而出。奈飞的订阅收费模式不仅在娱乐产业中得到了成功运用,而且为其他行业提供了经验和借鉴。

3. 谷歌：20%创新时间

谷歌是一家全球领先的技术公司,其结构创新在于推行20%创新时间政策。谷歌鼓励员工花费20%的工作时间自由探索和开发自己的项目。这一政策激发了员工的创造力和创新潜力,让他们有机会尝试新的想法和方法,从而为公司产生了多项重要的创新成果。例如,谷歌地图和Gmail等项目都是源于员工在20%创新时间中所做的努力。20%创新时间政策在谷歌内部创造了良好的创新氛围,使之成为其他企业效仿的典范。

4. 流程创新

流程创新主要涉及企业主要产品或服务的各项生产和运营活动。这类创新需要彻底改变企业以往的业务经营方式,使得企业具备独特的运营能力,能迅速适应新环境,并获得高于市场中同类企业的利润率。流程创新常常可以构成企业的核心竞争力。

## 多种模式的流程创新

(1)亚马逊的物流流程创新:亚马逊通过引入机器人、利用人工智能和大数据等技术优化了物流流程。他们开发了一种名为"Kiva"的机器人,可以自动将货架运送到员工的工作站,从而大大提高了工作效率。

(2)安永会计师事务所的审计流程创新:安永会计师事务所利用人工智能和自然语言处理等技术改进了审计流程。他们开发了一种名为"Halo"的工具,可以自动化地收集和分析大量的数据,并生成审计报告,从而提高了审计质量和效率。

（3）玛莎拉蒂的生产流程创新：玛莎拉蒂采用了"精益生产"模式，优化了生产流程。他们通过减少浪费、提高生产效率和质量，降低了成本，提高了客户满意度。

5. 产品性能创新

产品性能创新指的是企业在产品的价值、特性和质量等方面进行的创新。这类创新既包括生产全新的产品，又包括能带来巨大增值的产品迭代升级和产品线延伸。产品性能创新是竞争对手最容易效仿的。

**案例 1-1-8**

### 多种模式的产品性能创新

（1）iPhone：iPhone 作为苹果公司的旗舰产品，是一种实现了革命性创新的智能手机。它集手机、音乐播放器和互联网通信功能于一身，开启了智能手机的新纪元。iPhone 的设计简洁大方，采用了全触摸屏幕的操作方式，使用户可以通过手指轻触、滑动等进行各种操作。此外，iPhone 还引入了 App Store，使用户可以轻松下载并安装各种 App，扩展了手机的功能。

（2）特斯拉电动汽车：特斯拉电动汽车是以电力为动力的绿色环保汽车。它采用了先进的电池技术，具有零排放、低噪声和高能效等优势。与传统燃油汽车相比，它具有更长的续航里程和更强大的加速性能。此外，特斯拉还在汽车设计方面进行了创新，如加入大尺寸液晶显示屏、自动驾驶功能，使用户体验更加智能化。

（3）微信支付：微信支付是一种移动支付工具，通过手机 App 实现在线支付、转账和扫码支付等功能。微信支付的创新在于将支付功能整合到了社交软件中，用户可以在微信的聊天界面上直接进行支付，无须打开其他 App 或输入复杂的支付信息。此外，微信支付还支持线下扫码支付和小程序支付等功能，为用户提供了更加便捷和安全的支付方式。

（4）支付宝：支付宝是一种移动支付工具，用户可以通过手机 App 进行在线支付、转账和扫码支付等。支付宝的创新在于将支付功能与其他应用进行了整合，用户可以通过支付宝进行生活缴费、买车票、预订酒店等，实现了一键支付的便利性。

（5）滴滴出行：滴滴出行是一款打车服务软件，用户可以通过手机应用预约出租车、快车、专车和顺风车等服务。滴滴出行的创新在于通过互联网技术将乘客和司机进行匹配，提供了更加便捷和安全的打车服务。

（6）谷歌地图：谷歌地图是一款在线地图 App，用户可以通过它查找地点、规划路线和导航等。谷歌地图的创新点在于实时路况更新和智能导航，通过大数据分析和实时信息反馈，为用户提供了更加准确和实用的服务。

### 6. 产品系统创新

产品系统创新是将单个产品和服务联系或捆绑起来创造出一个可扩展的强大系统的活动。产品系统创新可以帮助建立一个能够吸引并取悦顾客的生态环境，由此形成企业的独特的竞争力，以抵御竞争者的侵袭。

---

**案例 1-1-9**

#### 多种模式的产品系统创新

（1）智能家居系统：想象一下，你家里所有的设备都能通过一部手机或语音指令来控制，这是多么神奇！这就是智能家居系统的魅力。比如，你可以远程调整家里的温度、照明，让扫地机器人开始工作。这样的系统不仅提高了生活的便捷性，还让家居变得更加智能和舒适。

（2）自动驾驶系统：在交通领域，自动驾驶系统可谓一大创新！它利用先进的传感器、摄像头和人工智能技术，让汽车能够自动感知周围环境，并做出相应的驾驶决策。这样，驾驶就不再是单调枯燥的任务，人们可以在车上休息、工作或娱乐，而汽车会自动将我们安全地送到目的地。

（3）在线教育平台：随着科技的发展，教育也变得越来越灵活和便捷。在线教育平台就是一个很好的例子。它们提供了丰富的学习资源，让我们可以随时随地学习自己感兴趣的知识。这些平台还可以利用大数据和人工智能技术为我们推荐适合的学习内容和学习方法，让我们的学习更加高效和有趣。

（4）电子商务系统：电子商务系统改变了我们的购物方式。通过电子商务平台，我们可以轻松地浏览各种商品，比较其价格和质量，还能享受送货上门的服务。这不仅节省了我们的时间和精力，还让我们有更大的选择余地。随着移动支付技术的发展，购物变得更加方便、快捷。

---

### 7. 服务创新

服务创新保证并提高了产品的功用、性能和价值。它能使企业的产品更容易被顾客全面地认识和感知；通过试用等方式为顾客展现了他们可能会忽视的产品特性和功用，解决顾客遇到的问题，并消除顾客不愉快的产品体验。

---

**案例 1-1-10**

#### 多种模式的服务创新

（1）无人超市：无人超市是一种整合了物联网技术、人工智能技术、大数据技术等多项技术的服务创新，利用摄像头识别、传感器监测、自动识别支付等技术，为顾客提供无人值守的购物体验。无人超市减少了人工成本，提高了顾客的购物效率和便利性，被誉为零售业的一大创新。

（2）共享单车：共享单车是一种轻便、绿色、低碳的交通工具，它通过智能锁、GPS 定位、移动支付等技术，实现了用户扫码解锁、随时随地使用的服务创新。共享单车改善了城市交通拥堵和污染现象,减少了个人车辆的使用,成为城市出行的一种新选择。

(3)网络教育:网络教育是一种基于互联网技术的教育服务创新,它通过在线视频、直播课堂、互动答疑等方式形成了线上教育的全新模式。网络教育提高了教育的普及率,让学习不再受限于时间和空间,大大提高了教育的效率和便利性。

(4)无人配送:无人配送是一种基于无人机、无人车等技术的物流服务创新,它利用自动导航、传感器检测、云端监控等技术实现了自主配送。无人配送减少了人工成本,提高了物流效率和准确性,被认为是未来物流发展的一种重要趋势。

(5)人工智能客服:人工智能客服是一种基于机器学习、自然语言处理等技术的服务创新,它利用语音识别、智能问答、语音合成等技术形成了智能客服的全新模式。人工智能客服提高了服务效率和服务质量,降低了人工客服的工作强度,成为客服行业的一大变革。

8. 渠道创新

渠道创新包含了将产品与目标消费者联系在一起的所有手段。虽然电子商务近年来成为引领社会经济发展的主导力量,但对实体店等传统渠道的维护也是很有必要的,特别是在为目标消费者创造身临其境的感官体验方面。这方面的创新老手常常可以发掘出多种互补的方式将他们的产品或服务呈现给顾客。

**案例 1-1-11**

**多种模式的渠道创新**

(1)美团外卖:在餐饮外卖市场中,美团外卖推出了"骑手达人"计划,通过对骑手的培训和奖励机制,提高了骑手的服务质量和配送速度,从而提升了用户体验和订单量。

(2)京东:为了拓展社交电商渠道,京东打造了"京喜"社交电商平台,让用户可以通过社交分享购买链接,获取更多的优惠和福利。

(3)小米:小米通过开设"小米之家"线下体验店提供全方位的产品展示和服务体验,让用户更加了解和信任品牌,从而提高销售额和用户黏性。

(4)顺丰速运:为了提高物流效率和服务质量,顺丰速运推出了自提柜服务,让用户可以在离家最近的自提柜取件,方便快捷。

(5)拼多多:拼多多通过社交电商模式,让用户通过分享链接邀请好友一起购买,从而获取更多优惠和福利,形成了强大的用户社群和裂变效应。

(6)微信:微信通过小程序等方式,让用户可以在微信内完成更多的操作,如购物、点餐、预约,提高了用户黏性和平台的营收能力。

(7)中国移动:中国移动推出了"和家亲"服务,让用户可以通过智能终端享受多人通话、视频、家庭安全等功能,提高了用户家庭生活的便利性和安全性。

### 9. 品牌创新

品牌创新有助于保证顾客能够识别、记住你的产品,并在面对你和竞争对手的产品时选择你的产品。好的品牌创新能够通过品牌提炼传递出一种"承诺",以此来吸引目标消费者,并传递给目标消费者一种与众不同的身份感。

### 10. 顾客契合创新

顾客契合创新是要理解顾客的深层愿望,并利用这些愿望来发展顾客与企业之间富有意义的联系。顾客契合创新开辟了广阔的探索空间,进而帮助人们找到合适的方式,让自己生活的一部分变得更加难忘、富有成效并充满喜悦。

对于现行市场经济条件下的企业而言,只选择上述一种类型的简单创新方式不足以让企业获得持久的成功,尤其是单纯的产品性能创新如产品的迭代,这类创新很容易被市场上的其他企业模仿,进而被超越。企业只有结合自身实际,综合开展上述多种类型的创新,才能打造可持续的竞争优势。

## (二) 创新的原则与过程

### 1. 创新的原则

创新的原则是开展创新活动所依据的法则和判断创新构思所参照的标准,创新的原则体现了创新的规律和性质。创新既是一种社会实践活动,又是一段曲折的艰辛历程。没有人天生就能创新,也不是所有的新奇想法都是创新。创新的复杂性、不确定性很容易导致创新失败。按照创新的原则开展创新活动,可以使创新活动更安全、更可靠。探讨创新的原则就是为了对创新活动加以引导,推动创新活动往正确的方向发展。

(1) 需求驱动创新。

市场需求是创新的原动力。企业获得利润的过程就是不断满足市场需求的过程,企业只有满足市场需求才能被市场认可,才能销售更多的产品或服务。企业为了生产更高质量的产品和推出更高品质的服务,需要采用新材料、改进新工艺、采用新方法、优化组织结构方式。

市场需求是创新的目的。需求驱动创新的逻辑起点在于发现需求和满足需求。企业经营活动就是通过市场调研、数据挖掘、消费者洞察等方式发现消费者的需求,并通过各种创新活动满足这些需求。企业各种创新活动的目的在于更好地满足消费者的需求,提高消费者的生活质量。需求驱动的创新案例比比皆是。

(2) 技术驱动创新。

需求驱动创新是企业以需求为导向开展创新活动,技术驱动创新则是企业自身作为主体开展创新活动。技术驱动创新不是为了满足现有需求而开展创新活动,而是通过技术创新创造需求。技术驱动创新的企业本身就是创新型企业。这些企业生产的产品都是市场中以前没有的,消费者在见到这种产品之前并没有对这种产品产生需求。比如,在汽车发明之前,人们不会对汽车产生需求;在计算机发明之前,人们不会对计算机产生需求;在手机发明之前,人们不会对手机产生需求。坚持技术驱动创新的公司会不断推出创新产品,激发消费者的潜在需求,满足消费者本质上需要却还没有表现出来的需求。技术驱动创新的风险非常大,因为消费者对任何创新产品的认识都需要一个过程。只有科技实力强、组织规模大、领导有眼光的企业实施技术驱动创新才有可能成功。

（3）迭代创新。

创新是一个过程,任何创新产品都具备两个特点:一是创新产品是新的,具有发展潜力、发展空间、发展希望,具有很强的生命力;二是创新产品往往在技术上还有缺陷,需要改进,在功能上还需要不断完善。现在的汽车外观好看而且颜色丰富,速度快而且安全,马力大而且省油,价格便宜而且功能齐全,技术先进而且操作方便,消费者开着既舒心又放心。但是,在早期阶段,汽车驾驶技术非常复杂,一辆汽车需要 3 个司机才能驾驶。汽车外观难看而且功能单一,动力小而且耗油。自 1769 年尼古拉斯-约瑟夫·居纽发明第一辆汽车以来,经过二百多年的发展,汽车动力由蒸汽驱动转变为石油驱动再转变为电力驱动,从多人驾驶转变为单人驾驶再转变为无人驾驶,无论是在款式、功能上,还是动力、安全上都发生了本质变化,这种变化不是突然发生的,而是逐渐迭代的。现在的企业也都是通过迭代创新、小步快跑的方式改进创新产品的。迭代创新与颠覆性创新相比,虽然变化小,但日积月累,创新由小到大、从局部到整体、由量变到质变,同样会产生一定的效果。

（4）宽松包容。

创新就是想别人想不到的,做别人做不到的。创新的成果是新思想、新理念、新方法、新工具、新产品,对于新事物,人们往往倾向于用旧的思想、旧的观念、旧的标准来评判,哪怕新事物代表着未来的发展方向,可以解决人类面临的难题,也会遭到一些人的否定、排斥。仍以汽车的发明为例,早期发明的汽车首先受到了马车行业的抵制,那些养马的、生产马车的、生产饲料的群体因为利益受到威胁而批判新发明的汽车;那些依靠马车来彰显其显赫地位和身份的贵族讨厌汽车带来的平等感,也反对新发明的汽车;即使普通民众也因为汽车噪声大、污染重而讨厌汽车;媒体也顺应所谓的"民意",把汽车妖魔化,丑化新发明的汽车。可以说,在当时,发明汽车的人、生产汽车的企业都承受了巨大的压力。但技术不会因部分人是否喜欢而改变其发展方向,随着技术驱动与市场需求的不断迭代,汽车驶入了寻常百姓家。创新打破的是旧规则,更新的是旧观念,革新的是旧生活方式,故容易受到旧势力的攻击及利益损失者的抵制。创新不简单,创新成果留存下来也不容易。正是由于创新难,才需要以宽松包容的态度为创新者和创新行为营造良好的环境。

---

**案例 1-1-12**

### 3M 公司为什么能成为持续创新的常青树?

3M 公司成立于 1902 年,是世界上著名的多元化跨国企业,全球超过 50% 的人每天都在直接或间接地接触 3M 公司的产品。谷歌等企业巨头都把 3M 公司作为榜样。3M 公司是依靠创新驱动而成为百年名企的,其创新的动力在于创新使命、创新平台、创新机制和创新文化。在创新使命方面,3M 公司的使命就是成为世界上最具创意的企业,要求每年 35% 的销售额来源于最近 4 年的新产品,10% 的销售额来源于过去一年开发的新产品。在创新平台方面,3M 公司凭借其 47 个核心科技平台进行多元化市场渗透,围绕客户需求开发新产品。100 年来,3M 公司开发了6.9 万种新产品,平均每两天开发一种新产品。在创新机制方面,3M 公司尊重员工,鼓励创新,建立了 15% 弹性创新制度,每位员工都有 15% 的时间用于研究自己感兴趣的技术项目,这些项目可以与企业无关。此外,3M 公司还建立了物质、精神、晋升等方面的配套激励机制,让员工可以无忧创新。创新文化方面,3M 公司营造了宽容的氛围,允许员工在创新中犯错,员工的薪金、待遇、晋升等不会因为创新失败而受到影响。

### 2. 创新的过程

创新的过程是一个风险性很强的控制过程。创新的过程包括三个基本要素,即创新动机、创新敏感和创新实施。创新动机驱动人们主动寻找创新目标,创新敏感使人们能够较快地捕捉到正确的创新目标,创新实施使人们能高效地实现创新目标,三者相互影响、相互联系、有机统一,构成一个完整的创新过程。

（1）创新动机。

创新动机是人们最原始的主观动力,没有创新动机,就没有创新行动,创新动机的强弱决定了创新行动的力度。创新动机不是主观产生的,而是产生于社会、企业发展的需要。一方面,为了满足人们日益增长的物质和精神需要,人们需要不断地创新;另一方面,创新在满足人们需要的同时又会催生新的需要。比如,企业为了满足人们出行的需要,在马车的基础上通过创新生产出了小轿车;为了保证开车安全,又通过创新发明了安全带、安全气囊和自动刹车系统。

创新动机来自历史使命感、社会责任感和个人兴趣爱好。无论是伟大的创新,还是微小的创新,都是为了满足人类社会发展的需要和人们日常生活的需要。如创建脸书的创新动机来自"连接全世界"的梦想,通过互联网把全球连接起来,让人们一起分享自己的生活;创建特斯拉的创新动机是"让世界摆脱对化石燃料的依赖",保护环境,推动人类社会可持续发展。这些企业创建的创新动机都不是赚钱,而是来自一种强大的历史使命感和社会责任感,通过技术创新和商业模式创新更好地满足社会的需要,为社会发展做贡献。由于创新动机满足了社会需要,这些企业也得到了社会的回馈。

（2）创新敏感。

创新敏感是指在创新过程中观察和认识事物的敏锐性和洞察力。创新敏感来自强烈的批判精神和怀疑精神、具体的社会实践和独立思考,以及对社会需求的敏锐洞察。创新敏感以问题为导向,带着问题观察世界更容易激发创新敏感。人们通常只看自己想看的,只听自己想听的。比如,一个人想买一辆黑色轿车,他走在大街上就会突然发现黑色轿车多了起来,实际上并不是黑色轿车突然变多了,而是这个人的注意力更多地集中在黑色轿车上了。一个人平时思考什么,他就会比别人更多地看到什么。瓦特看到水壶里的开水把水壶盖顶起来后发明了蒸汽机,正是因为他长期思考蒸汽动力问题。

只有带着问题思考,培养创新敏感,对关注的事物深入思考,才能发现事物的本质及其规律,才能发现新事物、发明新产品、找到新方法、制造新工具。创新敏感的培养在于怀疑、质疑看似合理的事情,敢于打破常规,不被既有理论、流行观点、传统观念、权威见解和思维定式所束缚,继而从不同角度、不同层面提出自己的观点和认识。

（3）创新实施。

强烈的创新动机是创新的前提条件,敏锐的创新敏感是创新的必要条件,而创新实施则是创新的关键。创新实施就是把创新动机、创新敏感与实际问题有机结合,并解决实际问题的过程。创新实施包括发明阶段、转化阶段和市场渗透阶段。

① 发明阶段。

发明阶段指在研究或实践过程中根据积累的理论知识和实践经验,结合实际工作中存在的问题,把创新设想转化为现实的阶段。发明不是容易的事情,更不是偶然的事情:一是要有知识储备和实践经验,二是要有浓厚的兴趣,三是要有持续的资金支持,四是要有市场需要。以瓦特发明蒸汽机来说,他的成功一方面得益于良好的家庭条件。其祖父是数学家,父亲是实业家,母亲受过良好的教育,所以瓦特从小就接受了良好的数学教育,长大后又接受了仪器制造的系统培训,后来成为格拉斯哥大学的数学仪器制造师,这些教育背景为其发明蒸汽机奠定了扎实的知识基础。另一方面,瓦特的成功得益于前期蒸汽机技术的积累。在瓦特发明蒸汽机之前,就已经有人制造出了蒸汽机,瓦特只是对其做出了重大改进,发明了有使用价值的蒸汽机。此外,瓦特发明蒸汽机还得到了企业家的鼎力支持。

② 转化阶段。

发明只是解决了"从 0 到 1"的问题,"从 1 到 n"还需要做出一系列的技术改进。早期的发明的使用价值一般都不大,需要不断完善才能把它转化为能满足市场需求的产品。比如,莱特兄弟一开始发明的飞机飞行高度仅 1 米,飞行时间仅 12 秒,飞行距离仅 36 米。在此后数年里,莱特兄弟制作了 200 多种不同形状的机翼,经过 1 000 多次飞行试验和不断的改进,其飞行高度才达到 180 米。直到 1924 年,4 位年轻的飞行员才完成首次全球飞行。经过 20 余年的探索,飞机才从莱特兄弟的早期发明转化为实用的空中交通工具。

③ 市场渗透阶段。

市场需求是创新的巨大推动力,很多创新成果与其说是发明者的杰作,不如说是市场驱动的结果。瓦特发明蒸汽机的背后是纺织业的发展对动力的需求,福特发明的流水生产线源自汽车市场的巨大需求,任何一项发明都需要强大的市场需求作为支撑。发明一旦插上市场需求的翅膀,就会产生强大的影响力。

**课堂小结**

在日常生活中,创新有多种渠道,万事万物均有创新的可能。我们要坚持创新的基本原则,实现自身价值。

课堂思考

1. 创新的类型有哪些?

2. 在实践中如何坚持创新的原则?

## 第二节　弘扬创新精神，培育时代新人

### 创新箴言

我们不能人云亦云，这不是科学精神，科学精神最重要的就是创新。

——钱学森

### 学习目标

1. 了解创新精神的内容、特征、培育路径。
2. 能合理分辨创新精神的要素，通过适当的路径培育自己的创新精神。
3. 理解创新精神的重要性，增强创新精神。

### 案例导入

**以"梦里水乡"建设打造美丽乡村**

镇江句容市后白镇李家桥村利用低洼荒废的2 300多亩滞洪区进行土地流转、投资，发展田园综合体，着力创建农业观光旅游亮点，打造了多彩的油菜花海。

三月，最美不过油菜花海。随着天气逐渐转暖，李家桥村"梦里水乡"的千亩多彩油菜花竞相开放，黄色、粉红色、紫色、白色、橘黄色……不同颜色的油菜花，构筑了乡村田园靓丽的风景线，众多游客慕名前来，置身花丛，踏青赏花，流连忘返。

在"梦里水乡"千亩多彩油菜花海，从高处俯瞰，连片油菜花遍地开放，麦浪青青，水流潺潺，远处的田舍村庄忽隐忽现，令人心境开阔，心旷神怡；低头观赏，各种色系、色调的花田交错辉映，蜂飞蝶舞，花香扑鼻，使人目不暇接。

李家桥村还将引种多彩向日葵新品种，把"梦里水乡"变成风景独特的向日葵花海，同时加大招商投资力度，做好各项配套设施建设，实现村庄环境整治、道路铺设、村容村貌整体焕新，推进美丽乡村建设，力争把"梦里水乡"打造成四季飘香、名副其实的乡村特色旅游区。

**课堂思考**

1. 创新精神就是创业精神吗？

2. 如何理解创新精神的特征?

3. 如何培养创新精神?

## 一、创新精神的内涵

2023 年 2 月 7 日,习近平总书记在新进中央委员会的委员、候补委员和省部级主要领导干部学习贯彻习近平新时代中国特色社会主义思想和党的二十大精神研讨班开班式上讲话强调,守正创新是我们党在新时代治国理政的重要思想方法。守正才能不迷失方向、不犯颠覆性错误,创新才能把握时代、引领时代。

**(一)创新精神概述**

创新精神属于科学精神和科学思想范畴,是进行创新活动必须具备的心理特征,包括创新意识、创新思维、创新技能、创新品质。创新精神是一种勇于摒弃旧思想、旧事物,创造新思想、新事物的精神。例如,不满足于已有认识(掌握的事实、建立的理论、总结的方法),不断追求新知;不满足于现有的生活生产方式、工具、材料、物品,根据实际需要或新的情况,不断进行改革和革新;不墨守成规(规则、方法、理论、说法、习惯),敢于打破原有框架,探索新的规律、新的方法;不迷信书本、权威,敢于根据事实和自己的思考,质疑书本和权威;不盲目效仿别人的想法、说法、做法,不人云亦云,坚持独立思考,说自己的话,走自己的路;不喜欢一般化,追求新颖、独特、异想天开、与众不同;不僵化、呆板,能灵活地应用已有知识和能力解决问题。这些都是创新精神的具体表现。

创新精神是科学精神的一个方面,与其他方面的科学精神不是矛盾的,而是统一的。例如,创新精神以敢于摒弃旧思想、旧事物,创造新思想、新事物为特征,同时又要以遵循客观规律为前提,只有当其符合客观需要和客观规律时,才能顺利地产生创新成果,成为促进自然和社会发展的动力;创新精神提倡新颖、独特,同时又要受到一定的道德观、价值观、审美观的制约;创新精神提倡独立思考、不人云亦云,但并不是不听别人的意见、孤芳自赏、固执己见、狂妄自大,而是要团结合作、相互交流,这是开展创新活动不可缺少的方式;创新精神提倡大胆、不怕犯错误,但并不是鼓励犯错误,只是认为产生错误认知是科学探究过程中不可避免的;创新精神提倡不迷信书本、权威,但并不反对学习前人经验,认为任何创新都是在前人成就的基础上进行的;创新精神提倡大胆质疑,但质疑要有事实和思考的根据,并不是毫无理由地怀疑一切。总之,要用全面、辩证的观点看待创新精神。只有具有创新精神,我们才能在未来的发展中不断开辟新的天地。

**(二)创新精神的要素**

创新精神可以理解为个体从事创新活动所需具备的基本心理状态,主要包括创新意识、创新思维、创新技能和创新品质四个要素。

1. 创新意识

创新意识是个体从事创新活动的主观意愿和态度。只有具有强烈的创新意识的个体,才会产生强烈的创新欲望,树立创新目标,发挥创新潜力和才智。创新意识主要体现在尊重客观现实、善于理性思考、敢于怀疑、追求卓越等方面。

**希尔顿酒店的创立**

著名的希尔顿酒店创立于 1919 年。当时,其创始人希尔顿在达拉斯商业街上漫步,发现这里竟然没有一家像样的酒店,遂萌生了创立一家高级酒店的想法。

希尔顿是一个创造力与行动力都很强的人,想到就立即去做。他很快就看中了一块"风水宝地"。酒店属于典型的服务业组织,对这个产业而言,影响最大的因素就是地理位置,选择了好的地理位置,即使初始投资较大,也能很快在后续的经营中收回。所以,希尔顿下定决心要买下这块"风水宝地"。

这块地的出让价格为 30 万美元,而他眼下可支付的资金仅有 3 万美元。况且,解决地皮问题之后,还要筹集大量的建设资金。所以,从表面上看,这个计划显然不可行。但他没有放弃。他把这个难题进行了分解。首先,他把 30 万美元的地皮费用分解到了每年每月。他对土地拥有人说:"我租用你的土地,租期 90 年,每年给你 3 万美元,按月支付,90 年共支付 270 万美元。一旦我支付不起,你可以拍卖酒店……"对方感到占了个大便宜,便同意了。

签订了土地租赁协议,希尔顿马不停蹄,将自己开酒店的方案及诱人的经营远景讲给投资商听,很快与一家大投资商达成了协议,合股建设酒店。酒店如期建成,经营效益远超先期预料,获得了巨大成功。从此,希尔顿走上了成为世界级酒店大王之路,一度跻身全球十大富豪之列。

希尔顿以经济为线索,以时间性为切入点,将租金问题进行了分解和再思考,以现有的有限资金作为签订协议的资本,将未来的项目利润作为履约资本。接着,他又以经济为线索,以结构性和利益性为切入点,把自己的协议权用智慧放大为股份资本,将建设资本压力变成另一位投资人的投资动力,从而解决了全部建设资本的问题。是创新意识造就了著名的希尔顿酒店。

**2. 创新思维**

创新思维是创造力的核心。这就是说,要接受创造性思维活动方面的教育,才能不断提高创新思维相关的各方面能力,如思维发散能力、思维想象能力、思维逻辑能力和思维直觉灵感能力。

**如何带走这些蛋**

有一个篮球运动员只穿了一条短裤,戴了一块手表,在球场上练习投篮。有个人给了他 20 个鸡蛋,这个人把鸡蛋放在球场边的地上就走了。这时,球场边没有任何可以用来装鸡蛋的东西,也找不到可以帮忙的人,如何拿走鸡蛋实在让这个运动员为难。仅有的一条短裤不能再脱,手表又显然派不上用场。唯一可以使用的只有篮球。

关于如何对篮球加以利用,必须事先设想一番:这20个鸡蛋能不能放进去?放进去以后能不能拿着它走路?拿着它走路,鸡蛋会不会滚出来摔坏?如果不对这些具体情景在头脑里预先设想一番,拔腿就走,难免失败。这个运动员想出的办法是放掉篮球里的气,把篮球弄成盆状,然后把鸡蛋放在里面。可以看出,他思考这个问题时运用了形象思维相关的创新思维方法。

3. 创新技能

创新技能反映人们的行为技巧、动作能力,属于创新活动的工作机制。它包括信息加工能力、工作能力、动手操作能力等。

4. 创新品质

创新品质主要是指个体从事创新活动时表现出来的稳定的个性品质特征,包括勇敢、独立性、好奇心、有毅力、富于挑战性、敢于质疑及一丝不苟等。创新主体个性特点上的品质差异在一定程度上决定着创新成就的大小,因此,创新品质的塑造是创新精神培养的重要环节。

**案例 1-2-3**

### 3D打印的进步

3D打印的工艺大师汪建民是我国3D打印技术的先驱。他热爱机械制造,并对3D打印技术充满了好奇。然而,他并不满足于使用3D打印技术来制造已经存在的产品,而是想要通过这项技术来探索全新的可能性。

汪建民花了数年时间研究和实践,最终成功地开发出了一种新型的3D打印机。这种打印机不仅能够以前所未有的精度打印物体,还可以使用多种材料打印。他利用这种打印机制作出了许多令人惊叹的作品,例如具有惊人复杂度的艺术品和功能完善的机械零件。

汪建民的成功不仅带动了3D打印技术的发展,还影响了许多领域。他的技术被应用于汽车制造、医疗器械、建筑设计等领域,为这些行业带来了巨大的效益。

## 二、创新精神的特征

天以新为运,人以新为生。惟改革者进,惟创新者强,惟改革创新者胜。新时代青年当勇立潮头,敢于创新。个人不能突破自我,大胆创新,便不能实现人生价值与理想。若不能突破自我,孙中山便不能以妙手丹心,医治中华之国殇;若不能突破自我,鲁迅便不能弃医从文,疗救国人之心灵;若不能突破自我,毛泽东便不能踏革命之征程,创中华之新篇。唯有勇立潮头,大胆创新,方可放飞梦想,激扬青春。

创新精神作为一种关键的素质,在现代社会中发挥着越来越重要的作用。它不仅仅是一种思维方式,更体现了一种积极行动和不断求新的态度。

### 1. 综合性

创新精神的鲜明特征之一是高度的综合性。这意味着创新精神不仅包括单一的精神特质,而是由多种精神特质综合作用形成的。这些特质包括但不限于拼搏精神、进取精神、合作精神等。这些不同的精神特质相互交织、相互补充,共同构成了创新精神,使个人在创业或解决问题时能够发挥最大的潜能。

上下五千年,中华文明如浩浩江河,滋养泱泱华夏;纵横九万里,创新创造如熠熠繁星,汇聚煌煌文脉。正如习近平总书记所言:"中华文明具有突出的创新性,从根本上决定了中华民族守正不守旧、尊古不复古的进取精神,决定了中华民族不惧新挑战、勇于接受新事物。"近年来,从开发数字化应用及文创产品,让收藏在博物馆里的文物活起来,到立足中华审美风范,让优秀文艺作品竞相涌现,再到让历史文化街区在保护中发展,让历史文脉融入现代生活,坚持古为今用、推陈出新,中华文化的"一池春水"被彻底激活,在新时代展现出蓬勃生机、焕发出巨大活力。

### 2. 关联性

关联性意味着创新不是孤立地思考问题,而是要看到事物之间的联系,从而产生新的观点和新的解决方案。具有创新精神的人或团队在面对问题时,会从多个角度去思考,寻找不同元素之间的联系,进而提出具有创新性的解决方案。这种思维方式不仅有助于解决问题,还能推动知识和技术的融合,产生更大的价值。

---

**案例 1-2-4**

#### 小米在发展新质生产力方面的努力

2024年,新质生产力成为时代热词之一。何为新质生产力?从字面上来看,新质生产力是创新起主导作用,摆脱传统经济增长方式、生产发展路径,具有高科技、高效能、高质量的特征,体现复合新发展理念的先进生产力质态。换言之,新质生产力就是以科技创新为主导和支撑的生产力。汽车行业作为国家工业领域的核心版图,其产业链与新质生产力紧密相连。近几年,随着新能源汽车的普及,传统的汽车制造业正面临前所未有的挑战与变革。小米、华为、比亚迪、宁德时代是深刻影响全球的中国四大硬核科技公司,其中,小米是第一家建立全球最大的消费级智能物联网平台的企业。为了承接之前小米生态打下的基础,直接在设备之间统一语言,实现通信和实时交流,小米推出了小米澎湃OS(操作系统),为的就是打通居家出行及办公场景,再加上最近推出的小米汽车,真正建立涵盖人、车、家的全生态。

小米在物联网方面的努力也是官方媒体在报道中反复提及与夸赞的重点。同时,小米在科技方面的投入也远超我们的想象。很多人以为小米只关注性价比,殊不知,小米已经建成自主智能无人工厂,同时联合上下游企业和各大高校组建了 3C(计算机、通信产品、消费电子产品)智能制造创新联合体,瞄准智能制造科技前沿布局产业链。小米的追求是成为全球第一硬核技术的领导者,并一直为此努力。

### 3. 变通性

变通性意味着在面对问题和挑战时,能够灵活地调整原有的思维和方法,寻找新的解决方案。这种能力不仅体现在解决问题上,而且体现在适应不断变化的环境和需求上。变通性要求人们不拘泥于传统,勇于尝试和探索,从而推动事物的发展和进步。

### 4. 流畅性

流畅性意味着在思考、决策和执行过程中,能够自如地从一个概念跳转到另一个概念,不受传统束缚,快速适应变化。这种流畅性不仅体现在思维上,而且体现在行动上,使得人们能够迅速将想法转化为实践。这种能力使得创新过程更加高效,减少了不必要的摩擦和延误。

---

**案例 1-2-5**

#### 瑞幸的"酱香拿铁"

2023 年 9 月 4 日,瑞幸咖啡在全国门店上线了与贵州茅台联名推出的咖啡"酱香拿铁"。这种咖啡每杯官方零售价为 38 元,使用专属优惠券后到手仅需 19 元,买 2 杯还送联名款纸袋与贴纸。花不到 20 元就能尝到价值数千元的茅台,这一组合听起来新奇又划算。其发布首日,就引发了一股购买狂潮。

"酱香拿铁"强强联合,属于好的创意、成功的营销。有时候,开展创新也不难:两个本来不搭的东西,让其叠加、融合在一起,这就是一种创新。在"酱香拿铁"的推广宣介过程中,有些宣传语也颇有新意,比如"美酒加咖啡,就爱这一杯""年轻人的第一杯茅台,老年人的第一杯咖啡"。

---

### 5. 独创性

独创性意味着在思考、解决问题或创造新事物时,能够提出与众不同的观点和方法。这种特质不仅体现在科学研究和艺术创作中,而且广泛应用于日常工作和生活中。独创性要求人们不拘泥于传统观念和现有知识,勇于挑战,寻求新的解决方案或创造新的价值。这种思维方式能够推动个人成长和社会进步,因为它鼓励人们跳出固有框架,探索未知领域。

### 孔子:创新中国教育第一人

孔子是中国古代著名的思想家、教育家,他开创了私人讲学的风气,是儒家学派创始人。孔子一生都在忙碌与奔走,成年后,为了实现自己的理想,宣传自己的道德理念,他开始了长达 16 年的讲学,并吸引了大批门生。50 岁那年,他任鲁国司寇,后遭小人暗算被撤职。但他没有放弃自己的理想,开始了前后长达 13 年的周游列国之旅。

在孔子之前,未闻有"不仕不农不工不商",只以讲学为业谋生之人。可以说,孔子是教师这一职业的缔造者,也是教育事业的普及者。他在我国历史上首创私学,兴办教育,打破了古代中国"学在官府"的局面,开启了中国古代教育领域改革与发展的新纪元。他所提倡和切身践履的有教无类、终身教育、因材施教和启发式教学等教育思想在当时领社会风气之先,属承前启后、继往开来的创新之举。

#### 6. 发展性

发展性意味着创新精神不仅着眼于当前,而且注重未来的发展和进步。它鼓励人们不断学习、探索和改进,以适应不断变化的环境和需求。发展性也体现在对持续创新和改进的追求上,即使在一个看似完美的系统中,也要寻找可以改进的地方。这种精神鼓励人们不断地挑战现状,推动社会和技术的进步。

### 莱特兄弟发明飞机

1899 年 6 月初,威尔伯·莱特和奥维尔·莱特兄弟俩开始正式阅读与钻研航空与飞行方面的书籍。1903 年 12 月 17 日,在美国北卡罗来纳州的基蒂霍克,他俩制造的人类第一架载人动力飞机试飞成功。仅仅用了 4 年多的时间,他俩便实现了人类几千年来的飞行梦想,开创了一个新时代。

在反复进行的滑翔试验中,莱特兄弟发现了气压中心侧转的现象——弯曲的翼面承受的气压中心并不总是像平翼面承受的气压中心一样往一个方向移动。这一重大发现与许多科技书籍的观点相违背——科学家们已经获得的关于大气对机翼压力的数据竟然有许多是不正确的!莱特兄弟于是在 1901 年下半年制造了世界上第一个能对模型机翼进行准确试验的风洞,用两个多月时间利用风洞进行了 200 多次各种类型的翼面试验,取得了一整套科学数据,并根据这些数据设计出了飞机。

莱特兄弟不迷信书本,敢于向权威挑战,这是创新必备的可贵品质。

#### 7. 鲜明的时代性

鲜明的时代性是创新精神的显著标志。在快速发展的现代社会中,创新精神不仅体现为对传统观念的挑战和突破,更体现为与时代同步,捕捉到时代发展的脉搏。这种精神鼓励人们勇于尝试、敢于创新,不拘泥于过去,积极拥抱未来。它强调与时俱进,不断适应和引领社会变革,为时代的发展注入新的活力和可能性。

### 三、创新精神的培育路径

创新精神是时代精神的核心内容,是一种主体精神、自由精神、探索精神、改革精神、理想精神和求实精神。马克思指出"通过实践创造对象世界,改造无机界,人证明自己是有意识的类存在物",说明人是"有创新精神的存在物";关于人的本质理论,马克思在《1844 年经济学哲学手稿》中指出,自由自觉的活动是人的"类特性";马克思还在《德意志意识形态》中详细阐述了人的本质理论所强调的人的主体精神、自由精神是人的创新精神所富有的要素,劳动就是创造性的实践活动。马克思主义唯物辩证法认为世界是变化发展的,而且发展是永恒的,即物质在永恒的循环中按照规律运动。人们要适应世界,就不得不进行创新。

王守仁打破程朱理学的框架,提出"致良知"学说,"为暗室一炬";蔡元培在北大创新教师聘任制度,不拘一格用人才,使北大成为人才荟萃、思想争鸣之地;马伟明坚持自主创新,分秒必争,实现了我国舰船动力从落后到引领的跨越……从古至今,一代又一代中国人走在时代前列,用创新力和行动力书写了一个个传奇。创新精神早已融入中国人的血液当中,新时代的中国青年,面对百年未有之大变局,面对中华民族复兴的伟大机遇,应当继承先辈们的创新精神,勇立时代潮头,争做创新青年。

大学生培养创新精神需要从多方面入手,包括思维方式、实践策略等。要敢于打破常规,勇于创新。学校和社会也要为其提供良好的创新环境和条件。大学生可以通过关注学术和行业动态、参与科研项目、参加创新创业大赛等途径培养创新精神。要想成为创新型人才,首先要注重创新精神的养成,这需要从以下几个方面着手。

**1. 培养开拓精神**

要想成为创新型人才,有一个必不可少的条件,即具有开拓精神。重复别人做过的事情,走别人的老路,在眼前或许能够取得一点点成绩,但是走不了多远。培养开拓精神,需要从品格、胆魄与才识三方面着手,培养品格、培养胆魄与增长才识齐头并进。首先,着重培养勤奋刻苦和坚韧不拔的品格。开拓创新意味着具有怀疑精神、求实精神、自信心、好奇心。如果迷信书本和权威,缺少自信心、好奇心,懒散怕苦,不能持之以恒,便无法培养这样的品格。其次,大力培养大无畏的胆略和气魄。开拓创新意味着敢说前人没有说过的话,敢走前人没有走过的路,敢开创前人没有开创过的新事业,需要有大无畏的胆略和气魄。最后,增长开拓创新的才识。开拓创新意味着努力提高创造性思维能力和从经验、事实、材料中提炼出自己观点的能力,需要具备一定的才识。

**案例 1-2-8**

### 袁隆平与杂交水稻

袁隆平是农学家、杂交水稻育种专家。袁隆平长期从事杂交水稻育种理论研究和制种技术实践。他在 1964 年首先提出不育系、持续系、恢复系三系法,以及利用水稻杂种优势的设想,并进行科学实验。1970 年,他与助手李必湖、冯克珊在海南发现了一株花粉败育的雄性不育野生稻,这成为突破三系配套的关键。他在 1972 年育成中国第一个大面积应用的水稻雄性不育系二九南一号 a 和相应的持续系二九南一号 b,在次年育成了第一个大面积推广的强优组合南优二号,并研究出整套制种技术。他在 1986 年提出杂交水稻育种分为三系法品种间杂种优势利用、两系法亚种间杂种优势利用、一系法远缘杂种优势利用的战略设想,被人们誉为"杂交水稻之父"。

2. 培养好奇心

爱因斯坦曾说:"我没有特别的天赋,只有强烈的好奇心。"好奇心是开展创新活动的首要条件,是解开万事万物之谜的金钥匙,也是一个人取得事业成功、展示聪明才智的必要条件。对事物感到好奇,才会加强观察,认真思考。因此在培育创新精神的过程中,我们首先要激发自己的好奇心和探索欲。我们应保持对未知领域的好奇心和探索欲,勇于探索新领域、新知识,为创新提供源源不断的动力;养成勤于思考、善于提问的习惯,通过不断提问、解答问题激发自己的创新思维;关注新技术、新趋势,把握创新方向,将好奇心转化为实际的创新行动。

3. 培养怀疑态度

古人云:"小疑则小进,大疑则大进。"创新是对旧知识的扬弃。在日常工作、学习过程中,要有意识地持怀疑态度去阅读权威著作和思考问题,敢于向权威挑战。书本上的知识是对过去一段时间经验的总结,记载的是过去人们对某个事物的思考,因此在阅读和思考的过程中,要敢于提出新观点、新看法,要大胆假设、小心求证,不按部就班。

**案例 1-2-9**

### 谢皮罗教授的质疑

美国科学家谢皮罗教授在洗澡时发现了一个有趣的问题:每次放掉洗澡水时,水的旋涡总是向左旋转,也就是向逆时针方向旋转,这是为什么呢? 谢皮罗教授百思不得其解。

为了弄清这一现象背后隐藏的科学奥秘,谢皮罗教授开始了实验操作。他设计了一个底部有漏孔的碟形容器,先用塞子堵上,往容器中灌满水,然后重复演示这一水流现象。

谢皮罗教授注意到,每当拔掉容器底部的塞子时,容器中的水总是形成逆时针旋转的旋涡。这证明放洗澡水时,旋涡朝左旋转并非偶然现象,而是一种有规律的自然现象。

经过长期不懈地实验探索,谢皮罗教授终于揭开了水流旋涡左旋的秘密。他发表论文指出:水流形成的旋涡是一种物理现象,与地球自转有关。如果地球停止自转的话,拔掉澡盆的塞子,水流就不会产生旋涡。由于地球不停地自西向东旋转,而美国处于北半球,地球自转产生的方向力使得该地的洗澡水朝逆时针方向旋转。

谢皮罗教授还指出:北半球的台风都是逆时针旋转的,其原因与洗澡水的旋涡的成因一样。他由此推断:在地球的南半球,情况恰好相反,洗澡水将按顺时针方向形成旋涡,而在地球赤道上则不会形成旋涡。

谢皮罗教授的论文发表后,引起了各国科学家的极大兴趣,他们纷纷在各地进行实验,结果证实谢皮罗教授的结论完全正确。

谢皮罗教授之所以能够从人们司空见惯、习以为常的现象中取得惊人的发现,是因为他敢于对"洗澡水旋涡的方向性现象"提出质疑——"旋涡方向背后隐藏的规律是什么?"他从这一质疑开始,对常见的旋涡现象进行深入探索,并由此联想到地球的自转现象和台风的旋转方向,通过实验做出了合乎逻辑的推理和论证,揭开了现象背后的奥秘。这个案例告诉我们,要取得创新成功,首先要敢于质疑。

### 4. 激发创新欲望,培养创造个性

激发创新欲望,在专业领域不断创新,是所有创新型人才追求的目标。新时代需要新思维,只有创新才能在竞争中获得优势、取得成功,而对成功的渴望又有助于激发创新欲望和培养创造个性。

**案例 1-2-10**

#### 主持人的创新精神

一切都在改变,永远不变的只有变化本身。创新精神是时代发展的刚需,我们熟知的一些主持人也在不断创新。

朱广权是央视主持人。作为新一代主持人中的领军人物,他为了实现让新闻直播从传统的宣讲式的播报向更接地气、更亲民的方向的转变做了许多尝试和突破。他的"朱氏主持"给观众留下了深刻的印象,为传统媒体注入了新鲜血液。观众也许不会知道这一条条幽默风趣的"段子"背后,朱广权花了多少心思,但他们的喜爱就是对创新的最大肯定。

央视主持人康辉不局限于小小一间演播室,以短视频形式趣说新闻,拍 vlog(视频博客)呈现外交前线动向,深受年轻人追捧,他自身也由此成为"能文能武"的中国故事讲述者、青年价值传播者。在工作岗位上,他因善于创新而备受欢迎,这也许就是敢于尝试、勇于突破的价值与意义。

### 5. 养成不断创新的习惯

创新无处不在,我们需要不断进取,永不止步。我们要养成不断创新的好习惯,将各方面的创造力都调动起来,培育精益求精的工作态度与主动求变的创新意识,做创新的有心人。创新习惯的养成需要在日常工作中多学习,多积累,充分利用现代的网络技术和成

果,创新工作方法,提高工作效率,从身边做起,从岗位创新做起,勤于思考,勇于开拓,不断挑战自我。

---

**案例 1-2-11**

### 2023年,这些创新成就熠熠生辉

2023年,我国的创新成果令人振奋。

神舟十七号与神舟十六号两个乘组在中国空间站胜利"会师",这是在中国首艘载人飞船神舟五号实现中华民族千年飞天梦20周年之际,第一批、第二批和第三批中国航天员首次在中国空间站同框。

在江西万安,我国自主育种研发的油菜新品种"中油早1号"的油菜籽亩产达到175.7千克。中国农科院油料所团队6年持续耕耘,创造了新的高产纪录。

在安徽合肥,"人造太阳"全超导托卡马克核聚变实验装置(EAST)成功实现稳态高约束模式等离子体运行403秒。中国科学院合肥物质科学研究院等离子体物理研究所EAST大科学团队聚力攻关,迎来重大突破。

我国自主研发的大型客机C919成功完成首次商业载客飞行。在民用航空领域,大型客机被誉为"现代制造业的明珠"。其制造能力直接反映一个国家的工业水平。C919的一飞冲天让中国人的"大飞机梦"成为现实。

被称为"千眼天珠"的国家重大科技基础设施"空间环境地基综合监测网"标志性设备之一——圆环阵太阳射电成像望远镜正式建成,其不但能监测太阳的各种爆发活动,还能监测太阳风暴进入行星际的过程,对于预测太阳活动有重要作用。

随着绿色动力关键技术不断取得新突破,长江黄金水道中的船舶也用上了"新能源"。我国首艘氢燃料电池动力示范船"三峡氢舟1号"在长江三峡起始点湖北宜昌首航,实现了氢燃料电池技术在中国内河船舶应用的"零的突破",开启了长江航运的氢能时代。

---

培养创新精神是我们成长成才的必由之路。通过努力,我们可以逐步培养自己的创新精神,为未来的创新之路奠定坚实基础。同时,学校和社会也应为大学生提供良好的创新环境和资源支持,共同推动创新型人才的培养和发展。

---

**课 堂 活 动**

### 测一测:你有创新精神吗?

一、测试题

将符合自己实际情况的选项填写在题干后的括号内。

1. 你对自己现在的学习态度(　　　)。

A. 非常满意　　　　　B. 认为一般　　　　　C. 不满意

2. 你对自己现在的学习成绩(    )。

A. 非常满意            B. 认为一般            C. 不满意

3. 如果你要做一件事,你会(    )。

A. 按大家常用的方法去做

B. 不清楚

C. 设计一个新方法去做

4. 你对参加大学生创新创业大赛的态度是(    )。

A. 不感兴趣            B. 无所谓            C. 很想找机会尝试一下

5. 你对"白日梦"的看法是(    )。

A. 痴心妄想            B. 不清楚            C. 有可能实现

二、计分方法

选 A 得 1 分,选 B 得 3 分,选 C 得 5 分。

三、测试结果分析

20—25 分:开拓进取型。对自我现状不满,有较强的创新开拓意愿,一旦找到适合的途径和方式,很容易获得成功。

10—19 分:谨慎稳健型。对自我现状比较满意,希望稳定,做事比较谨慎,可能错过一些好机会。

5—9 分:满意现状型。安于现状,偏于保守,不思改革和创新,更容易在本职工作中实现自身价值。

# 第三节　培养创新意识，拓宽创新视野

## 创新箴言

创意造言，皆不相师。

——李翱

## 学习目标

1. 了解创新意识的内涵、特征。
2. 掌握创新意识的培育路径，能运用合理方式增强创新意识。
3. 认识到创新意识的重要性，增强创新意识。

## 案例导入

### EcoHelmet

　　EcoHelmet 是一款由纸质材料制成的可折叠自行车头盔，它不仅能够保护头部安全，而且为人们提供了更加环保、可持续的出行方式。这款头盔的设计灵感来自蜂窝结构，它在保证头部安全的同时，还具备可折叠、易携带的特点。EcoHelmet 的出现为人们提供了一种全新的出行方式，也为环保领域的创新发展提供了新的思路和方法。

## 一、创新意识的内涵

　　古语云"尽信书不如无书""博学之，审问之，慎思之，明辨之，笃行之"，都提倡学习时要有质疑精神。教育家陶行知在《创造宣言》中曾提出："处处是创造之地，天天是创造之时，人人是创造之人。"这些都反映了我国历来有重视创新的传统。

　　创新意识是指人们根据社会生活发展的需要，产生的创造前所未有的事物或观念的动机，并在创造活动中表现出的意向、愿望和设想。它是人类意识中一种积极的、富有价值的表现形式，是人们进行创造活动的出发点和内在动力，是创造性思维和创造力形成的前提。青年学生是最容易接受新生事物、最富有创新精神的群体，祖国未来发展的希望在创新，创新的希望在青年学生。要建设创新型国家，必须从培养青年学生的创新意识着手。

案例 1-3-1

### 在"权威圣圈"面前

1900 年,物理学家普朗克经过长期的实验和分析,提出了量子力学假设及普朗克公式。但他发现自己的假设和牛顿提出的理论并不相符,这让他感到非常沮丧,认为会破坏自己一向崇拜的权威牛顿提出的完美理论。经历一番痛苦纠结后,他最终宣布取消自己的假设。人类本应因权威而受益,不料竟因权威而受害——普朗克对自己假设的取消使得物理学理论的发展停滞了几十年。

在这样的背景下,当时只有 25 岁的爱因斯坦敢于冲破"权威圣圈",认为普朗克的假设是正确的,并将其纵向引申,提出了光量子理论,奠定了量子力学的基础。随后,他又打破了牛顿提出的绝对时间和空间理论,创立了震惊世界的相对论,把物理学的发展推向又一个高峰。

从创新意识的内涵来讲,创新意识包括创新兴趣、创新动机、创新情感和创新意志。

**(一)创新兴趣**

兴趣是人们力求探究某种事物和从事某项活动的意识倾向,表现为人们对某种事物、某项活动积极的态度和情绪反应,使人们对感兴趣的事物给予优先的注意。创新兴趣不仅是推动人们积极从事创新工作的动力,还能使人们在艰辛烦琐的创新研究中体会到快乐。

案例 1-3-2

### 板桥体的产生

郑板桥是清代书画家、文学家,"扬州八怪"之一。他自幼爱好书法,立志掌握古今书法大家的要旨。他勤学苦练,反复临摹名家字帖,但进步不大,深感苦恼。有一次他练书法入了神,竟在妻子的背上画来画去。妻子问他这是干什么,他说是在练字。

他妻子嗔怪道:"人各有一体,你体是你体,人体是人体,你老在别人的体上缠什么?"郑板桥听后猛然醒悟:书法贵在独创,自成一体,老是临摹别人的碑帖怎么行呢!从此以后,他力求创新,摸索着把画竹的技巧渗透进书法艺术中,终于形成了自己独特的风格——板桥体。

创新兴趣往往与人们的好奇心、求知欲密切联系在一起。人们总是根据自己的兴趣来优先选择合适的创新内容和方向,创新兴趣引导着人们创新目标的确立、创新能力的开发。拥有对创新的强烈兴趣是人们进行创新活动最重要的心理条件。

**(二)创新动机**

动机是激发和维持个体的活动,并使这种活动朝着一定的目标发展的内部心理倾向。

与其他活动一样,创新活动也是受到动机的驱动而产生的。创新动机是创新行为的动力基础,是引起和维持个体进行创新行动的内在驱动力,它能推动和激励人们发动和维持创新活动。

---

**案例 1 - 3 - 3**

### 玫琳凯的创业经历

玫琳凯·艾施缔造出了业务遍布五大洲近 40 个国家和地区的玫琳凯跨国集团。她原本是一位家庭主妇,在无意中发现自己的销售天赋后做起了推销员。玫琳凯·艾施的销售之路走得风生水起,但是即使她在工作中表现得十分出色,仍然不时遭受到不公平待遇。

1963 年,她选择了辞职。由于感到已失去了生活的活力,她决定写下 25 年来她作为杰出的直销员工作的种种经历,借此帮助其他女性。看着所列出的清单,她发现自己仍是十分幸运的。于是,渐渐地,玫琳凯产生了一个想法,那就是建立一家"美梦公司",给所有的女性提供无限的机会,帮助更多的女性实现她们的梦想。

凭借自己的梦想、经验和 5 000 美元的积蓄,玫琳凯在儿子理查德·罗杰斯的帮助下创立了玫琳凯公司,在达拉斯的一个约 46 平方米的店面里开始了自己的梦想之旅。玫琳凯以自己的名字命名这家公司,最初的职员只有她和儿子理查德及 9 名美容顾问。

在采访中,玫琳凯说她辞职是因为,她对女性在职场中受到不公平对待的现状感到非常失望。她们不管有多聪明,都得不到与能力相匹配的机会。贫寒的童年、不幸的婚姻、坎坷的求职生涯,半生的经历让她一直在思考女性缺什么、需要什么、喜欢什么。女性需要被人鼓励、赞美、肯定、认可、欣赏,女性也需要机会,这就是玫琳凯·艾施的创业动机。

---

创新动机在创新活动中主要有三方面的功能。① 激活功能。创新动机能激发、推动个体产生创新行为,培养创新能力。② 指向功能。创新动机总是使创新活动指向一定的目标和对象。③ 维持与调节功能。创新动机一旦引起创新实践,就会使人们展现出极大的积极性,从而维持和加速创新过程。个体能否坚持或如何做出调整与改变也会受到创新动机的调整和支配。

**(三) 创新情感**

创新情感是创新主体对创新活动的主观情感体验,它是主体进行创新活动的情感力量,对创新活动的维持和调节起着很大的作用。创新活动的主体是有知觉、情感、意志的人。人们在认识世界和改造世界的创新实践中,不但认识了周围事物,而且会对它们做出评价,形成一定的态度,产生相应的情感体验。

**案例 1-3-4**

### 海底捞的情感营销

在低附加值的餐饮服务业,虽然家家都在喊"顾客至上",但实际效果并不理想。而海底捞专注于每个服务细节,让每位顾客都体会到"五星级"的服务:停车时有代客泊车,等位时有无限量免费水果、虾片、黄豆、豆浆、柠檬水提供,有免费擦鞋、美甲及宽带上网服务,还有各种棋牌供大家娱乐。为了让顾客吃到更丰富的菜品,海底捞推出了半份菜。为防止火锅汤溅到身上,海底捞为顾客提供围裙、束发皮筋,为戴眼镜的顾客送上擦眼镜布,为手机套上塑料袋。当饮料快喝光时服务员会主动来续杯,在洗手间也有专人为顾客按洗手液、递上擦手纸巾。顾客要求多送一份水果或者多送一样菜品,服务员也会爽快答应。服务员不仅熟悉老顾客的名字,甚至记得一些顾客的生日及结婚纪念日。

要让顾客感受到某种情感,并被强烈打动,企业家及其团队不可能无中生有,必须真真切切地具备真诚服务的热情。海底捞管理层认为:要想让顾客满意,必须先让员工满意,让员工首先感到幸福和自由,再通过员工的服务让顾客感到幸福。海底捞董事长认为:"人心都是肉长的,你对人家好,人家也就对你好;只要想办法让员工把公司当成家,员工就会把心放在顾客身上。"

海底捞情感营销的背后是企业的人性化管理,堪称劳动密集型企业中尊重和信任员工的典范。企业尊重并善待员工,让他们有归属感,以一种"老板心态"而非"打工者心态"来工作。企业成员之间的彼此信任和尊重营造了良好的企业文化,促使员工变"要我干"为"我要干",变被动工作为主动工作,充满热情、努力让顾客满意的员工成为难以模仿的海底捞的核心优势,也成就了海底捞的优质服务。

创新活动需要在稳定的创新情感支配下才能更好地进行。只有具备正确的创新情感,创新活动才能成功。从创新动机的产生到创新过程的持续,再到创新结果的验证,各个环节无不蕴含着创新主体的情感因素。创新过程需要以创新情感为动力。创新情感还可以为个体提供丰富的创新暗示和创新启迪。因此,创新活动要求个体拥有丰富、健康的创新情感。

**(四) 创新意志**

创新意志是创新主体有意识、有目的、有计划地调节和支配创新活动的心理现象。创新意志是人们在创造中克服困难、冲破阻碍的心理因素。创新是一种意志行为,其特征就是克服困难,做前人没有做过的事。可以说,创新意志是创新的支柱。

创新兴趣能推动创新活动取得成功,创新动机是推动和激励人们发动和维持创新活动的动力因素,创新情感是引起、推进乃至完成创新活动的心理因素,而创新意志是在创新活动中克服困难、冲破阻碍的心理因素。

创新意识还涉及对创新活动的理性认识,包括对创新的意义、性质等的认识,以及在此基础上产生的将创新渴求和意识渴求升华为行为渴求的动力。创新意识的培养和开发被视为培养创新型人才的起点,其核心要素包括好奇心、追求新知、独立思考、学会思考,以及在发现问题的基础上开展猜想、验证等探索活动。此外,创新意识与创造性思维紧密相关,创新意识是引起创造性思维的前提和条件,而创造性思维是创新意识的必然结果。

**案例 1-3-5**

### 微软的创新方式

微软借以起家的 BASIC 语言并非自己发明的。其当家产品 DOS(磁盘操作系统)是从其他公司买来的,Windows 借用了施乐公司和苹果公司的技术,IE 浏览器来源于网景公司的创意,Office 办公系统的多数组件均来源于微软收购的公司。微软公司的成功就在于它敏锐地发现了别人的创造,然后通过集成,把别人的创造重新组合成更为精进的产品。例如,Office 办公系统就是由 Word、Excel、Powerpoint 等软件重新组合而成的。微软的创新方式就是把别人的知识、思想、理论或产品引入微软,创造出别人没有的产品。这也是一种创新意识。

**课堂小结**

创新意识是人类意识活动中的一种积极的、富有成果性的表现形式,是人们进行创造活动的出发点和内在动力,是形成创造性思维和创造力的前提。

综上所述,创新意识是一个多层次、多维度的概念,涉及兴趣、动机、情感、意志等多个方面。培养创新意识不仅是推动个人创新行为的关键,而且是提升社会创新能力和促进科技进步的基础。

1-3 测试:威廉斯创造力倾向测验

**课堂活动**

### 重新发现生活——搜集身边的零星创意

1. 请同学们寻找身边可供学习、借鉴、模仿的创意事物,进一步感知创新、创意。

2. 分析你找到的创意事物,首先发掘同类事物中存在的问题,然后找出创意事物的创新之处及创新产生的价值,并说说你受到的启发。

3. 使用 PPT 或者活页挂纸进行分享。分享内容包括同类事物的基本特征、功能介绍及存在的问题,创意事物的创新点、创新价值,所受启发及由此引发的创造性设想。

## 二、创新意识的特征

创新意识的特征主要体现在以下几个方面。

### (一) 新颖性

新颖性是创新意识的核心特征,它体现在对新的社会需求或原有社会需求的创新性满足上。这种新颖性不仅包括生产新产品、研究新技术,还包括创造出新的方法或途径以满足这些需求。新颖性要求人们不断寻求新的解决方案,以满足不断变化的社会需求。

---

**案例 1-3-6**

#### 跳出框框的店铺思路

有一家专卖手帕的"夫妻老店"。由于超市里的手帕品种多、花色新,他们竞争不过,生意日趋清淡。一天,丈夫坐在小店里注视着过往行人,忽然产生了灵感:"手帕上可以印花、印鸟、印水,为什么不能印上导游图呢? 一物二用,一定会受游客们的青睐!"于是,这对老夫妻立即向厂家订制了一批印有交通图及有关风景区导游图的手帕,并且广为宣传。这个点子果然灵验,手帕销路大开。

这个例子体现了跳出框框审视传统的思路。传统的做法是在手帕上印花、印鸟、印水,但是由于市场竞争激烈,已经没有市场前景可言了。在手帕上印导游图,游客见了首先感觉新奇,进而考虑到手帕的使用价值和保存纪念价值,便产生了购买意愿。

---

### (二) 社会历史性

社会历史性强调创新意识是在特定的社会历史条件下产生的,它受到社会和历史条件的制约。这意味着,人们的创新意识不仅受到物质生活和精神生活水平提高的驱动,而且在很大程度上受到具体的社会历史条件的影响。因此,创新必须考虑社会效果,要为人类进步和社会发展服务。

---

**案例 1-3-7**

#### 商 鞅 变 法

商鞅变法是中国古代一次成功的变革,让秦国成为一个强大的国家,为秦国统一六国奠定了基础,而且确定了"法治"的思想。

商鞅吸取了李悝、吴起等法家人物在魏、楚等国实行变法的经验,结合秦国的具体情况,对法家政策做了进一步改进。商鞅变法取得了较大的成效,进一步破除了井田制,扩大了亩制,重农抑商,奖励男耕女织的生产,鼓励垦荒,促进了秦国小农经济的发展;普遍推行了县制,制定了法律,统一了度量衡,强化了中央集权;禁止私斗,奖励军功,制定二十等爵制度,有利于加强军队战斗力;打击反对变法的旧贵族,并且"燔《诗》《书》而明法令"，使变法令得以贯彻执行。自此，秦国很快富强起来，奠定了此后统一六国的基础。正如汉代王充所说："商鞅相孝公，为秦开帝业。"

经过商鞅变法，秦国在经济上改变了旧有的生产关系，废井田、开阡陌，从根本上确立了土地私有制；在政治上，打击并瓦解了旧的血缘宗法制度，使国家机制更加健全，中央集权制度的建设从此开始；在军事上奖励军功，达到了强兵的目的，极大地提高了军队的战斗力，使秦国发展成为战国后期最强大的国家，为秦国下一步的战略发展创造了有利条件。

### （三）个体差异性

个体差异性指创新意识的形成和发展受到个人社会地位、文化素质、兴趣爱好、情感志趣等多种因素的影响。不同的人在这些方面有所不同，因此，他们的创新意识也会有所不同。这种个体差异性意味着创新意识的培养和开发需要考虑到个人的具体情况和背景。

### 三、创新意识的培育路径

要创新，就要有强烈的创新意识。2020年9月，习近平总书记在科学家座谈会上提出，要注重培养学生创新意识和创新能力。习近平总书记特别强调创新意识，是因为个人只有树立了强烈的创新意识，才会运用创新思维去创新。2020年11月，习近平总书记在全国劳动模范和先进工作者表彰大会上针对努力建设高素质劳动大军提出："要增强创新意识、培养创新思维，展示锐意创新的勇气、敢为人先的锐气、蓬勃向上的朝气。"心理学家皮亚杰指出，要综合利用社会实践这片沃土，促进创新意识的培养，最重要的还是将创新意识合理地运用到社会实践当中。

**案例 1-3-8**

#### 阿基米德发现浮力定律

国王让工匠为他制作了一顶纯金的王冠，但他怀疑王冠中掺入了其他金属。为了在不破坏王冠的情况下验证其纯度，国王找到了阿基米德寻求帮助。阿基米德苦思冥想，但一直没有找到好的办法。

某天，当阿基米德坐在澡盆中泡澡时，他注意到将身体浸入水中会导致水位上升，而当他站起来离开澡盆时，水位又会下降，这个现象启发了他。他推断，这可能是因为他的身体排开了水，从而产生了一个向上的力，阻碍了身体的下沉。这个观察让阿基米德意识到，可以通过测量物体在水中排开的水量来确定其体积和密度，进而检验其纯度。

基于这一发现，阿基米德进行了一系列实验。他准备了一个大桶并装满水，然后将不同材质的物体放入水中，观察它们在水中的浮沉情况。经过观察和计算，他发现金属在水中的浮力和其重量成正比，而且浮力的大小与物体的体积、水的密度有关。最终,他成功利用这种方法验证了王冠的纯度,并提出了浮力定律:物体在液体中所受的浮力等于它排开的液体所受的重力。

据说,在发现浮力定律的那一刻,阿基米德高兴地在街上奔跑,喊着"我找到了"。这一发现不仅解决了国王的难题,而且奠定了流体静力学的基础,为后来的科学研究和技术发展做出了重要贡献。

阿基米德发现浮力定律是一个典型的从日常生活现象中发掘科学原理的例子。它展示了阿基米德敏锐的观察力、深刻的洞察力和不懈的探索精神,也启示我们,科学发现往往源于对生活的细心观察和深入思考。

创新意识的培养是一种严肃、严密、严格的创造活动,必须按客观规律办事;不能把创新意识的培养简单化、表象化和庸俗化,降低创新精神的科学性和严肃性。在培养创新意识的过程中一定要注意树立科学的创新理念,明确创新的真实含义,既要面对现状、勇于创新,又要防止把创新当成没有实质内涵的新名词;既要着眼于解决现有手段不能解决的问题,又要用发展的眼光、发展的思维制定解决未来可能出现的新情况、新问题的措施。创新意识的具体培育路径如下。

**(一) 真正理解创新的含义**

熊彼特在 20 世纪上半叶第一个对技术创新这种现象进行了研究,他得出的结论是,创造性的破坏是资本主义发展的巨大动力。他区别了发明与创新:发明是提出观念,而创新则是将观念商业化。因此,创新依靠企业家精神,依靠组织过程、经营、市场化等。在一定程度上而言,他并不是第一个预言家,因为爱迪生在 19 世纪末在门罗公园附近从事的创造活动正是现代 R&D(科学研究与试验发展)的雏形,马克思也早已经指出技术创新对资本主义的意义,但是熊彼特的研究仍然是后来对于技术创新的许多研究的起源。

创新至少包含以下三个方面的内容。① 独创,即创造新的事物,独辟路径,善于发现。② 更新,即除旧布新,勇于改革、迎接新事物。③ 改变,即使事物变得和原来不一样,形成切合实际的新事物。总之,创新就是继承前人,又不因循守旧;借鉴别人,又有所独创;努力做到有新视角、新思路、新方法,使各项工作体现时代性、展现规律性、富于创造性。

案例 1-3-9

**中国首位诺贝尔生理学或医学奖得主屠呦呦**

屠呦呦是中国首位获得诺贝尔生理学或医学奖的科学家,这一成就发生在 2015 年。她获奖的原因是发现了青蒿素,这是一种可以有效降低疟疾患者死亡率的药品。青蒿素的发现对全球公共卫生事业产生了深远影响,挽救了数百万人的生命。屠呦呦的发现是中国科技繁荣进步的体现,也是中医药对人类健康事业做出的巨大贡献的体现。

屠呦呦长年从事中药和中西药结合研究,她的突出贡献不只有青蒿素的发现,还包括双氢青蒿素的创制。青蒿素和双氢青蒿素如今已成为世界卫生组织推荐的一线抗疟药。

## (二) 培养创新的勇气

勇气是做正确事情的能力。勇气不同于判断:一个人做出精准的判断后,如果明知正确的事情是什么,却没有做的能力,我们就说他缺乏勇气。和勇气相对应的概念是风险,风险是在不确定性下可能出现的损失,而勇气体现了承担风险的能力。有句格言说得好:"常有所疑,勇于破疑。"要敢于试错。在创新的滚滚洪流中,如果不敢试错,就会白白错过很多发展机遇。

## (三) 培养创新思维

鼓励从多角度思考问题,培养发现问题、分析问题、解决问题的能力。我们要培养批判性思维、系统思维、多元化思维、整体思维、反思性思维、跨学科思维、情境思维等。教师可以通过课程设计、案例分析、小组讨论、讲座、研讨会等方式,引导学生实践各种创新思维方法。创新就是建构眼前不存在的事物的设想,这需要想象。想象是发散思维的重要形式,是人脑在感性形象的基础上创造出新形象的心理过程。爱因斯坦说:"想象力比知识更重要。因为知识是有限的,而想象力概括着世界上的一切,推动着进步,并且是知识进步的源泉。"想象力是创新的基础,没有想象,就没有进步。正因为如此,对想象力的培养已经成为先进教育思想的重要内容和目标。

**案例 1 - 3 - 10**

### 鲁班发明锯子

相传鲁班在进入深山砍伐树木的时候,忽然不小心摔倒在地。他在慌乱之下信手一抓,抓住了旁边的一大把野草,才没有从山上跌落下去。当他起身的时候,他发现自己的手掌非常疼痛,还出了血。鲁班仔细看了一下抓过的那一把野草,发现野草的两边都生有密密麻麻的、细细的、锋利的齿,他手掌上的伤就是这些齿造成的。他尝试着将这些齿在自己手上轻轻划了一下,结果划出了许多小口子。验证了心中所想,他开心得跳了起来。原来人们在劳动生产过程中需要用到大量的木头,但当时人们在伐木的时候,往往采取刀劈斧砍的方式,费时耗力,效果也不好。他一直都在思考有什么更加先进的工具,可以让人们更加有效地处理这些木头,为此冥思苦想了很久。在被这些长有齿的野草割伤以后,鲁班欣喜地发现,连日以来的冥思苦想终于有了答案。于是他模仿这些野草的齿,在长条工具上装了锋利而密密麻麻的齿,形成了一种全新的工具:锯子。

[来源:李金莲、黄必义,大学生创新创业实训教程(第三版),高等教育出版社2024 年版]

案例 1-3-11

### 苹果公司的每周会议

苹果公司每周会召开两次会议,这两次会议分别运用两种不同的创新方法,第一次为头脑风暴法,第二次为黑帽子思维法。

1. 头脑风暴法

此方法要求对所有创意做无限穷尽,不批评、不反对,发散思维,不受任何条件限制,自由地思考,产生自由创意。头脑风暴法遵循"一二三四原则"。一是发言:要求每个人都发言,但每次只能有一人发言。二是追求:追求数量,追求创意。三是不许:不许质疑,不许批评,不许打断。四是关键步骤:主持人发言、个人自由发言、小组讨论、小组决策。

2. 黑帽子思维法

黑帽子思维考虑的是事物的负面影响和风险,要求尽量从客观和反面的角度分析实施中有可能出现的问题。此方法与头脑风暴法正好相反,要求团队必须明确每一件事情,明确前面产生的想法是否有可能在实际中应用。尽管在这个过程中,工作重心已经转移到一些应用的开发和推进上,但是团队还是要尽量多地考虑到其他各个想法用的潜在的发展可能性。即使到了最后阶段,保留一些创造性的想法作为后备选项也是非常重要和明智的。

· · · 课 堂 活 动 · · ·

### 测一测:你的创新意识有多强?

在生活中,有些人的惰性比较强,有些人则喜欢求新求变,喜欢不断地去尝试,喜欢创造。填写表1-1,测一测你的创新意识有多强吧!

表 1-1　创新意识测试表

| 序号 | 测 试 题 | 选项与得分 | | | | | |
| --- | --- | --- | --- | --- | --- | --- | --- |
| | | A 1分 | B 2分 | C 3分 | D 4分 | E 5分 | F 6分 |
| 1 | 印在纸上的主意、想法,其价值还不如印它们的纸张 | | | | | | |
| 2 | 世界上有两种人,一种人追求、拥护真理,另一种人排斥真理 | | | | | | |
| 3 | 大多数人并不知道什么才是对自己有益的 | | | | | | |

续　表

| 序号 | 测　试　题 | 选 项 与 得 分 | | | | | |
|---|---|---|---|---|---|---|---|
| | | A<br>1分 | B<br>2分 | C<br>3分 | D<br>4分 | E<br>5分 | F<br>6分 |
| 4 | 人生中的大事就是去做自己认为重要的事 | | | | | | |
| 5 | 在这个复杂的世界里,要了解事情的演变情形,唯一的途径就是通过我们信任的领导或专家 | | | | | | |
| 6 | 在论点不同的所有哲学家当中,有可能只有一二位才是正确的 | | | | | | |
| 7 | 大多数人根本不会替别人设身处地地想一想 | | | | | | |
| 8 | 最好听取自己所尊敬的人的意见,再做判断和决定 | | | | | | |
| 9 | 唯有追求一个理想,才能使生命变得有意义 | | | | | | |

0—18分:创新意识较弱;
19—40分:创新意识中等;
41—60分:创新意识较强

## 第四节　提升创新能力，激发创新潜能

### 创新箴言

　　想象力比知识更重要,因为知识是有限的,而想象力概括着世界上的一切,推动着进步,并且是知识进步的源泉。

——爱因斯坦

### 学习目标

1. 了解创新能力的构成。
2. 掌握创新能力的开发方式,能据此合理增强自己的创新能力。
3. 对自身的创新能力有合理的认知,理解创新能力的重要性。

### 案例导入

#### "发明大王"爱迪生的创新人生

　　托马斯·爱迪生是 19 世纪末 20 世纪初的著名发明家,被誉为"发明大王"。

　　爱迪生从小就对科学充满了好奇心,喜欢动手做实验。然而,他的学习生涯并不顺利。他在学校中常常表现出对课堂知识的厌倦,更喜欢自己独立思考和探索。最终,爱迪生选择了退学,开始了自己的实验和探索之旅。

　　在创新的过程中,爱迪生展现出了非凡的毅力和决心。他深知创新需要不断地尝试和失败,从不气馁。他曾经在发明灯泡受挫时说:"我没有失败,我只是发现了一万种不会发光的方法。"这种精神使他在面对困难和挫折时能够始终坚持下去。

　　爱迪生的创新能力不仅体现在他的发明数量上,更体现在他的发明质量上。他发明的电灯、留声机、电影放映机等都对人类社会的发展产生了深远的影响。以电灯为例,在爱迪生发明电灯之前,人们普遍使用煤气灯或油灯照明,不仅存在安全隐患,而且光线昏暗。爱迪生经过数千次的实验和改进,终于发明了耐用且光线明亮的电灯,极大地改善了人们的生活条件。

　　爱迪生的创新之路并非一帆风顺的。面临资金短缺、技术难题、竞争等多重困难时,他始终坚持自己的信念和追求,不断挑战自我和突破极限。他的成功不仅仅是因为他的天赋和才华,更是因为他的创新精神和对待失败的正确态度。

课堂思考

爱迪生的创新能力表现在哪些方面？

朱作仁主编的《教育辞典》把能力定义为"顺利完成某种任务或活动所必需的内在条件的综合，是影响活动效果的基本因素。任何一种单一的能力都不足以使某种活动顺利地进行，都需要多种能力的有机结合"。创新思维能力就是破除迷信、超越陈规，善于因时制宜、知难而进、开拓创新的能力。提高创新思维能力，就要有敢为人先的锐气，打破迷信经验、迷信本本的惯性思维，以满腔热忱对待新生事物，敢于说前人没有说过的话，敢于干前人没有干过的事，以思想认识的新飞跃打开工作的新局面。

## 一、创新能力的构成

创新能力是指个人或组织在面对问题和挑战时，提出创新性的解决方案，形成新的思维模式和方法，并将其付诸实践的能力，也包括在各种实践活动领域中不断提出具有经济价值、社会价值、生态价值的新思想、新理论、新方法和新发明的能力。

创新能力的特征包括综合独特性和结构优化性，其作用在于帮助人们运用创新思维、进行创新实践，解决遇到的各种现实问题。创新能力的形成与多个因素相关，包括遗传因素、环境因素、实践因素和创新思维等。

创新能力的构成如下。

### （一）学习能力

这是获取、掌握知识、方法和经验的能力，涵盖了阅读、写作、理解、表达、记忆、搜集资料、使用工具、对话和讨论等方面的能力。学习能力是创新的基础，因为只有不断学习，才能获取新的知识和信息，为创新提供源源不断的灵感和素材。

学习能力是创新能力的重要构成之一，因为创新往往需要深厚的知识储备和灵活的思维方式，而这些都依赖于个体的学习能力。

---

**案例 1-4-1**

#### 小华的创新故事

小华是一名大学生，他在计算机科学领域展现出了出色的学习能力和创新能力。

小华具有极强的学习能力。他善于利用各种学习资源，如在线课程、学术论文、技术博客来不断拓宽自己的知识面。他注重基础知识的学习，同时也关注最新的技术动态和趋势。通过不断学习和实践，小华在计算机科学领域积累了深厚的知识储备。

在创新方面，小华的成功也得益于他的学习能力。他能够将所学的知识进行灵活运用和组合，从而产生新的想法和解决方案。例如，在参与一个关于智能推荐系统的项目时，小华发现现有的算法在处理某些特殊场景时效果不佳。他利用自己的学习能力深入研究了相关的机器学习算法和数据结构,并结合项目的实际需求,提出了一种新的优化算法。这种算法不仅提高了系统推荐的准确性,还降低了计算复杂度,为项目带来了显著的改进。

此外,小华还具备开放和包容的思维方式。他善于从多个角度思考问题,善于借鉴他人的观点和经验。这种思维方式使得他能够不断地吸收新的知识和思想,从而激发出更多的创新灵感。

### (二)观察能力

观察能力作为创新能力的构成部分,扮演着举足轻重的角色。它是指个体通过感官接收外界信息,并对其进行详细、全面、深入审视的能力。这种能力有助于个体发现新问题、捕捉新机遇,进而推动创新成果的形成。

**案例 1-4-2**

#### 苹果公司的触控技术革新

苹果公司以其独特的创新能力在全球科技行业中占据了举足轻重的地位。其中,触控技术的革新是关于苹果公司创新能力的一个典型案例。在这一革新背后,观察能力起到了关键作用。

传统手机的操作方式基于物理按键。苹果公司的创始人和他的团队深入观察了人们的操作习惯,发现人们更倾向于用手指在屏幕上直接进行操作,而不是通过物理按键。他们进一步发现,触控操作不仅更加直观,而且能够带来全新的用户体验。基于这些观察,苹果公司开始投入大量资源进行触控技术的研发和创新。

经过数年的努力,苹果公司成功地将触控技术应用于其智能手机产品上,推出了具有划时代意义的 iPhone。iPhone 的问世彻底改变了人们使用智能手机的方式,触控操作成了智能手机的标准操作方式。这一创新为苹果公司带来了巨大的商业成功,也为整个科技行业树立了新的标杆。

这个案例充分显示了观察能力在创新能力中的重要作用。正是因为苹果公司的团队敏锐地观察到了人们对于更便捷、更直观的操作方式的需求,他们才推动了触控技术的革新。他们通过观察捕捉到了有价值的信息和需求,并将其应用于产品创新中,从而实现了从观察到创新的转化。

### (三)分析能力

分析能力是把事物的整体分解为若干部分进行研究的能力。通过深入分析,我们可以理解事物的内在规律和本质,发现潜在的问题和机会,为创新提供方向和目标。

### (四)想象能力

这是以一定知识和经验为基础,通过直觉、形象思维或组合思维,不受已有结论、观点、框架和理论的限制,提出新设想、新创见的能力。想象能力是创新的重要源泉,它可以帮助人们打破思维定式,拓展思维空间,发现新的可能性和机会。

## 华为5G技术的创新

华为作为中国领先的通信技术企业,在5G技术领域取得了显著的成就。在其背后,想象能力起到了关键的推动作用。

在5G技术的研发过程中,华为的研发团队展现出了非凡的想象能力。他们不仅预见了5G技术将带来的高速、低延迟、大连接数等革命性变化,还进一步想象出了这些技术将如何改变人们的生活和工作方式。基于这种深入的想象,华为团队开始着手研发满足相关需求的5G技术。

在研发过程中,华为团队通过想象,设计了全新的网络架构、算法和协议,以契合5G技术的高速、低延迟和大连接数等特性。他们不断创新,不断尝试新的解决方案,最终成功推出了领先的5G技术和产品。

此外,华为还通过想象,探索了5G技术在各个行业的应用场景。他们想象了5G技术将如何助力智慧城市、自动驾驶、远程医疗等领域的发展,并据此推出了相应的解决方案和产品。这些创新性的应用场景拓展了5G技术的应用范围,也进一步推动了相关行业的创新和发展。

这个案例充分展示了想象能力在创新能力中的核心地位。华为的研发团队通过想象预见了5G技术的未来发展趋势,并据此展开了研发工作;通过想象设计了全新的技术解决方案,并探索了新的应用场景。这些创新成果推动了华为自身的发展,也为中国乃至全球的通信行业带来了革命性的变化。

### (五) 批判能力

在学习、吸收已有的知识和经验时,批判能力能保证人们不盲从,而是批判性地、选择性地接受,去粗取精、去伪存真。这种能力有助于人们保持独立思考和判断,避免被错误的信息和观点所误导,为创新提供坚实的思想基础。

## 阿里巴巴的商业模式创新

阿里巴巴作为中国电商领域的领军企业,其成功的商业模式创新离不开对批判能力的运用。

在阿里巴巴的发展过程中,创始人及其团队展现了出色的批判能力。他们不仅仅满足于现有的商业模式,而是持续地对市场、用户、竞争对手进行深入的批判性思考。这种批判能力使他们能够发现现有商业模式中的不足和潜在机会,从而推动创新成果的形成。

例如,在电商领域,阿里巴巴设计的"双11购物狂欢节"就是一个典型的商业模式创新。其团队通过批判性思考,发现了传统购物节在时间、促销力度等方面的局限性,并有针对性地提出了"双11"的概念。他们通过大规模的营销活动和创新性的购物体验,成功吸引了大量消费者,将"双11"打造成为全球瞩目的购物狂欢节。

此外,阿里巴巴在支付、物流、云计算等领域也进行了多项创新。这些创新都源于团队对市场、用户、竞争对手的深入批判性思考。他们通过发现问题、挖掘潜力、推动实现和促进发展等步骤,成功地推动了企业的持续创新。

这个案例充分展示了批判能力在创新能力中的核心地位。

### (六) 实践能力

创新不仅仅是理论上的构想,更需要付诸实践。实践能力包括将创新想法转化为实际行动、解决在实践过程中遇到的问题、调整和完善创新方案等方面的能力。这种能力有助于个体或组织将创新想法变为现实,实现其价值。

**案例 1 - 4 - 5**

#### 大疆的创新实践

大疆作为全球领先的无人机研发和生产商,其成功离不开强大的实践能力。公司从创立之初就注重将技术研发和实际应用相结合,这种将理论与实践紧密结合的实践能力是其创新能力的重要构成。

首先,大疆创新在无人机技术研发上投入了大量资源。他们不仅拥有强大的研发团队,还建立了先进的实验室和测试场地,确保每一项技术都经过严格的验证和优化。这种实践能力的运用使得大疆无人机在性能、稳定性和易用性等方面都达到了行业领先水平。

其次,大疆非常重视实际应用场景的反馈。他们通过大量的市场调研和实地测试了解用户的需求,然后针对这些需求进行技术创新和产品优化。例如,他们针对农业、航拍、救援等不同领域的需求,推出了多种定制化的无人机产品和解决方案。这种基于实际应用场景的创新不仅满足了用户的需求,而且推动了无人机技术的不断进步。

最后,大疆还积极与高校、研究机构等合作,共同开展科研项目实施和技术研发。这种产学研合作的模式使得大疆能够充分利用外部资源,加快技术创新的步伐。同时,通过与不同领域的专家合作,大疆也能够更好地了解行业趋势和技术发展方向,为未来的创新提供有力支持。

这个案例充分展示了实践能力在创新中的重要作用。通过技术研发、市场调研、实地测试、与外部合作等多种方式,大疆将理论与实践相结合,推动无人机技术的不断进步和创新。这种实践能力是大疆创新成功的关键因素,也是其他企业在追求创新时值得借鉴的重要经验。

此外,还有一些能力对创新能力有重要影响,如独立思考和解决问题的能力、团队合作能力、沟通协调能力。这些能力可以帮助人们更好地与他人合作、交流和分享经验,促进创新的产生和发展。

**课 堂 活 动**

### 通过案例阐述创新能力的构成

1. 同学们分成若干小组，每组 4～5 人。

2. 每组选择一个创新能力的构成要素进行讨论，列举出相关案例。

3. 每组选出一名代表，将讨论结果通过案例分享给全班。

## 二、创新能力的开发

创新能力的开发是一个持续的过程，需要个人主动寻求成长和突破。以下是创新能力开发的一些途径和具体方法。

### (一) 培养好奇心和求知欲

1. 保持开放和接纳的心态

(1) 愿意尝试新的事物，不要因为害怕失败或不同意见而回避新的经验或观点。

(2) 对不同领域的知识保持兴趣，尝试了解与自己的日常经验不同的事物。

2. 不断提问

(1) 不要满足于表面的答案，深入挖掘事物背后的原因和逻辑。

(2) 对自己不明白的事情提问，在寻找答案的过程中你会收获很多。

3. 广泛阅读

(1) 阅读各种类型的书籍，包括文学、历史、科学、哲学等方面，这有助于拓宽你的视野和知识面。

(2) 阅读不同作者的书籍，了解他们的观点和见解，激发你的思考。

4. 保持对日常事物的关注

(1) 观察周围的世界，思考事物的运作原理和背后的规律。

(2) 对生活中遇到的问题保持好奇，尝试找到解决方案。

5. 参与讨论和交流

(1) 与他人分享你的想法和观点，听听他们的意见和看法。

(2) 参与学术小组或兴趣小组的讨论，与志同道合的人一起探讨感兴趣的话题。

6. 培养对学习的热爱

(1) 将学习视为一种乐趣而不是任务，享受探索新知识和解决问题的过程。

**课堂小结**

创新能力的构成是多元化的。创新需要综合运用各种能力和素质来实现。只有不断提升自己的综合素质和能力，才能更好地应对复杂多变的环境和挑战，实现个人和组织的创新发展。

（2）设定个人学习目标，并制订计划，逐步实现这些目标。

7. 改变思维方式

（1）始终保持对未知事物的好奇心和探索欲，不要满足于现有的知识和经验。

（2）尝试从不同角度看问题，培养批判性思维和创新能力。

8. 利用科技工具

（1）利用社交媒体平台关注各种科普账号、知识分享者账号等，以便获取最新的知识和信息。

（2）利用在线课程、教育应用等工具进行自主学习和深度学习。

9. 实践探索

（1）将学到的知识应用到实际生活中去，通过实践来验证和巩固所学内容。

（2）参与科学实验、社会实践等活动，通过亲身体验来激发好奇心和求知欲。

10. 奖励自己的好奇心

（1）当你发现自己对某个领域特别感兴趣时，不妨花更多时间和精力去探索这个领域。

（2）奖励自己在好奇心和求知欲上的努力和进步，比如给自己买一本新书、看一场展览或者参加一个研讨会。

记住，好奇心和求知欲是终身学习的动力源泉。只要你保持好奇心和求知欲，就能不断学习和成长。

**（二）打破思维定式**

（1）接纳和尊重不同的观点：在大学里，你会遇到来自不同专业领域的人。与他们交流，听取他们的见解，学会尊重和接纳不同的观点，从中汲取灵感。

（2）主动参与跨学科学习：利用大学提供的丰富课程资源，主动参与跨学科学习。这不仅可以帮助你拓宽视野，还可以激发你的创新思维，避免陷入某一学科的固定思维模式。

（3）参与项目和实践活动：加入学生组织、参与科研项目或社会实践等活动能让你接触到新的事物和领域，走出自己的舒适区。这些实践经验有助于你打破思维定式，提高解决问题的能力。

（4）定期反思和自省：定期回顾自己的学习和生活经历，反思自己的思维方式和习惯。注意发现并挑战那些限制你创新和发展的思维定式，尝试寻找新的思维方式。

（5）进行头脑风暴和集思广益：与同学或朋友进行头脑风暴或集思广益的活动，从不同的角度寻找解决问题的方法。这有助于你打破思维定式，激发创新思维。

（6）接受失败和挑战：失败和挑战是打破思维定式的机会。当遇到失败和挑战时，不要气馁和放弃，而是要从中吸取教训，思考如何改进和突破。通过不断挑战自己，你可以逐渐打破思维定式，提高自己的适应能力和创新能力。

总之，打破思维定式需要具备开放的心态、跨学科学习的能力、实践经验、反思和自省的能力、创新思维，以及面对失败和挑战的勇气。通过不断努力和实践，你可以逐渐打破思维定式，提高自己的创新能力。

### (三) 挑战自我

(1) 设定明确的创新目标:明确你想要在哪个领域中实现创新。设定具体、可衡量的目标,这样你可以更加清楚地知道自己要朝哪个方向努力。

(2) 勇于接受挑战:寻找和接受那些能够激发你思考和创造的挑战。不要害怕失败,因为失败是创新过程中不可或缺的一部分。从失败中学习和反思,能够让你更加接近成功。

(3) 坚持和耐心:创新是一个需要时间和耐心的过程。不要急于求成,要坚持下去,并相信自己的能力和潜力。即使遇到困难和挫折,也要保持积极的心态和信心,相信自己的创新最终会取得成功。

通过以上步骤,我们可以逐步挑战自我,提升创新能力。记住,创新是一个不断学习和实践的过程,只有不断尝试和努力,才能取得成功。

### (四) 培养跨界思维

1. 广泛涉猎多学科知识

(1) 除了主修的专业课程外,还应积极参与其他学科的课程学习,如艺术、历史、哲学、经济的课程学习。

(2) 可以通过阅读经典著作,参加学术讲座、在线课程等方式,了解不同学科的基本理论和前沿动态。

2. 主动寻求跨学科项目和实践机会

(1) 积极参与跨学科项目,如多学科综合研究、学科竞赛,这些项目能够让你在实践中体验不同学科之间的联系和互动。

(2) 把握与主修专业不同但有一定关联的实践机会,如实习、志愿服务,这些经历能够让你接触到不同领域的知识和专业技能。

3. 学会观察与洞察

(1) 培养对周围环境和现象的观察能力,留意细节,并从中获得灵感和启发。

(2) 尝试从不同角度观察同一问题,发现不同领域之间的相似和不同之处。

(3) 洞察社会、经济、科技等方面的趋势和变化,从中发现问题及其解决方案。

4. 交流与合作

(1) 积极与不同领域的人进行交流与合作,了解他们的思维方式和知识体系,拓宽自己的思维空间。

(2) 参与团队合作项目,学会倾听和沟通,通过合作对不同领域的知识进行融合和交叉,产生新的思维和创新成果。

5. 创新思维与创意表达

(1) 尝试使用不同的方法和工具进行创新思维,如头脑风暴、思维导图。

(2) 鼓励自己进行创意表达,如写作、绘画、设计,这些活动能够培养创新思维和表达能力。

6. 积极参与社会实践和志愿服务

(1) 通过社会实践和志愿服务,了解不同领域的需求和挑战,为跨界思维提供实际应用的场景。

（2）在实践中与不同背景的人合作，提高跨领域合作的能力。

总之，培养跨界思维需要从多个方面入手，通过不断努力和实践，我们可以逐渐养成跨界思维，为未来的职业发展和社会适应奠定坚实的基础。

**（五）实践与反思**

1. 积极参与实践活动

（1）参加科研项目：加入学校的实验室或研究团队，参与科研项目，通过实际操作和实验，了解科研过程，培养创新思维和解决问题的能力。

（2）实习或工作：在实习或工作中尝试解决实际问题，学习新的技能和方法，了解行业趋势和市场需求。

（3）创业项目：参与或自己发起创业项目，从项目策划、团队组建到具体执行，全面锻炼自己的创新能力。

2. 跨学科学习与探索

（1）选修跨学科课程：通过选修与自己专业不同的课程，拓宽知识面，了解不同领域的思维方式和创新方法。

（2）组建跨学科团队：与不同专业背景的人组成团队，共同解决复杂问题，通过合作提升创新能力。

3. 观察与反思

（1）实践后反思：每次实践活动结束后，都要进行反思，总结自己在实践中的表现和收获，分析成功或失败的原因。

（2）借鉴他人经验：向他人学习，观察他们的创新方法和过程，从中汲取经验和教训。

（3）不断试错：在创新过程中，不要害怕失败，要敢于尝试新的方法和思路，通过不断试错找到最适合自己的创新方式。

通过不断实践和反思，我们可以逐渐提高自己的创新能力，为未来的职业发展和学术研究奠定坚实的基础。

**（六）寻求反馈**

1. 明确创新目标

在寻求反馈之前，首先要明确自己的创新目标。它可以是一个新的想法、一个改进的方案或是一个完整的项目。清晰的目标有助于你更准确地向他人描述你的创新内容，并让他们给出更有针对性的反馈。

2. 选择合适的反馈对象

（1）导师或教授：他们具有丰富的学术经验和专业知识，能够为你提供深入的分析和建议。

（2）同学或同行：他们有着与你相似的视角和经历，能够为你提供不同的观点和反馈。

（3）行业专家或企业家：他们了解市场需求和行业趋势，能够为你提供实际应用的建议。

3. 积极沟通并展示创新内容

（1）清晰、简洁地描述你的创新内容，确保反馈对象能够准确理解。

(2) 使用图表、模型或演示文稿等辅助工具,帮助反馈对象更好地理解你的创新内容。

(3) 鼓励反馈对象提问,以便你更全面地了解他们的看法和建议。

4. 倾听并整理反馈

(1) 保持开放的心态,认真倾听反馈对象的意见和建议。

(2) 将反馈内容整理成可操作的建议或问题列表,以便后续分析和改进。

(3) 注意区分不同反馈对象的观点和建议,综合考虑他们的意见。

5. 分析反馈并调整创新方案

(1) 仔细分析反馈内容,找出其中的共性和差异性。

(2) 根据反馈内容调整创新方案,优化创新点或改进不足之处。

(3) 思考如何将反馈内容融入创新方案,使其更加完善。

6. 持续寻求反馈并进行迭代创新

(1) 不要满足于一次反馈的结果,要持续寻求反馈并进行迭代创新。

(2) 在创新过程中不断反思和调整,使创新方案更加符合市场和实际应用需求。

(3) 鼓励团队成员之间互相给予反馈,共同推动创新项目的进展。

7. 利用网络平台和资源

(1) 在网络平台,如社交媒体、学术论坛上发布你的创新内容,吸引更多人的关注和反馈。

(2) 参与线上创新竞赛或评审活动,获取专业人士的反馈和建议。

(3) 利用在线协作工具与团队成员进行远程沟通和协作,共同推动创新项目的进展。

总之,通过积极寻求反馈、认真分析和调整创新方案,我们可以不断提高自己的创新能力。

### (七) 保持开放的心态

1. 积极寻求多样性

(1) 接触不同的学科和人群,以拓宽视野。

(2) 参与多元化的活动和项目,与不同背景的人合作、交流思想。

2. 倾听和尊重他人的意见

(1) 在团队或小组讨论中,认真倾听他人的意见和建议,尊重不同的声音。

(2) 虚心接受他人的批评和建议,不要过于坚持自己的立场而拒绝接受新的观点。

3. 保持灵活性和适应性

(1) 在面对问题和挑战时,保持灵活的思维方式和应对方式,不局限于固定的模式。

(2) 学会适应变化,不断调整策略和方法,以应对不断变化的环境和需求。

4. 勇于尝试和冒险

(1) 敢于尝试新的方法和思路,不要害怕失败和挫折。

(2) 勇于冒险,勇于挑战自己的极限,以发掘更多的创新可能。

5. 保持积极和乐观的态度

(1) 在面对困难和挑战时,保持积极和乐观的态度,相信自己能够找到解决问题的方法。

（2）将失败视为学习和成长的机会，从失败中汲取经验和教训，不断提高自己的创新能力。

通过保持开放的心态，我们可以更好地吸收新知识、拓宽视野、提高思维灵活性和创新能力，这有助于我们在未来的学习和职业生涯中取得更好的成绩和发展。

## （八）培养创造力

1. 广泛阅读和学习

（1）阅读各种类型的书籍、文章和资料，以拓宽知识面和视野。

（2）学习不同领域的知识，促进思维方式的多样化。

2. 激发想象力

（1）尝试进行写作、绘画、音乐创作等艺术活动，以锻炼想象力。

（2）尝试从不同的角度和层面思考问题，寻找新的解决方案。

3. 鼓励自己提问

（1）不要害怕提问，对不明白的事情要勇于寻求答案。

（2）学会提出开放性问题，以激发更多的思考和创意。

4. 保持独立思考

（1）学会独立思考，不盲从他人或权威的观点。

（2）对信息进行评估和分析，形成自己的独特见解和观点。

5. 跨界融合思维

（1）尝试将不同领域的知识和技能进行融合，创造新的组合和解决方案。

（2）拓展自己的兴趣爱好，以获取更多的灵感和创意。

6. 形成有利于创造的环境

（1）创造一个有利于创造的环境，如安静的工作空间。

（2）与志同道合的人交流和合作，激发彼此的创新精神。

7. 学会放松和调节

（1）创新需要灵感和创意的碰撞，而灵感往往来自放松和调节的过程。

（2）学会通过运动、冥想、旅行等方式来放松自己，激发创造力。

通过以上步骤，我们可以逐步培养自己的创造力，并在日常学习和工作中发挥创造力，从而创造出更多有价值的成果。记住，创造力是一种能力，需要不断练习和提升。

## （九）持续学习和进修

1. 选择多元化的课程

（1）除了主修课程外，选修一些跨学科的课程，如艺术、设计、人文社科方面的课程，以拓宽知识面，养成不同的思维方式。

（2）通过多样化的学习，了解不同领域的创新方法和思路，从而激发自己的创新灵感。

2. 参与科研项目和创新实践活动

（1）积极参加导师的科研项目或学校组织的创新实践活动，通过实践锻炼创新能力和解决问题的能力。

(2) 在实践中不断学习和应用新的知识和技术,同时通过与团队成员的交流学会沟通和协作。

3. 寻求外部资源和支持

(1) 利用图书馆、网络资源等外部资源,获取更多的学习资料。

(2) 寻求导师、同学或行业专家的帮助和支持,与他们交流经验和心得,获取更多的创新灵感和思路。

4. 参加创新培训和讲座

(1) 参加学校或社会机构组织的创新培训和讲座,学习创新方法和技巧,提高自己的创新能力。

(2) 通过与讲师和学员的互动,了解不同领域的创新案例和实践经验,激发自己的创新热情。

5. 尝试使用不同的学习方式和工具

(1) 利用在线课程、学习平台等现代学习工具进行自主学习和进修。

(2) 尝试使用不同的学习方式,如小组讨论、案例分析、模拟演练以提高学习效果和创新能力。

通过以上方法和策略,我们可以通过持续学习和进修不断提高自己的创新能力,为自己未来的职业发展和社会进步做出更大的贡献。

**(十) 设定创新时间**

(1) 评估可用时间:分析你的日程表,找出哪些时间段是你可以自由支配的。这些时间段可能是每天的某个时段,也可能是每周的某个日子。

(2) 确定创新时间:选择一个或多个固定的时间段作为你的创新时间。这样可以帮助你养成良好的习惯,并减少其他事务的干扰。

(3) 分段安排:如果你的创新项目需要较长时间来完成,可以将其分成多个小块,将各个小块在不同的创新时间完成。这样可以让你的大脑得到适当的休息,也有助于提高创新的效率。

(4) 优先级排序:在多个创新项目之间确定它们的优先级。将最紧急、最重要的项目排在前面,为其优先安排时间。

(5) 保持灵活性:虽然设定了固定的创新时间,但也要保持一定的灵活性。如果某个时间段内你感到疲惫或无法集中注意力,可以适当调整或休息。

(6) 避免干扰:在创新时间内,尽量避免被其他事务或人打扰。关闭手机通知,选择一个安静的环境,确保自己能够专注于创新。

(7) 合理安排休息时间:创新是一个需要高度集中注意力的过程,因此合理安排休息时间非常重要。在创新时间之间插入短暂的休息时间,可以帮助你恢复精力,提高创新效率。

(8) 反思与调整:在一段时间后,反思自己的创新过程和时间安排是否有效。如果发现不足之处,及时调整并改进。

通过合理安排创新时间,你可以更好地掌控自己的创新过程,提高创新的效率和质量。记住,创新需要时间和耐心,只有持之以恒地努力,才能取得好的成果。

**(十一) 鼓励自我表达**

(1) 接受和欣赏多样性：要认识到每个人都有自己独特的观点和想法。接受并欣赏这种多样性是激发创新思维的第一步。

(2) 勇敢表达：不要害怕在团队中或课堂上表达自己的想法。即使你的观点与别人不同，也要敢于说出来。这种自我表达的过程有助于你发现自己的独特视角。

(3) 参与讨论：积极参与课堂讨论、小组讨论或学术研讨会。在讨论中，不仅可以表达自己的观点，还可以听到他人的观点，从而拓宽视野，激发新的思考。

(4) 写日记或博客：通过写日记或博客的方式记录自己的思考、感受和经历，这不仅可以帮助你整理思绪，还可以让你更深入地了解自己的内心世界，从而找到创新的灵感。

(5) 加入创意团队或社团：加入与你的兴趣相关的创意团队或社团，与志同道合的人交流、合作。在团队中，你可以学到不同的思考方式和技能，也可以通过与他人的互动激发自己的创新思维。

(6) 练习即兴表达：尝试进行一些即兴表达的练习，如即兴演讲、即兴绘画。这种练习可以帮助你锻炼快速反应和表达的能力，从而在面对新问题时更快地产生创新想法。

(7) 接受质疑和挑战：当你的观点受到质疑和挑战时，不要急于反驳或逃避。相反，要积极地面对质疑和挑战，思考对方提出的问题，并尝试从新的角度去寻找答案。这有助于拓宽思路，提高创新能力。

**(十二) 保持身心健康**

(1) 保持充足的睡眠：确保每晚都有足够的睡眠，让大脑得到充分的休息。良好的睡眠有助于提高注意力和记忆力，为创新思维提供基础。

(2) 保持均衡的饮食：吃得好，思维也会更清晰。保持均衡的饮食，摄入足够的营养有助于大脑保持最佳状态，从而激发创新思维。

(3) 适度运动：定期运动有助于释放压力，增强身体素质。同时，运动还能促进大脑分泌多巴胺等神经递质，改善情绪，提高创造力。

(4) 学会放松：在紧张的学习或工作之余，学会放松自己。可以尝试进行深呼吸、冥想、瑜伽等放松活动，帮助自己缓解压力，恢复精力。

(5) 保持积极、乐观的心态：保持积极、乐观的心态有助于激发创新思维。面对挑战和困难时，要相信自己。

**案例 1-4-6**

### 智能垃圾分类系统的开发

随着城市化的快速发展，垃圾分类成了一个亟待解决的问题。某大学环境科学与工程专业的一群大学生意识到了这个问题的重要性，并决定利用自己的专业知识和技能开发一个智能垃圾分类系统，以提高垃圾分类的效率和准确性。

团队首先进行了市场调研，了解了垃圾分类的现状、问题和需求。他们发现，尽管人们已经开始重视垃圾分类，但由于缺乏专业的指导和准确的分类知识，分类效果并不理想。因此，他们决定开发一个能够自动识别并进行垃圾分类的智能系统。

团队成员积极学习相关的技术知识,包括机器学习、图像识别、传感器技术等。他们利用课余时间进行技术研究和实验,不断优化算法和硬件设计。同时,他们还积极与导师和业界专家交流,以获取宝贵的建议和指导。

在掌握必要的技术知识后,团队开始设计并制作智能垃圾分类系统的原型。他们利用 3D 打印技术制作出了垃圾投放口的模型,并集成了传感器、摄像头和计算模块等硬件,通过反复测试和调试不断优化系统的性能和稳定性。

接下来,团队将原型系统带到社区和学校进行实地测试。他们邀请居民和学生参与测试,并收集他们的反馈。根据测试结果和反馈,团队对系统进行了多次改进和优化,使其更加符合实际需求和使用习惯。

经过数月的努力,团队成功开发出了智能垃圾分类系统,并在学校的科技展览会上进行了展示。他们的成果得到了评委的高度评价,并获得了多个奖项。此外,团队还积极联系政府和企业合作伙伴,寻求合作和推广的机会。

这个智能垃圾分类系统的开发不仅提高了垃圾分类的效率和准确性,还增强了大学生们的创新能力和实践能力。通过这个项目,他们学会了如何将理论知识与实际应用相结合,如何通过团队协作解决问题,并积累了宝贵的项目经验。此外,他们的成果也为社会带来了积极的影响,推动了垃圾分类工作的进展。

这个案例表明,大学生提高创新能力需要积极参与实践活动,勇于挑战自我和突破常规。我们可以通过参与科研项目、创新竞赛、创业实践等活动来锻炼自己的创新能力,并将所学的知识和技能应用于实际问题中。同时,我们还需要保持开放的心态和学习的热情,不断学习和掌握新的技术和知识,以适应不断变化的市场需求和社会环境。

**课堂活动**

### 创新故事接龙

1. 教师讲述一个故事的开头,确保留有足够的悬念和开放性。

故事开头示例:在一个遥远的星球上,有一片神奇的森林,森林里住着各种奇妙的生物……

**课堂小结**

创新能力的开发需要个人具备积极的心态和行动力,通过培养好奇心和求知欲、打破思维定式、挑战自我、培养跨界思维等方式,逐步提高自己的创新能力,为自己带来更多的机遇和成就。

2. 同学们按照座位顺序或随机抽取的方式接龙,每个人都需要在上一个人所讲的基础上添加新的情节或转折。

3. 故事接龙完成后,全班一起回顾整个故事,讨论其中的创新点和亮点。

## 三、创新能力的自我认知

案例 1-4-7

### 小杰的创新之路

小杰是一名热衷于探索和创新的大学生。小杰一直对周围的世界充满好奇,他渴望通过创新来改变生活,让世界因他而不同。

刚进入大学时,小杰对"创新"这个词的理解还停留在书本中和课堂上。他参加了许多关于创新的讲座和研讨会,但总觉得缺少真实的体验。直到他参加了一场由学校组织的创新设计大赛。

大赛的主题是"智能生活",小杰看到这个主题后,想到了自己每天在生活中遇到的各种问题,比如忘记带钥匙、忘记关灯、找不到遥控器。这些问题看似微不足道,却给他带来了不少困扰。于是,他决定从这些问题入手,设计一款能够解决这些问题的智能产品。

小杰开始了自己的设计。他查阅了大量的资料,咨询了专业人士,自己动手制作了原型。在这个过程中,他遇到了许多困难和挑战。有时候,他会因为一个问题而彻夜难眠;有时候,他会因为一个细节而反复修改设计。但正是这些困难和挑战,让他更加深入地理解了创新的意义。

经过几个月的努力,小杰终于完成了他的设计——一款名为"智能家居助手"的智能设备。这款设备能够通过手机控制家里的各种电器,还能够根据用户的习惯和需求进行智能化管理。比如,当用户离家时,它可以自动关闭电器,节省能源;当用户回家时,它可以自动调节室内温度和光线,营造舒适的居住环境。

在大赛的展示环节,小杰自信地展示了他的设计,并详细介绍了它的功能和优势。他的设计引起了评委和观众们的热烈反响,最终获得了大赛的一等奖。

这次参赛经历让小杰对创新有了深刻认识。他发现,创新不仅仅是一种技能或方法,更是一种态度和思维方式。只有敢于挑战传统、敢于尝试新事物、敢于从失败中汲取经验的人,才能够真正实现创新。

从那以后,小杰更加努力地学习和开展创新实践。他参加了更多的创新活动和比赛,不断拓宽自己的视野和知识面。同时,他也积极地将自己的创新想法付诸实践,尝试解决生活中的各种问题。他相信,只要不断努力追求创新,就一定能够创造出更加美好的未来。

🔷 课堂思考 ----------------------------------------

小杰在创新过程中进行了哪些创新能力的自我认知?

　　创新能力的自我认知是指个体对自己在创新方面的能力、潜力、优势与不足进行主观认识和理解的过程。它涉及个人对自己的创新思维、问题解决能力、学习适应性和创造力等的评价和判断。

　　在创新能力的自我认知中,个人会回顾自己的经验、技能、知识和所取得的成就,进而思考自己在各个领域中的创新表现。通过对比和评估,个人可以形成对自己创新能力的全面认识,包括自己在创新过程中的思维方式、行为习惯、情感态度和动机等。

　　创新能力的自我认知对于个人的成长和发展具有重要意义。它有助于个人更清晰地了解自己的优势和不足,为未来的学习和工作提供有针对性的指导和方向。同时,它也能够激发个人的创新潜能,提高个人的自我激励水平和自信心,从而让个人更好地应对各种挑战。

　　为了更准确地进行创新能力的自我认知,我们可以采取以下方法。

**(一) 自我反思**

　　(1) 回顾过去的项目或经验,思考自己在其中是否展现出了创新思维,如提出了新的解决方案、发现了被忽略的问题。

　　(2) 思考自己的思维方式是否开放、多样,自己能否从不同角度看待问题。

　　(3) 评估自己面对困难时的态度,自己是否勇于尝试新事物,是否敢于冒险并接受可能的失败。

**(二) 使用创新评估工具**

　　(1) 借助创新思维测试,如"托兰斯创造性思维测验"评估自己的创新思维活跃度。

　　(2) 使用问题解决能力评估工具,如"案例分析"或"角色扮演"模拟真实情境,观察自己的应对策略和解决方案。

📚 课 堂 活 动 ----------------------------------------

### 托兰斯创造性思维测验示例

1. 言语创造性思维测验

(1) 不寻常用途:请列举出椅子这一普通物品在大学生活中的五种不寻常用途。

(2) 故事接龙:"在一个月黑风高的夜晚,大学生小明独自一人在实验室里⋯⋯"请以这个开头创作一个完整的故事。

2. 图画创造性思维测验

(1) 图形补全:教师现场给定一个不完整图形轮廓,请你在此基础上补全它,并说明这是一个什么物体,以及它在大学生活中的可能用途。

(2) 平行线测验:请在五对平行线基础上,尽可能多地画出不同的图形或物品,并为每个图形命名。

**（三）观察自己的行为和成果**

（1）观察自己在工作、学习或生活中的行为，看看自己有没有创新的行动或尝试。

（2）评估自己的成果，如项目成果、学习成果，看看自己有没有创新性的贡献或改进。

**案例 1-4-8**

### 齐白石的绘画创新

齐白石是我国现代的著名画家，他的艺术生涯充满了对创新的追求和自我认知的深化。齐白石原本是一个木匠，他通过自学，逐渐成为杰出的画家，甚至荣获了世界和平奖。他的艺术道路并非一帆风顺的，但他始终保持着对自我行为和成果的深刻观察。

在绘画过程中，齐白石不断尝试新的绘画技巧和风格。他善于观察自然和生活中的细节，并将这些元素融入自己的作品。同时，他也勇于挑战传统，不拘泥于已有的绘画规范和框架。这种勇于尝试和创新的精神使得他的画风不断演变，最终形成了自己独特的艺术风格。

齐白石在晚年时意识到自己在某些方面已经达到了很高的水平，但也存在一些不足之处。因此，他不断尝试新的绘画材料和技法，以丰富自己的艺术表现形式。这种对自我行为的反思和对成果的审视使得他的创新能力得到了进一步的提升。

通过观察自己的行为和成果，齐白石不仅实现了对创新能力的自我认知，还不断推动自己的艺术事业向前发展。他的成功经历告诉我们，只有不断反思和审视自己的行为和成果，才能更好地认知自己的创新能力，并不断提升自己的创新水平。

**（四）寻求反馈**

（1）向同学、朋友或导师寻求关于自己创新能力的反馈，了解他们眼中的自己是否具有创新思维和潜力。

（2）仔细听取反馈意见，思考如何改进自己的创新能力和表现。

**（五）持续学习和成长**

（1）将自我评估作为一个持续的过程，不断评估自己的创新思维和解决问题的能力，并寻求改进。

（2）主动学习新知识和技能，拓展自己的知识领域和思维方式，为创新提供更多的可能性。

**（六）评估原创性和独特性**

（1）思考自己在过去的经历中是否提出了独特或原创性的观点、想法或解决方案。

（2）评估自己的作品或成果是否具有独特的风格和特点，能否在同类中脱颖而出。

**（七）记录创新想法和成果**

（1）使用创新日志或笔记本记录自己的创新想法和成果。

（2）定期回顾这些记录，评估自己的创新能力和进步情况。

**案例 1-4-9**

### 怀初心、有匠心

1995 年,罗登华应聘进入中建三局,成为一名建筑工人。参加工作之初,罗登华从塔吊司机干起。望着 100 多米高的塔吊,他的心中充满忐忑。罗登华一边积极向老员工请教,一边利用休息时间钻研技术。数千个日出日落,数千次向上攀登,随着技术的提高和经验的积累,罗登华操纵的塔吊高度不断升高,起重重量也越来越重。

2015 年,成都一座 468 米高的超高层建筑开工建设,中建三局将拥有自主知识产权的空中造楼机投入使用。该机器将大型塔机、安全防护临时堆场等施工设备设施集成于施工平台上,同步顶升,自重达 1 000 余吨,犹如悬挂在空中的巨型方舟。由于国内外没有现成的作业标准,罗登华不断摸索各类操作要点,根据自己的工作经验,创新性地总结出工作笔记 5 本 10 余万字,成为空中造楼机操作层面的"武功秘籍"。凭借精湛的工作技艺、严谨的工作态度、丰富的创新成果,罗登华荣获 2024 年全国"五一"劳动奖章。

罗登华通过记录创新想法和成果,实现了创新能力的自我认知,取得了丰硕的工作成果。他的成功经验告诉我们,在工作过程中,我们应该注重记录自己的创新经验,不断反思和总结,从而提升自己的创新能力。

### 课堂活动

### 测试自己的创新潜质

本测验共有 31 道题,涉及我们的工作、生活、价值观等方面。对于这些问题,每个人的答案都不尽相同,任何基于真实情况的回答都是你的个性、特点的反映,没有对错之分。

请在每道题的 A 和 B 中选择一个答案,不要漏掉任何一道题。有些题你可能从未碰到过或者难以选择,不需要过多思考,凭第一感觉回答即可。

1. 当要做别人也会做的事时,你更愿意(　　　)。

A. 用大家所接受的方法做　　　B. 用自己想出的方法做

2. 你对自己的物品摆放通常是(　　　)。

A. 在意的　　　B. 随便的

3. 你更难以接受的是(　　　)。

A. 生活的节奏单一不变　　　B. 稳定有序的生活被打乱

4. 你认为更重要的是(　　　)。

A. 能够预见事情发展　　　B. 能够适应现实条件

5. 你喜欢(　　　)。

A. 抽象的、概括性的观点　　　B. 具体的、真实的叙述

6. 当被事先规定好要在某个时刻做某件事情时,你(　　　)。

A. 很高兴,可以按计划行事　　　B. 有些不高兴,因为被束缚了

7. 你更看重（　　　）。

A. 潜在的可能性　　　　　　　　　　B. 真实的情况

8. 你较喜欢的词是（　　　）。

A. 实干家　　　　　　　　　　　　　B. 创新者

9. 你较喜欢的词是（　　　）。

A. 制作　　　　　　　　　　　　　　B. 发明

10. 你较喜欢的词是（　　　）。

A. 富于想象力　　　　　　　　　　　B. 讲究实效

11. 你较喜欢的词是（　　　）。

A. 有条不紊　　　　　　　　　　　　B. 机动灵活

12. 你较喜欢的词是（　　　）。

A. 提前安排　　　　　　　　　　　　B. 不断体验

13. 你较喜欢的词是（　　　）。

A. 理论　　　　　　　　　　　　　　B. 经验

14. 周末或假日，你喜欢（　　　）。

A. 提前安排好约会、社交聚会等　　　B. 随心所欲，临时决定做什么

15. 在日常工作中，你（　　　）。

A. 会从最后关头的压力中得到动力　　B. 避免燃眉之急造成的压力出现

16. 在工作中，你（　　　）。

A. 尽量避免定最后期限　　　　　　　B. 对安排好了的事情不再轻易改动

17. 在通常情况下，你（　　　）。

A. 崇尚现实主义与常识　　　　　　　B. 崇尚想象力

18. 你更愿意交的朋友是（　　　）。

A. 总有新主意的人　　　　　　　　　B. 脚踏实地的人

19. 你通常（　　　）。

A. 在做完决定后感到快乐　　　　　　B. 因保有选择的余地而快乐

20. 和你相处得好的人通常是（　　　）。

A. 富于想象力的人　　　　　　　　　B. 注重现实的人

21. 相比之下，你更相信（　　　）。

A. 确定而有形的事物　　　　　　　　B. 灵感和推理

22. 你较喜欢的词是（　　　）。

A. 一丝不苟　　　　　　　　　　　　B. 不拘小节

23. 你较喜欢的词是（　　　）。

A. 想象　　　　　　　　　　　　　　B. 实际

24. 你较喜欢的词是（　　　）。

A. 有条理的　　　　　　　　　　　　B. 随意的

25. 你较喜欢的词是（　　　）。

A. 已知　　　　　　　　　　　　　　B. 未知

26. 你较喜欢的词是(　　)。

A. 过程　　　　　　　　　　　　B. 结果

27. 你较喜欢的词是(　　)。

A. 可能性　　　　　　　　　　　B. 现实性

28. 你较喜欢的词是(　　)。

A. 具体　　　　　　　　　　　　B. 抽象

29. 你喜欢(　　)。

A. 完成有重大意义的探索性工作　B. 完成常规性的实际工作

30. 更符合你的情况的是(　　)。

A. 你总有一种开创新局面、创造新事物的冲动

B. 你认为多数时候应该采用经受过检验的常规方法,以免冒太大的风险

31. 更符合你的情况的是(　　)。

A. 一旦目标确定,你就会坚持不懈地为之奋斗

B. 你会根据现实情况灵活调整你的目标

分数统计方法说明见表1-2。

**表1-2　创新潜质测试的分数统计方法**

| 试题序号 | 选项A得分 | 选项B得分 | 试题序号 | 选项A得分 | 选项B得分 |
|:---:|:---:|:---:|:---:|:---:|:---:|
| 1 | 1 | 2 | 17 | 1 | 2 |
| 2 | 1 | 2 | 18 | 2 | 1 |
| 3 | 2 | 1 | 19 | 1 | 2 |
| 4 | 2 | 1 | 20 | 2 | 1 |
| 5 | 2 | 1 | 21 | 1 | 2 |
| 6 | 1 | 2 | 22 | 1 | 2 |
| 7 | 2 | 1 | 23 | 2 | 1 |
| 8 | 1 | 2 | 24 | 1 | 2 |
| 9 | 1 | 2 | 25 | 1 | 2 |
| 10 | 2 | 1 | 26 | 2 | 1 |
| 11 | 1 | 2 | 27 | 2 | 1 |
| 12 | 1 | 2 | 28 | 1 | 2 |
| 13 | 2 | 1 | 29 | 2 | 1 |
| 14 | 1 | 2 | 30 | 2 | 1 |
| 15 | 2 | 1 | 31 | 1 | 2 |
| 16 | 2 | 1 | | | |

**课堂小结**

通过以上方法，你可以更全面地了解自己的创新能力，并找出需要改进的地方。记住，创新是一个持续的过程，只有不断学习和成长，才能不断提升自己的创新能力。

51—62分：创新性、灵活性强，不喜欢因循守旧、墨守成规，总是寻求新的思路和方法，敢于打破陈规；关注对工作方式和组织运行等的创新和改进；富有创意和好奇心，总能提出新颖的方法和独到的见解；思路开阔，能发现多种可能性，并对其保持开放态度；善于接受新的事物和新的观念。

41—50分：创新性、灵活性中等，在通常情况下倾向于按照传统和经验行事，遵守已经形成的制度、惯例等，但在有必要时也愿意接受对固有事物的改进和创新；在处理问题时，多数情况下希望采用已经被证明有效的方式，但同时能对新的可能性、新的方法保留开放的态度；思路有一定的开阔性，能提出新的想法和创意。

31—40分：创新性、灵活性差，喜欢遵循先例、传统和经验，重视已经形成的制度、惯例等，不愿意加以变化和改进；处理问题时，不喜欢冒险尝试未经实践检验的方法，而更愿意相信和采用已经被证明有效的方法；关注目前的现实情况，对新的可能性考虑较少或排斥，有可能显得死板。

整理个人的测评结果，看看大家对哪些问题的认识一致，对哪些问题的认识差异大。结合个人自测结果，综合各方评价，正确认识自己的创新潜质。可以寻求老师、同学或朋友的帮助。

---

**课堂思考**

1. 回顾过去的学习和生活经历，尝试找出几个你认为自己展现了创新能力的例子。这些例子可以是解决了一个困难的问题、提出了一个新颖的观点、设计了一个独特的方案等。

2. 分析这些例子，思考：你是如何产生创新想法的？是受到了什么启发，还是通过什么方法或途径得到了灵感？

3. 你在创新过程中遇到了哪些挑战？你是如何应对这些挑战的？你从中学到了什么？

# 专题二
# 创新思维与创新方法

# 第一节　树立创新思维，开辟新思路

## 创新箴言

对创新来说，方法就是新的世界，最重要的不是知识，而是思路。

——郎加明

## 学习目标

1. 了解创新思维的内涵、特征、类型。

2. 增强创新实践能力，能将创新想法转化为实际行动，并在实践中对创新想法进行优化和改进，增强解决实际问题的能力，掌握多元创新方法，能敏锐地发现身边的创新机会。

3. 拓展思路，增强思维灵活性，激发创新意识，打破思维定式，增强创新协作精神，能在团队中分享创新想法，营造创新的良好氛围。

## 案例导入

### 共享单车：创新改变出行

在现代社会，共享单车无疑是一个极具代表性的创新案例。

共享单车的出现源于对城市出行痛点的深刻洞察。随着城市化进程的加速，交通拥堵、出行不便等问题日益凸显。人们渴望一种更加便捷、灵活、绿色的出行方式。共享单车企业敏锐地捕捉到了这一需求。它们通过创新商业模式和技术打造了一个全新的出行生态。

从商业模式上来看，共享单车采用了分时租赁的方式。用户只需通过手机应用程序，就可以轻松地找到附近的单车，扫码解锁后即可骑行，到达目的地后在规定区域内锁车即可结束行程，按使用时间计费。这种模式极大地降低了用户使用单车的成本和门槛，让更多的人愿意选择骑单车出行。

在技术创新方面，共享单车配备了智能锁和定位系统。智能锁不仅方便用户开锁和关锁，还能实现单车的远程管理和监控，保障单车的安全和正常运营。定位系统则让用户可以实时查看附近可用的单车，也便于企业对单车进行调度和管理，提高单车的利用率。

共享单车的创新还体现在其对城市空间的利用上。它们不需要固定的停车桩,用户可以在城市的各个角落按规定停放单车,极大地提高了停车的便利性。同时,共享单车的大量投放也促使城市重新规划和优化自行车道等基础设施,为绿色出行创造更好的条件。

共享单车的出现给人们的生活带来了诸多积极影响。它为城市居民提供了一种便捷、经济、环保的出行方式,减少了对汽车的依赖,缓解了交通拥堵和环境污染等。同时,它也鼓励人们多运动,这有益身体健康。对于城市管理者来说,共享单车有助于优化交通结构,提升城市的整体形象。

然而,共享单车的发展并非一帆风顺的。随着市场竞争的加剧,一些企业为了抢占市场份额过度投放车辆,导致部分地区单车堆积如山,影响了城市环境和交通秩序,同时也出现了一些用户不爱护车辆、乱停乱放等问题。这些问题的出现促使企业和政府共同努力,加强管理和规范。

政府出台了一系列政策和措施,对共享单车的投放、停放等进行管理和规范。企业也在不断改进技术和运营模式,加强对单车的维护和管理,提高用户体验。同时,一些企业还在探索多元化的发展模式,如与其他交通方式结合、拓展海外市场。

共享单车的创新案例充分展示了创新思维的力量。它不仅改变了人们的出行方式,而且推动了相关产业的发展和城市治理的进步。它让我们看到,一个小小的创新理念通过不断的实践和完善,可以产生巨大的社会影响和价值。

在未来,我们相信共享单车将继续创新和发展。随着技术的不断进步,如智能驾驶、新能源等技术的应用,共享单车将变得更加智能化、绿色化和人性化。它将与其他交通方式更加紧密地结合,为人们提供更加高效、便捷、舒适的出行服务。同时,共享单车的创新模式也将为其他领域的创新提供借鉴和启示,激发更强大的创新活力和发展动力。

共享单车作为现代创新的一个典型案例,其意义不仅仅在于解决了城市出行的问题,更在于展示了创新思维如何突破传统,创造新的价值和机会。它让我们对未来的创新充满期待。相信在创新的驱动下,我们的生活将变得更加美好。

重视创新思维是马克思主义的优良传统。恩格斯指出:"一个民族想要站在科学的最高峰,就一刻也不能没有理论思维。"没有创新思维,就没有创新的行动和实践。马克思主义指出,"全部问题都在于使现存世界革命化,实际地反对并改变现存的事物",这要求马克思主义者依据实践的变化分析问题,解决问题,进而推动人们的思维"按照人如何学会改变自然界而发展",最终实现思维创新。

"十四五"规划和2035年远景目标纲要提出:"深化新时代教育评价改革,建立健全教育评价制度和机制,发展素质教育,更加注重学生爱国情怀、创新精神和健康人格培养。"着力提高人才培养质量,不断引导学生树立科学精神、培养创新思维、挖掘创新潜能、提高创新能力,一定能为奋进全面建设社会主义现代化国家新征程积蓄力量。

习近平总书记指出,"创新是一个系统工程"。他强调创新思维的系统性,包含经济、政治、文化、社会、生态、党建、外交等众多领域,是一项相互联系、相互作用的系统工程。

## 一、创新思维概述

创新思维作为一个概念,其起源可以追溯到人类历史的早期。随着社会的不断发展和科技的进步,创新思维受到了更加广泛的关注和重视。在当今时代,创新已经成为推动社会进步和经济发展的重要动力,而创新思维则是实现创新的关键。

在英文中,创新(innovation)这个词起源于拉丁语,包含更新、创造新的东西和改变三层含义。这些含义共同构成了创新思维的核心要素:不断更新观念、勇于创造新事物、敢于对旧有的事物进行改变。这种思维方式要求人们摆脱传统观念的束缚,以全新的视角和方法审视问题,从而找到解决问题的新途径。

创新思维是一种高级的思维形式,它与人的大脑机能直接相关,是自然界长期演化和集体智慧共同作用的结果。它不是一种简单的逻辑思维方式,而是一种综合性的、系统性的思维方式,涉及思维素质、思维心理、思维形式、思维环境和思维结果等多个方面。

创新思维在实际应用中具有重要的价值和意义。首先,创新思维能够推动科技进步和经济发展。通过不断创新,人们能够开发出新的技术、新的产品和新的服务,从而满足人们日益增长的需求,推动社会经济的持续发展。其次,创新思维能够提升企业的竞争力。在激烈的市场竞争中,只有不断创新才能保持领先地位并赢得市场份额。最后,创新思维能够促进社会的和谐与进步。通过解决社会问题、改善生活环境、提高生活质量等方面的创新实践,创新思维能够为社会带来更多的福祉和利益。

**案例2-1-1**

### 创新思维成就行业先锋

比亚迪,这个名字如今已经与新能源汽车紧密联系在一起,它已成为全球范围内备受瞩目的企业。比亚迪能够取得令人瞩目的成就,离不开创新思维的作用。创新思维不仅贯穿于比亚迪的技术研发、产品设计、市场策略中,更深入到其企业文化和战略决策等多个方面。

1. 技术创新的引领者

比亚迪一直将技术创新视为企业发展的核心驱动力。创立之初,比亚迪就深知技术创新对于新能源汽车行业的重要性。因此,公司投入了大量的人力和物力,致力于研发更加先进、高效、安全的新能源汽车技术。

在电池技术方面,比亚迪是全球领先的动力电池厂商之一。公司研发出的"刀片电池"技术,不仅提高了电池的能量密度和安全性,还大大降低了成本。这种创新技术使得比亚迪的电动汽车在续航里程和性能上得到了显著提升,从而在市场中更具竞争力。

除了电池技术,比亚迪在电机、电控等核心技术方面也取得了重要突破。公司自主研发的高效电机和智能电控系统,使得电动汽车的驱动更加高效、稳定。同时,比亚迪还不断优化整车系统,提升电动汽车的能效和性能。

### 2. 产品创新的践行者

比亚迪在产品创新方面同样展现出了强大的实力。公司注重用户体验和市场需求,通过不断创新和改进,推出了一系列符合市场需求和消费者喜好的新能源汽车产品。

在产品设计上,比亚迪注重细节和品质。公司拥有一个专业的设计团队,不断研究市场趋势和消费者需求,设计出更加时尚、实用、安全的新能源汽车。同时,比亚迪还注重产品的可靠性和耐久性,通过严格的质量控制和测试,确保每一辆汽车都能满足高标准的质量要求。

在产品线方面,比亚迪推出了多款针对不同市场需求的新能源汽车产品。无论是纯电动SUV(运动型多用途汽车)、纯电动轿车还是纯电动公交车,比亚迪都能够提供多样化的选择。这些产品满足了不同消费者的出行需求,也展现了比亚迪在新能源汽车领域的强大实力。

### 3. 市场策略的创新者

在市场策略方面,比亚迪同样展现出了创新思维。公司注重与全球合作伙伴的紧密合作,共同研发新技术、推广新产品。这种开放、共赢的合作模式加速了比亚迪在新能源汽车领域的发展,也提高了其品牌知名度和影响力。

比亚迪还积极开拓国际市场,将新能源汽车产品出口到全球多个国家和地区。通过与国际市场的交流与合作,比亚迪不断吸收国际先进技术和经验,提升自身的研发能力和市场竞争力。同时,比亚迪也积极与全球知名汽车厂商和科技公司展开合作,共同推动新能源汽车行业的发展。

### 4. 企业文化的创新者

除了在技术、产品和市场策略上的创新,比亚迪还注重企业文化的创新。公司始终坚持"以人为本"的理念,注重员工的成长和发展。比亚迪为员工提供了很多培训和发展机会,鼓励员工发挥创新精神,共同推动公司的发展。

在企业文化方面,比亚迪注重营造积极向上、团结协作的工作氛围。公司鼓励员工积极参与各种创新活动和技术交流,不断提高自身的技能和素质。同时,比亚迪还注重员工之间的沟通和协作,使其共同解决问题和应对挑战。这种注重员工成长和创新的企业文化为比亚迪的持续创新提供了源源不断的动力。

比亚迪通过持续的创新思维在新能源汽车领域取得了显著的成绩。这种创新思维推动了比亚迪的技术进步和产品创新,也提高了其市场竞争力和品牌影响力。未来,随着新能源汽车市场的不断发展,比亚迪将继续秉持创新思维,不断前行,在技术研发、产品设计、市场策略等方面持续创新,推动新能源汽车行业的发展。同时,比亚迪也将继续注重企业文化的创新,为员工的成长和发展提供更加广阔的平台和机会,与之共同创造更加美好的未来。

**课堂思考**

　　1. 比亚迪汽车在技术创新方面取得了哪些重要突破?请举例说明。

　　2. 比亚迪汽车在产品创新方面有哪些成功实践?请分析这些实践是如何满足市场需求的。

　　3. 比亚迪汽车在市场策略的创新方面有哪些独特之处?请分析这些创新策略对企业发展的影响。

## 二、创新思维的主要特征

### (一) 新颖性

创新思维的本质在于"新",它要求人们打破思维定式,提出前所未有的新观点、新方法。这种"新"可以是相对于全人类而言的,也可以是相对于某个特定的群体或个体而言的。

### (二) 突破性

具有创新思维的人不满足于对已有成果的完善与修正,而是追求对原有思维模式的突破,从而开辟新的思维领域。

**案例2-1-2**

#### 开启无土栽培新时代

　　SAS轻简自控无土栽培系统是由中国工程院院士、浙江大学教授喻景权领衔研发的。针对传统无土栽培中存在的投资成本高、技术难度大、介质回收难等问题,喻景权院士团队立足国情,攻克了营养液实时配比、自动按需供液、基质恒温减量三大技术难题,发明了SAS轻简自控无土栽培系统。

　　该系统实现了三大技术突破。首先,将原本的大型营养液储液装置和传输系统改为水压差驱动营养液配比和传输系统,使得无土栽培的装置成本和场地需求大幅下降。其次,将水肥灌溉方式由基于作物日照辐射量的高精度传感器和计算机控制灌溉改为基于液压原理的自动按需灌溉控制器精准控制灌溉,提高了灌溉的精准度和效率。最后,将栽培基质由传统的不可再生和回收的岩棉条改为采用微生物改造的来源广泛且可以重复使用的农业生物质花生壳,降低了基质成本,同时也更加环保。

　　这一系统的应用不仅降低了初期投入成本,而且实现了轻简化、实用化和规模化。通过精准调控根系养分、水分、空气和温度等环境因子,这一系统有效促进了作物平衡生长,减少了病虫害的发生。同时,这一系统还适用于各类温室与大棚、果菜与叶菜等多种作物类型,具有广泛的应用前景。

如今,这一系统已经得到了广泛的应用和推广。它不仅在农业生产中发挥了重要作用,还为农业科技创新和可持续发展做出了重要贡献。未来,随着技术的不断进步和创新,这一系统会在农业生产中发挥更加重要的作用,为人类的食品安全和健康做出更大的贡献。

## (三) 综合性

创新思维是多种思维方式的综合运用,包括逻辑思维、形象思维、发散思维、聚合思维等。在创新思维过程中,人们需要运用各种思维方法,创造性地认识和构建新事物

### 案例 2-1-3

#### 谷歌搜索算法:综合考量的智慧之源

谷歌的创始人拉里·佩奇和谢尔盖·布林在创立公司之初就设定了一个目标:为用户提供最相关、最准确、最高效的搜索结果。为了实现这一目标,他们提出了一种全新的网页排序算法——PageRank。

PageRank 算法的创新之处在于,它不依赖于传统的关键词匹配技术,而是通过分析网页之间的链接关系来评估网页的重要性和相关性。具体来说,如果一个网页被其他很多网页所链接,那么它就被认为是重要的;同时,如果链接到它的网页也是重要的,那么它的重要性就会更强。这种基于链接分析的排序方法有效地解决了传统搜索引擎信息过载和相关性不强的问题。

然而,PageRank 算法的提出并不是一蹴而就的。在开发过程中,谷歌的团队遇到了很多挑战和困难。他们不断地进行试验和改进,结合机器学习、数据挖掘、自然语言处理等多种技术,不断优化算法的性能和效果。同时,他们也积极收集用户反馈和数据,不断调整和改进搜索结果的质量,以满足用户的需求和期望。

除了 PageRank 算法,谷歌的搜索引擎还采用了许多其他创新性的技术和方法。例如,谷歌的搜索引擎包含多种搜索技术和策略,包括全文索引、倒排索引、分布式计算等,以确保搜索结果的准确性和速度。同时,谷歌还不断引入新的功能和特性,如实时搜索、图像搜索、视频搜索,以满足用户不断变化的搜索需求。

总的来说,谷歌公司的搜索引擎算法体现了创新思维综合性的特点。它不仅仅是一种技术或算法的创新,更是一种思维方式的创新。谷歌的团队通过不断探索和实践,将多种技术和方法融合在一起,形成了独特的搜索引擎技术和商业模式,为全球数亿用户提供了优质的服务和体验。

## (四) 辩证性

创新思维遵循辩证法原理,能够联系地、发展地看问题,随事物变化不断调整思考问

题的角度和方式,修正已有观点或结论。

### (五)开放性

创新思维要求在创新活动过程中不断地吸收外界的新信息、新材料,突破思维定式,广泛地关注外界的各种信息和各种新事物。

**案例 2-1-4**

#### 小学科学课程的开放式探究学习

在科学课堂上,教师为了培养学生的创新思维和开放性思维,设计了一系列开放式探究学习活动。这些活动鼓励学生提出问题、自行设计实验方案、进行观察和记录,并最终得出结论。

在一次关于植物生长的研究中,教师首先向学生们介绍了植物的基本生长条件,如光照、水分、土壤。然后,教师引导学生们思考并提出自己感兴趣的问题,如"为什么植物会向阳生长?""不同种类的植物对光照的需求是否相同?"

接下来,教师让学生们自行设计实验方案来探究这些问题。学生们分组进行讨论,并确定了各自的实验方案。有的小组选择了不同种类的植物进行对比实验,观察它们在不同光照条件下的生长情况;有的小组则设计了遮光实验,以探究光照对植物生长的影响。

在实验过程中,教师鼓励学生们仔细观察、记录数据,并尝试从数据中找出规律。学生们通过实践操作,不仅掌握了科学实验的基本技能,还培养了观察、分析和解决问题的能力。

最后,学生根据实验结果进行了总结和交流。他们发现,不同种类的植物对光照的需求确实存在差异,而且光照对植物的生长具有重要影响。通过这次开放式探究学习,学生不仅加深了对植物生长规律的理解,还培养了创新思维和开放性思维。

这个案例体现了创新思维的开放性。通过开放式探究学习,学生们能够自主提出问题、设计实验方案、进行实践操作和总结交流,从而培养创新思维和开放性思维。这种教学方式不仅能够激发学生的学习兴趣和积极性,还能够提高学生的自主学习能力和创新能力。

**课 堂 活 动**

#### 创新思维挑战

1. 同学们分成若干小组,每组 4～5 人。

2. 教师发布几个具有挑战性的创新思维任务,如"设计一款新型环保交通工具""提出一个解决城市交通拥堵的创新方案"。

3. 各组进行头脑风暴,充分发挥创新思维,尝试提出独特且切实可行的解决方案。

4. 各组将讨论结果记录下来,并准备向全班展示。

5. 各组轮流上台展示创新思维成果,并解释其中的创新思维特征。其他小组可以提问或提出改进建议。

6. 教师对各组的表现进行点评并提出改进建议。

--------------------------------------------------

## 三、创新思维的类型

创新思维是一种具有开创意义的思维方式,它可以帮助人们创造新的产品、服务、流程或理念。以下是几种常见的创新思维模式。

### (一) 发散思维

#### 1. 发散思维的概念

发散思维又称为辐射思维、放射思维、扩散思维或求异思维,是指大脑在思维时呈现的扩散状态的思维模式。它表现为思维视野广阔,思维呈现出多维发散状,如"一题多解""一事多写""一物多用"。

发散思维不依常规、寻求变异,对给出的材料、信息从正反两方面进行比较,因而可以产生大量独特的新思想。数学中一题多解的训练就是培养发散思维的一个好方法。它可以通过纵横发散将知识串连起来,取得举一反三的效果。

#### 2. 发散思维的特点

(1) 流畅性:这是指能产生大量念头的能力特征。拥有发散思维的人能够迅速地产生多种想法和解决方案,思维灵活,不容易受到阻碍。

(2) 变通性:这是指能改变思维方向的能力特征。拥有发散思维的人能够灵活地转换思考的角度,从多个方面去考虑和解决问题,而不是固守一种思路。

(3) 独特性:这是指能产生不同寻常的新念头和新思想的能力特征。拥有发散思维的人能够跳出常规的思维框架,提出新颖、独特的观点和解决方案。

(4) 多感官性:发散思维不仅运用视觉思维和听觉思维,而且充分利用其他感官接收信息并进行加工。发散思维还与情感有密切关系。如果思考者能够想办法激发兴趣,产生激情,把信息感性化,赋予信息感情色彩,就会提高发散思维的速度与效果。

发散思维在日常生活和工作中有着广泛的应用。例如,在解决复杂的问题时,我们可以运用发散思维,从不同的角度去思考和分析,从而找到多种可能的解决方案。在创新设计和艺术创作中,发散思维更是不可或缺的,它能够帮助我们打破传统的束缚,创造出新颖、独特的作品。

3. 发散思维的类型

(1) 材料发散:以某个物品作为发散点,设想它的各种用途。

(2) 功能发散:以某种事物的功能为发散点,设想实现该功能的各种可能性。

(3) 结构发散:以某种事物的结构为发散点,设想利用该结构的各种可能性。

(4) 关系发散:以某种事物为发散点,设想这种事物与其他事物之间的各种联系。

(5) 形态发散:以某种事物的形态(如形状、颜色、声音、味道、气味、明暗)为发散点,设想利用某种形态的各种可能性。

(6) 组合发散:以事物之间的组合为发散点,设想不同事物之间的不同组合,这可能会使其产生新的功能或价值(或附加价值)。

(7) 方法发散:以人们解决问题或制造物品的某种方法为发散点,设想利用该种方法的各种可能性。

(8) 因果发散:以某种事物发展的结果为发散点,设想造成该结果的各种原因;或以某种事物发展的起因为发散点,设想可能发生的各种结果。

**(二) 收敛思维**

1. 收敛思维的概念

收敛思维有目的地收集、整理和比较信息,以便找到可行的解决方案或答案。具体来说,它表现为一种集中注意力的过程,通过分析、比较和综合,将不同的想法、观点和信息聚集在一起,以找到最佳的解决方案。这种思维方式具有目标性、逻辑性、唯一性、比较性、归纳性和创造性的特点,其本质是归纳和还原。

运用收敛思维时,人们会对问题进行系统性分析,将各个组成部分拆解,并进行归纳、整理和分类,以更清晰地解构问题并找出最合适的解决方案。它要求明确问题并收集相关信息,以便进行有目的的分析。同时,收敛思维强调对比不同的想法和观点,以便找出它们的优缺点,并将它们进行综合归纳,找出共同点,形成清晰的解决方案或答案。

收敛思维的应用领域非常广泛,包括经济计划、决策管理、科研、民意测验、气象预测、地矿普查等。在这些领域中,收敛思维能使来自四面八方的信息汇聚于一个中心,有助于实现资源的有效分配和目标的达成。例如,在决策管理中,收敛思维能汇聚多个分散的思维信息,以做出更高效和更准确的选择与行动;在民意测验中,它能有效整合多元化的信息,助力决策制定和社会进步。

总的来说,收敛思维是一种重要的思维方式,它有助于人们在复杂的问题面前保持思路的清晰,找到最佳的解决方案。

2. 收敛思维的特点

(1) 目标性:收敛思维具有明确的目标性,它总是围绕一个中心问题展开,并寻求获得一个正确的答案。在思考过程中,所有的信息、材料和观念都是为这个中心服务的。

(2) 逻辑性:收敛思维强调逻辑推理和条理性。它要求人们按照一定的逻辑顺序,从已有的信息出发进行分析推理,求得问题的答案。每一步都需要有明确的逻辑依据,以确保最终结论的可靠性。

（3）唯一性：在收敛思维过程中，虽然存在多种解决问题的方案，但最佳方案只有一个。这是因为收敛思维追求的是最优解，即在满足所有条件的前提下，找到最符合要求的答案。

（4）比较性：收敛思维的过程是一个比较的过程。在这个过程中，人们需要对各种方案、答案进行比较分析，找出它们的优缺点，以便选择最佳的方案或答案。这种比较是全方位的，包括可行性、效果、成本等方面的比较。

（5）归纳性：收敛思维强调归纳整理。在思考过程中，人们需要将各种信息、材料和观念进行归纳整理，以便形成一个清晰、有条理的思维框架。这种归纳整理有助于人们更好地理解和把握问题的本质和规律。

（6）创造性：虽然收敛思维追求的是已有信息范围内的最佳答案，但它同样具有创造性。在思考过程中，人们需要发挥想象力和创造力，对已有的信息进行重新组合和加工，以产生新的思想和观点。

3. 培养收敛思维的方法

（1）明确目标：收敛思维的目标性是它的重要特点之一，所以在进行思考之前，要确保清楚问题的具体要求。

（2）学习逻辑思维：通过学习和训练提高自己的逻辑思维能力，比如学习演绎推理、归纳推理，这将有助于你更好地运用收敛思维。

（3）信息归类和整理：在面对大量信息时，要学会将其归类和整理。这有助于你更清晰地看到问题的全貌，从而更容易找到最佳解决方案。

（4）运用限定选择法：在解决复杂问题时，可以尝试将其简化成多个简单问题，并为每个简单问题限定几个选项，然后从中选择一个最佳答案。这种方法有助于使思维更加集中，提高收敛思维的效率。

（5）运用分合法：分合法是一种将问题分解为更小、更易于管理的部分，再一一解决这些部分，最终解决原始问题的思维方法。这种方法可以充分利用人类的逻辑推理能力，使问题解决过程更加顺畅。

（6）运用逻辑分析法：逻辑分析法是一种通过分析事物的因果关系和逻辑结构，找出解决问题的方法的思维方法。这有助于更深入地理解问题，找到最符合逻辑的解决方案。

**（三）侧向思维**

1. 侧向思维的概念

侧向思维是一种创造性思维方式，它是指不从问题的正面入手，而是从问题的侧面或其他领域寻找解决问题的灵感的方式。侧向思维强调跳出传统的思维模式，通过联想、类比、移植等方式，从其他领域或问题中寻找解决问题的新思路和新方法。

侧向思维不仅关注根本问题，而且关注更广泛的因素和不同的角度。它利用其他领域里的知识和信息，从侧向迂回地解决问题。相对于传统的竖向思维，侧向思维更注重将注意力集中在问题的外部，通过重新定义问题、发掘问题背后的潜在问题等方法来寻找新的解决方案。

侧向思维的核心理念是"打破常规"，即从新的视角和方向来看待和解决问题。它不受传统思维模式和规则的限制,以解决实际问题为导向,通过创造性的方法寻找新的解决方案。在许多情况下,侧向思维可以帮助我们更快地找到突破口和创新点,解决长期存在的问题。

侧向思维是一种非常规的思维形式,以总体模式和问题要素之间关系为重点,以非逻辑的方法,设法发现问题要素之间新的结合方式,并以此为基础寻找问题的各种解决方式,特别是新方式。侧向思维又称"旁通思维",这种思维的思路、方向不同于正向思维和逆向思维,它是从旁侧开拓出新思路的一种创新思维。

2. 侧向思维的特点

(1)非直线性思考:侧向思维能够打破传统的直线思考方式,寻找突破口和向外延伸的思路。它不是沿着固定的思维路径前进,而是能够灵活地转换视角,从多个角度审视问题。

(2)联想性:侧向思维通过联想的方式,将不同领域、不同问题之间的相似性或相关性进行连接,从而发现新的解决方案。

(3)非传统性:侧向思维突破传统的思维模式和框架,从问题的侧面或其他领域寻找灵感,打破思维定式,提出新颖的解决方案。

(4)创新性:侧向思维强调创新,通过联想、类比等方式,发现新的解决问题的思路和方法,具有很强的创新性。

(5)善于联想和推导:侧向思维善于利用联想和推导的方法,将不同领域的知识和信息进行关联和整合。它能够通过类比等方式发现不同事物之间的共性和联系,从而找到新的解决方案。

3. 培养侧向思维的方法

(1)拓宽知识领域:通过学习和阅读拓宽自己的知识领域,了解不同领域的知识和技能,为侧向思维提供丰富的素材和灵感。

(2)训练联想能力:通过练习联想题目、画思维导图等方式训练自己的联想能力,提高从不同角度、不同层面进行思考的能力。

(3)多交流、多讨论:与他人交流、讨论问题时,尝试从对方的角度出发,了解不同的思考方式和解决方案,激发自己的侧向思维灵感。

(4)敢于尝试:在解决问题时,鼓励自己尝试新的方法、新的思路,敢于挑战传统观念和做法,不断推动自己侧向思维能力的发展。

**(四)联想思维**

1. 联想思维的概念

联想思维是指由一种事物而想起与之有关联的事物的思维方式,它是对事物之间的联系和关系的反映。客观事物是相互联系的,各种联系反映在人脑中又会引发各种联想。

联想思维一般有以下四种类型。

(1)相似联想:由某一事物或现象想到与它相似的其他事物或现象,进而产生某种新设想的思维方式。

(2)接近联想:根据事物之间在空间或时间上的相似性进行联想,进而产生某种新设想的思维方式。

(3)对比联想:根据事物之间存在的互不相同或彼此相反的情况进行联想,从而产生某种新设想的思维方式。

（4）因果联想：由于事物之间存在因果关系而引起联想的思维方式。这种联想往往是双向的，可以由起因想到结果，也可以由结果想到起因。

联想思维可以大大扩展思维范围，开拓新的思维层次，把思维引向深入。联想思维能力越强，越能把跨度很大的不同事物联系起来，从而使思维格局更加开阔。

2. 联想思维的特点

（1）关联性：联想思维强调事物之间的关联性，通过发现事物之间的共同点、相似性或对立性，将不同的事物进行联系和组合。

（2）扩散性：联想思维具有扩散性，可以从一个点出发，向四面八方扩散联想，形成广大的思维网络。

（3）灵活性：联想思维灵活多变，可以根据问题的实际情况随时调整联想的方向和路径，找到最适合的解决方案。

（4）流畅性：联想思维能够让人在短时间内快速产生大量的联想，形成丰富的思维内容，展现出思维的流畅性。

联想思维在实际生活和工作中有着广泛的应用。例如，在创意设计中，设计师可以运用联想思维，从自然、文化、历史等不同领域寻找灵感，创造出独特而富有创意的设计作品；在解决问题时，我们可以运用联想思维从问题的多个角度进行思考，找到新的解决方案；在沟通交流中，我们可以运用联想思维，通过类比、隐喻等方式，使表达更加生动、形象，增强沟通效果。

3. 培养联想思维的方法

（1）积累知识和经验：丰富的知识和经验是联想思维的基础。通过阅读、学习、实践等方式，不断积累知识和经验，可以为联想思维提供丰富的素材和灵感。

（2）训练观察力和想象力：通过训练观察力和想象力，我们可以更加敏锐地发现事物之间的联系和差异，从而进行更加有效的联想。

（3）练习联想题目：练习联想题目，如"看到红色，你会想到什么"可以锻炼自己的联想思维能力，提高思维的灵活性和创新性。

（4）多交流、多讨论：与他人交流、讨论问题时，尝试从对方的角度出发，了解不同的思考方式和解决方案，从而激发自己的联想思维灵感。

**（五）试错思维**

1. 试错思维的概念

试错思维是为了达到某个目标，通过不断重复尝试不同的方法和途径，找到最优的解决方案的思维方式。试错思维的核心在于勇于尝试和接受失败，因为只有通过经历失败，我们才能发现问题所在，进而调整策略，找到正确的方向。

2. 试错思维的特点

（1）探索性：试错思维是一种通过不断尝试和修正来探索解决方案的方法。它鼓励个体或团队勇于尝试新的方法、新的思路，不怕犯错误，通过不断地实践来发现问题、解决问题。

（2）迭代性：试错思维的过程是一个不断迭代、循环往复的过程。在尝试某个方案后,根据反馈进行调整和优化,再次尝试,直到找到满意或最优的解决方案。这种迭代的过程有助于逐步逼近目标,提高解决问题的效率。

(3)经验性:试错思维强调通过实践经验来积累知识和技能。通过不断尝试和修正,个体或团队能够积累宝贵的经验,形成自己的独特见解和解决问题的能力。

(4)灵活性:试错思维要求个体或团队具备高度的灵活性。在面对复杂多变的问题时,需要快速调整策略、改变思路,以适应不断变化的环境和需求。这种灵活性有助于个体或团队在竞争激烈的环境中保持优势。

3. 培养试错思维的方法

(1)学会接受失败:认识到失败是成功的一部分,而不是阻碍。学会从失败中吸取教训,分析失败的原因,并思考如何避免类似的错误。

(2)鼓励自己勇于尝试:不要害怕尝试新的事物或方法。即使你感到不确定或害怕失败,也要鼓励自己迈出那一步。记住,每一次尝试都是一次学习的机会。设定小的、可实现的目标,逐步尝试实现并不断调整。

(3)及时反馈:在尝试的过程中,保持对结果的敏感性和反馈的及时性。及时调整策略,避免在错误的道路上越走越远。

(4)创造宽容和鼓励试错的环境:无论是在工作还是生活中,都要努力创造一个宽容和鼓励试错的环境,认识到失败是正常的,我们可以从失败中学习和成长。这种环境可以激发我们的创造力和创新精神,从而提高整个团队的试错思维能力。

(5)培养耐心和毅力:完成试错的过程可能需要时间和耐心,要坚持不懈地努力。遇到困难时不要轻易放弃,要相信自己能够找到解决问题的方法。

**(六)批判性思维**

1. 批判性思维的概念

批判性思维是一种面对要相信什么或做什么的决断而进行言之有据的反省的思维方式。这种思维方式体现了对思维过程的评价和判断,是一种积极的、持续的思维活动,旨在提高思维的清晰性、准确性和公正性。

批判性思维包括以下几个关键要素。

(1)理解和分析:全面理解和分析问题的各个方面,包括问题的背景、相关信息、不同的观点和论据等。

(2)评估证据:评估信息的可靠性、来源和逻辑性,判断证据是否充分、是否有偏见或误导性信息。

(3)推理和判断:基于所收集和分析的信息进行逻辑推理和判断,识别论证中的前提和结论,评估它们之间的逻辑关系,并检查是否存在逻辑错误或谬误。

(4)质疑和反思:对初步判断进行质疑和反思,考虑其他可能的解释、观点或反驳,并检查自己的推理过程中是否存在疏漏或错误。

(5)自我校准:保持自我校准的意识,监控自己的思考过程,识别并纠正错误,调整和优化自己的思维方式。

批判性思维强调独立思考、理性分析、公正评价和持续改进,强调对思维过程的全面审视和反思。它要求我们在面对问题时,不仅要接受已有的观点和论据,更要进行深入的思考和分析,从多个角度和层面审视问题,以便更好地理解和解决问题。同时,批判性思维也强调自我反思和自我提升,鼓励我们不断改善自己的思维方式和习惯,以提高自己的思维能力和决策水平。

2. 批判性思维的特点

(1)独立性:批判性思维强调独立思考,不盲目接受他人的观点或结论,而是通过对问题进行深入分析和推理形成自己的独立见解。

(2)公正性:在评估信息、观点和论据时,批判性思维秉持公正、客观的态度,不受个人偏见或情感因素的影响,力求做出准确的判断。

(3)逻辑性:批判性思维强调逻辑推理的重要性,要求在思考过程中遵循逻辑规律,识别并纠正逻辑错误,确保推理的严密性和合理性。

(4)全面性:批判性思维要求从多个角度和层面审视问题,全面收集和分析相关信息,考虑不同的观点和论据,以便更全面地理解问题。

(5)反思性:批判性思维强调对思维过程和结果进行反思,检查是否存在疏漏或错误,并寻求改进和优化。这种反思性有助于提升思维质量和决策水平。

(6)开放性:批判性思维具有开放性,愿意接受新的观点、信息和证据,不断更新思维方式。这种开放性有助于拓宽视野、拓展思维边界。

(7)建设性:批判性思维旨在提出建设性的建议,以推动问题的解决。这种建设性有助于促进个人、团队和组织的成长和发展。

3. 培养批判性思维的方法

(1)提问和质疑:学会提出有深度的问题,对任何信息、观点或结论都持怀疑态度。不盲目接受任何观点,而是通过提问来探究其背后的逻辑和依据。培养对假设的质疑能力,识别信息中的偏见、遗漏或误导性内容。

(2)分析信息:学会评估信息的来源和可靠性。了解信息是如何产生、被收集和传播的,以及是否存在潜在的利益冲突。分析信息的逻辑结构,识别论点和论据,并评估它们之间的关联性。

(3)多角度思考:尝试从不同的角度和立场看问题,理解不同的观点和解决方案。这有助于拓宽思维,避免形成狭隘的偏见或立场。学会接受和尊重不同的观点,即使其与自己的观点不同。通过理解和尊重他人的观点,可以更好地进行批判性思考。

(4)逻辑推理:掌握基本的逻辑推理技巧,如归纳、演绎和类比。这些技巧有助于更准确地评估信息的逻辑性和合理性。学会识别逻辑谬误,如过度概括、偷换概念、滑坡谬误,并避免在思考和表达中犯这些错误。

(5)批判性阅读:在阅读时,不仅要理解文本的表面意思,还要深入分析和评估文本中的观点、论据和逻辑结构。练习识别文本中的偏见、谬误和逻辑错误,并思考如何反驳或纠正它们。

(6)参与讨论和辩论:积极参与讨论和辩论,与他人分享自己的观点和论据,并接受他人的挑战和质疑。在讨论中,保持开放和尊重的态度,倾听他人的观点,并尝试理解他人的立场和动机。通过讨论,可以不断检验和修正自己的观点,提高思维的准确性和有效性。

（7）培养独立思考能力：不要盲从他人或权威的观点，而是要学会独立思考和判断，通过自己的分析和推理来形成观点，并勇于表达自己的看法。尝试从不同的角度思考问题，挑战自己的假设和偏见，并寻找更全面的解决方案。

（8）持续学习和反思：保持对新知识和信息的开放态度，不断学习和探索新的领域和话题。定期回顾自己的思考过程，评估自己的批判性思维能力，并寻找改进和提升的方法。

### （七）系统性思维

#### 1. 系统性思维的概念

系统性思维是一种将物质系统或问题视为一个整体进行思考的思维方式。它强调从整体出发，先进行综合，再进行分析，并最终达到更高水平。系统性思维具有整体性、综合性、定量化和精确化的特征。

具体来说，系统性思维模式注重从结构和功能的统一性上把握事物的整体效应，从物质系统内部诸要素的相互联系和相互作用中，以及它与外界环境的相互关系中把握物质系统的整体结构。它强调观察事物的整体性、相互联系和动态变化，避免片面地看待事物。

在实践中，系统性思维要求人们无论干什么事都立足整体，从整体与部分、整体与环境的相互作用出发来认识和把握整体。这种思维方式在解决复杂问题时尤为有效，因为它能够帮助人们从全局出发，综合考虑各种因素，提出更全面、更有效的解决方案。

#### 2. 系统性思维的特点

（1）整体性：系统性思维强调从整体上把握问题，将研究对象视为一个由多个部分组成的有机整体。它关注整体与部分之间的关系，以及整体与外部环境之间的相互作用。

（2）关联性：系统性思维认为系统的各个部分之间是相互联系、相互影响的。它强调关注事物之间的联系和相互作用，以及这些联系和相互作用对整体的影响。

（3）动态性：系统性思维认为系统有一个不断发展和变化的动态过程。它关注系统的动态平衡和变化规律，以及如何通过调整系统的内部结构和外部环境来实现系统的优化和发展。

（4）非线性：系统性思维认识到系统中的许多关系是非线性的，即输入和输出之间不是简单的线性关系。这要求我们在分析系统时采用非线性思维方式，考虑各种可能的交互作用和反馈机制。

（5）综合性：系统性思维要求综合考虑系统的各个方面，包括其结构、功能、行为和环境等。它强调跨学科的整合，将不同领域的知识和方法结合起来，以全面理解系统的复杂性和动态性。

#### 3. 培养系统性思维的方法

（1）引入系统思维工具：可以使用各种系统思维工具，如思维导图、鱼骨图、因果环图、系统动力学模型。这些工具能够帮助我们更好地分析、理解和解决问题。使用思维导图等工具，可以帮助我们将复杂的问题分解成更小、更易于管理的部分，并从整体上把握问题。

（2）多角度思考问题：尝试从不同的角度和层面来思考问题，包括整体的角度、局部的角度、系统内部的角度和系统外部的角度等。通过多角度的思考,我们可以更全面地认识问题,提高解决问题的能力。

（3）学习系统科学知识：阅读关于系统科学的书籍或文章,学习相关的理论和方法。系统科学知识是培养系统性思维的基础,通过学习这些知识,我们可以更好地理解和应用系统性思维。

（4）构建知识体系：采用主题阅读的方式,针对某一领域进行深入学习,将所学知识整合成一个系统的知识体系。随着对某一领域的深入了解,我们的认知范围内的要素会不断增加,从而优化整个系统。

（5）注意问题表象和根本原因：识别问题的表象和根本原因,避免被问题的表象所迷惑。通过深入分析和挖掘问题的底层逻辑,找到问题的根本原因,从而提出更有效的解决方案。

（6）明确关键要素：识别系统中的关键要素和关键环节,关注这些要素和环节对系统整体的影响。通过优化关键要素和环节,提高系统的整体性能和效率。

（7）培养系统思维习惯：在日常生活中,尝试用系统思维的方式去分析和解决问题,逐渐培养系统思维习惯。通过长期的实践和锻炼,我们可以将系统思维融入日常生活和工作,提高解决问题的能力。

**（八）聚合性思维**

1. 聚合性思维的概念

聚合性思维又称聚合思维、求同思维、集中思维、辐合思维或同一思维,是指根据已知信息产生逻辑结论,从现成资料中寻求正确答案的一种有方向、有条理的思维方式。它会对多个不同的思维方式、观点、知识点等进行汇聚、整合和综合,从而帮助人们更好地理解和解决问题。

2. 聚合性思维的特点

（1）求同性：聚合性思维的核心特点是求同性,即找到解决问题的方法或答案。这种思维方式强调将各种信息、观点、知识点等汇聚起来,朝着同一个方向思考,从而得出正确的答案或结论。

（2）程序性：在解决问题的过程中,聚合性思维遵循一定的程序和步骤,先做什么,后做什么,都有明确的规划。这种程序性使得问题的解决有章可循,提高了思维的效率和准确性。

（3）比较性：聚合性思维需要对寻找到的几种解题途径、方案、措施或答案进行比较,找出较佳的途径、方案、措施或答案。这种比较性有助于人们在众多可能性中迅速做出判断,得出最优解。

（4）多元化和开放性：聚合性思维可以从各种不同的来源中获取灵感,可以是不同的学科领域、不同的行业、不同的文化、不同的时代、不同的人群等。它试图将这些灵感整合成一个完整的解决方案,这种整合是多元化和创造性的。同时,聚合思维具有开放性的态度,能够吸收各种不同的思想、理论和观念。

（5）创新性：聚合性思维的目的是提出创新性的解决方案。这种创新性来源于其尝试从多个来源中获取灵感,并将它们整合在一起,以创造新的解决方案。

3. 培养聚合性思维的方法

(1) 明确问题与目标:在开始思考之前,首先要明确你要解决的问题或要达到的目标。这有助于你集中注意力,避免在思考过程中偏离主题。

(2) 广泛收集信息:通过阅读、观察、讨论等多种方式,广泛收集与问题相关的信息和资料,确保你掌握了足够的背景知识和信息,以便进行下一步的整合和分析。

(3) 分类整理信息:对收集到的信息进行分类整理,按照其性质、来源、重要性等进行分类。这有助于更清晰地看到信息之间的联系和差异,为后续的聚合打下基础。

(4) 寻找共同点和联系:在整理信息的过程中,注意寻找信息之间的共同点和联系。这些共同点和联系可能是解决问题的关键,也可能是构建新观点或方案的基础。

(5) 构建逻辑框架:根据信息之间的共同点和联系,构建一个逻辑清晰的框架。这个框架应该能够清晰地表达思路,并有助于将各种信息、观点、知识点等整合在一起。

(6) 比较与评估:在构建逻辑框架的过程中,对不同的信息、观点、方案等进行比较和评估。这有助于你找到最优解,并不断完善你的思维框架。

(7) 练习与实践:通过大量的练习和实践,不断提高自己的聚合性思维能力。可以选择一些复杂的问题或项目,尝试运用聚合性思维来解决它们。在解决问题的过程中,不断总结经验教训,优化自己的思维方式。

**(九)灵感思维**

1. 灵感思维的概念

灵感思维本质上是潜意识与显意识相互作用、相互贯通而形成的理性思维认识过程。在人类历史上,许多重大的科学发现和杰出的文艺创作都是灵感思维这种智慧火花闪现的结果。

灵感思维作为高级复杂的创造性思维理性活动形式,不是神秘莫测的,也不是心血来潮的,而是在思维过程中的长期积累、艰苦探索形成的一种必然性和偶然性的统一。

2. 灵感思维的特点

(1) 突发性:灵感往往在出其不意的刹那间出现,使长期苦思冥想的问题突然得到解决。它在时间上不期而至、突如其来,而在效果上则表现为让人突然领悟、豁然开朗。

(2) 偶然性:灵感在什么时间、什么地点、什么条件下出现都使人难以预测,具有很大的偶然性。人们常说"有心栽花花不开,无意插柳柳成荫",这正体现了灵感思维的偶然性。

(3) 模糊性:灵感的产生往往是闪现式的,而且稍纵即逝。它所产生的新线索、新结果或新结论可能模糊不清。为了更精确地理解和把握灵感,往往需要形象思维和抽象思维的辅佐。

(4) 创造性:灵感是大脑的一种特殊技能,是思维发展到高级阶段的产物,是人脑的一种高级感知能力。它常常产生新颖、独特的思维成果,是创造性思维的重要类型。

(5) 高效性:灵感思维的高效性体现在人们百思不得其解的疑难问题或长期悬而未决的棘手问题会在灵感突然爆发的瞬间迎刃而解上,这会使人们有一种茅塞顿开、豁然开朗之感。

3. 培养灵感思维的方法

(1) 保持好奇心和开放心态:对周围的事物保持好奇心,愿意探索和学习新知识。开放心态使你能够接受新的观点、想法和可能性,为灵感的产生提供土壤。

(2) 广泛涉猎和积累知识:灵感往往来自多个领域知识的融合和碰撞。因此,广泛涉猎不同的书籍、文章、视频、展览等,积累丰富多样的知识和信息有助于激发灵感。

(3) 培养观察力和洞察力:学会观察周围的事物,注意细节和变化。通过深入观察和思考,发现隐藏的规律、问题和机会,从而为灵感的产生提供素材。

(4) 多进行思维训练:通过各种思维训练游戏、练习和实践活动锻炼自己思维的灵活性和创新性,激发灵感。

(5) 创造良好的环境:为自己创造一个有利于思考和产生灵感的环境。可以是一个安静舒适的房间、一个充满创意的工作室或一个能够激发你想象力的自然环境。

(6) 多与他人交流:与他人交流能够带来新的观点、想法和启发。多参加社交活动、研讨会、团队项目等,与他人分享你的想法和成果,同时也倾听他人的观点和建议。

(7) 记录灵感:当灵感闪现时,及时记录下来。可以使用笔记本、手机备忘录等工具来记录你的想法、观点和创意。这有助于你在需要时回顾和整理自己的灵感,为创作或解决问题提供帮助。

**(十) 直觉思维**

1. 直觉思维的概念

直觉思维是指不受某种固定的逻辑规则约束而直接领悟事物本质的思维方式。与逻辑思维和分析思维不同,它不是按照严格的步骤进行的,而是依靠灵感和顿悟,迅速地做出判断或得出结论。

2. 直觉思维的特点

(1) 直接性:直觉思维往往能够直接把握事物的本质和核心,不需要经过逐步的逻辑推理和分析。它基于个体的经验、知识和潜意识,能够迅速地产生想法、创意。

(2) 突发性:人们对某一问题冥思苦想时不得其解,反而可能在不经意间顿悟问题的答案,或闪现出具有创造性的设想。

(3) 或然性:非逻辑的直觉也是非必然的,它具有或然性,有可能正确,也有可能错误,对任何人来说都是如此。直觉思维能力较强的专家的判断虽然正确的概率较大,但也可能出错。

(4) 快速性:与逻辑推理不同,直觉思维的速度非常快。它能够在瞬间对问题做出反应,给出答案或解决方案。这种快速性使得直觉思维在紧急情况下尤为重要。

(5) 跳跃性:直觉思维在思考过程中往往表现出跳跃性,即从一个概念直接跳跃到另一个概念,不经过中间的逐步推理。

(6) 模糊性:直觉思维是基于个体的经验和潜意识的,因此它产生的想法和判断往往具有一定的模糊性。这种模糊性使得直觉思维的成果需要借助其他思维方式进行补充和完善。

(7) 个性化:不同的个体在面对相同的问题时,可能会产生不同的直觉和判断。这与个体的知识、经验、性格和文化背景等因素有关。

（8）可训练性：虽然直觉思维具有一定的天赋性，但它也可以通过训练和实践来培养。多领域的学习、思考和实践可以丰富个体的经验和知识，提高直觉思维的准确性和可靠性。

　　3. 培养直觉思维的方法

（1）多读书，获取丰富知识：阅读是提高直觉思维水平的有效途径。通过广泛的阅读，我们可以接触到不同的思想、观点和经验，从而拓宽我们的视野和知识面。这些知识将为我们提供丰富的素材和背景，使我们在面对问题时能够更快速地做出判断。

（2）多观察，提高洞察力：观察是提高直觉思维水平的必要条件。通过仔细观察周围的事物和现象，我们可以更深入地了解它们的本质和规律。同时，我们还可以培养自己的观察力，提高对事物的敏感度和洞察力，从而更容易捕捉到直觉的线索。

（3）冥想与倾听内心的声音：冥想可以帮助我们放松身心，倾听自己内心的声音。在冥想的过程中，我们可以更深入地了解自己的需求和欲望，从而更容易产生直觉的灵感。同时，冥想还可以帮助我们保持内心的平静和清晰，提高直觉思维的准确性。

（4）与大自然连接：与大自然连接可以帮助我们放松身心，感受到大自然的智慧和能量。当我们置身于大自然中时，可以感受到大自然的节奏和流动，从而更容易产生直觉的灵感。

# 应用创新方法，寻求新突破

## 创新箴言

若无某种大胆放肆的猜想，一般是不可能有知识的进展的。

——爱因斯坦

## 学习目标

1. 了解创新方法的概念、分类、意义，使用创新方法的步骤，解决问题的步骤。
2. 能运用常用的创新方法解决问题，能合理进行创新成果的转化。
3. 理解创新方法的重要意义，增强创新意识。

## 案例导入

### 特斯拉电动汽车的创新突破

特斯拉公司自 2003 年创立以来一直致力于电动汽车的研发与生产。在电动汽车这一领域，特斯拉通过应用创新方法成功实现了多次新突破，引领了整个行业的发展。

1. 电池技术的革新

特斯拉在电池技术上取得了显著的突破。他们采用了锂离子电池，并通过独特的电池管理系统大幅提升了电池的能效和安全性。这种创新不仅使特斯拉电动汽车的续航里程得到了大幅提升，而且降低了电池的成本，使得电动汽车的普及变得更加可行。

2. 自动驾驶技术的研发

特斯拉在自动驾驶技术方面也取得了重要突破。他们通过深度学习和利用人工智能技术，让汽车能够识别道路标志、行人、车辆等，并自主进行驾驶决策。特斯拉的自动驾驶技术已经实现了部分自动驾驶功能，并在不断地优化和升级。这一技术的应用不仅提高了驾驶的安全性和便利性，还为未来的智能交通系统构建打下了坚实的基础。

3. 直营销售模式的建立

特斯拉打破了传统汽车行业的销售模式，采用直营销售的方式，直接向消费者销售汽车。这种销售模式省去了中间环节，降低了销售成本，同时也提高了服务的质量和效率。特斯拉的直营销售模式使得消费者能够更直接地了解产品、享受服务，并建立起对品牌的忠诚性。

　　特斯拉通过应用创新方法，成功实现了电动汽车在相关技术、驾驶体验、销售模式等方面的新突破。他们的产品不仅受到了消费者的热烈欢迎，还引领了整个行业的发展方向。如今，越来越多的汽车制造商开始重视电动汽车的研发和生产，整个行业正朝着更加环保、高效、智能的方向发展。

**课堂思考**

从特斯拉的案例中，你能得到哪些启示？

　　黑格尔说过："方法是任何对象所不能抗拒的一种绝对的、唯一的、最高的、无限的力量；这是理性企图在每一个事物中发现和认识自己的意向。"法国哲学家笛卡尔曾说："人类历史上最有价值的知识是关于方法的知识。"英国数学家怀特里德也曾说："19世纪最伟大的发明是发明了发明的方法。那是打破了旧文明基础的真正新事物。"习近平总书记在哲学社会科学工作座谈会上强调："坚持问题导向是马克思主义的鲜明特点。问题是创新的起点，也是创新的动力源。只有聆听时代的声音，回应时代的呼唤，认真研究解决重大而紧迫的问题，才能真正把握住历史脉络、找到发展规律，推动理论创新。"

### 一、创新方法的概念和分类

　　习近平总书记指出："马克思主义理论的科学性和革命性源于辩证唯物主义和历史唯物主义的科学世界观和方法论，为我们认识世界、改造世界提供了强大思想武器，为世界社会主义指明了正确前进方向。"

　　创新方法是指创造性地应用新思路、新技术、新工具等来解决问题或改善现有业务流程的方式，其核心目标是推动进步与发展。在不同领域中，创新方法的具体形式和内容各异，但它们都遵循着一些共同的原则和策略。

　　常见的创新方法包括以下几个大类。

　　（1）组合法：将两种或两种以上的事物要素进行重新组合，产生新事物。这涉及不同领域的知识和技术的组合，有助于创造出独特的产品或解决方案。

　　（2）想象法：根据事物的本质属性，顺着事物的发展方向和轨迹不断探索，形成新的认识，产生新的成果。这种方法强调对未来可能性的探索和预测，有助于发现新的机会和趋势。

　　（3）类比法：通过比较两种或多种事物的相似性或差异性来寻找新的创新点。这种方法有助于发现不同领域之间的共通之处，从而产生新的创意和想法。

　　（4）移植法：将一个领域的原理、材料、方法用途、结构等应用到另一个领域中，产生新事物。这有助于实现跨领域的创新,推动不同领域之间的交流和合作。

(5) 列举法:列举出可能的解决方案或创新点,然后进行分析和筛选。这种方法有助于拓展思维范围,发现更多的创新可能性。

这些创新方法大类下还有具体的创新方法种类,如试错法、六顶思考帽法、头脑风暴法。试错法是一种通过不断试验和消除误差,探索具有黑箱性质的系统的创新方法;六顶思考帽法是一种全面的创新方法,是通过让团队成员戴上不同颜色的思考帽,从不同的角度和层面展开思考和探究的集体创新方法;头脑风暴法是一种通过集体讨论激发创意的创新方法,团队成员通过自由发言和相互启发产生创新想法。

除了上述具体的创新方法,还有一些创新的策略或模式,如设计创新、开放创新、反直觉思维、敏捷创新、逆向创新。这些策略或模式可以从不同的角度和层面来推动创新,帮助企业或个人在激烈的市场竞争中脱颖而出。

创新方法是一种创造性的思维方法和实践方法,它可以帮助我们发现问题、解决问题、改善现状、推动发展。在实践中,我们应该根据具体情况选择合适的创新方法并灵活运用。

## 二、使用创新方法的步骤

### (一) 明确创新目标和需求

首先要明确创新目标和需求,通过市场调研、用户访谈等方式收集相关信息和数据,确保对创新目标和需求有清晰的认识。

### (二) 选择合适的创新方法

根据创新目标和需求选择合适的创新方法。例如,如果目标是快速产生大量新想法,可以选择头脑风暴法;如果目标是深入了解用户需求,可以选择设计思维法;如果目标是解决复杂问题,可以选择 TRIZ 法。

### (三) 组合运用创新方法

不要局限于单一的创新方法,而是可以将多种方法结合起来使用。例如,在头脑风暴阶段,可以通过开放式创新和跨界法来激发新想法;在原型制作阶段,可以通过快速原型法和用户体验设计来验证和优化产品。

### (四) 建立创新团队和协作机制

组建一个多元化的创新团队,包括不同背景、经验和技能的人才。建立有效的协作机制,鼓励团队成员之间交流和合作,共同解决问题和提出新想法。

### (五) 持续学习和迭代

不断掌握新的创新方法和工具,以提高创新能力和效率。在创新过程中,保持灵活性和开放性,根据实际情况和反馈不断调整和优化创新方案。

### (六) 实施创新和评估效果

将创新方案付诸实践,并收集实际运行中的数据和反馈。通过分析数据和反馈评估创新效果,并根据评估结果进行调整和改进。

### (七) 分享和推广创新成果

对成功的创新成果进行分享和推广,以扩大影响和应用范围。通过参加创新大赛、发布论文、申请专利等方式,将创新成果转化为实际的商业价值和社会价值。

总之,使用创新方法可以提高创新效率,帮助我们从多个角度和层面展开思考,为问题找到多种多样的创新性解决方案,最终科学合理地解决问题。创新方法的使用需要遵循使用步骤合理开展。

**案例 2-2-1**

### 创新方法的应用

"创意之翼"设计工作室的设计师小李深知要跟上市场瞬息万变的步伐,仅仅依靠传统思维和经验是远远不够的。他怀揣着对创新的渴望,决心探索并应用一些创新方法,以提升自身的创新能力。

小李开始深入研究各种创新方法。他发现创新并非无章可循的,可以通过系统的思考和实践来培养和提高自己的创新能力。他尝试通过以下方式提升自己的创新能力。

小李运用思维导图这一工具,通过将设计项目分解为多个子项,然后用图形和线条连接它们激发新的联想和创意。这种方法让他能够更清晰地看到问题的全貌,找到被忽视的细节和潜在的创意点。

小李尝试了设问法。他不断向自己提出问题,挑战现有的设计思路,从而探索出更多的可能性。例如,在为一个新产品设计包装时,他会问自己:"这个产品的核心特点是什么? 如何通过设计凸显出来?"通过不断地设问与解答,他能够挖掘出更深层次的创意,使设计更具针对性和吸引力。

小李学习了设计思维法,这是一种以人为本、解决问题的创新方法。他通过深入了解用户需求、观察用户行为、与用户进行深度交流等方式获得了宝贵的用户洞察。在设计新产品的过程中,他从用户的角度出发,不断思考如何提供更加人性化、更加实用的解决方案。这种创新方法使得他的设计作品更加贴近用户的真实需求,受到了用户的广泛好评。

为了激发更多的创意灵感,小李还引入了头脑风暴法。他定期组织设计工作室的团队成员举行头脑风暴会议,鼓励大家畅所欲言、自由表达自己的想法。在会议中,他积极引导大家从不同的角度思考问题,提出各种可能的解决方案。通过开展头脑风暴,小李和团队成员共同产生了很多新的创意和想法,为设计工作注入了新的活力。

在设计过程中,小李发现即使有了很好的创意和想法,但实现过程中还是会遇到各种问题。为了更快速地验证创意的可行性,他引入了快速原型制作方法。通过快速制作原型并进行测试,小李能够及时发现并解决问题,从而不断优化设计方案。这种方法大大提高了设计效率和质量,使得他的作品更加成熟和可靠。

为了拓宽视野和获取更多的创新资源,小李积极寻求与其他领域专家的合作。

他与艺术家、技术专家、市场专家等进行跨界合作,共同探讨和研究创新问题,从他们的经验中汲取灵感。通过与不同领域的专家交流和学习,小李获得了更多的创新灵感和解决方案,使得他的作品更具创新性和竞争力。这种跨界合作不仅拓展了小李的视野,还让他学会了从多个角度思考问题,打破了原有的思维模式。

随着时间的推移,小李的创新能力得到了显著提升。他能够更快地捕捉到市场变化的趋势,提出更具创意的设计方案。他的作品不仅赢得了客户的好评,还为工作室带来了更多的业务。

在"创意之翼"设计工作室,小李的故事成了一个激励人心的例子。他通过自己的努力和探索,不断提升创新能力,不仅实现了个人的成长,而且为整个工作室的发展注入了新的活力。他的经历告诉我们,只要敢于挑战自己、勇于尝试新的方法和思路,就一定能够在创新的道路上走得更远。

### 课堂小结

未来,随着科技的不断发展和社会的不断进步,创新方法将继续发挥重要作用。因此,我们应该不断学习和掌握创新方法,提高自己的创新能力和竞争力。

### 课堂思考

1. 列举并解释两种你认为最具创新性的创新方法,并给出具体的应用场景。

2. 谈谈你对创新方法发展趋势的看法,并预测未来可能出现的创新方法。

## 三、创新方法的意义

创新方法的意义在于能推动个人、组织乃至整个社会的进步与发展。以下是创新方法意义的具体内容。

### (一) 解决问题与改善现状

创新方法允许人们以全新的视角和方式来看待问题,创造性地应用新思路、新技术、新工具等来解决问题或改善现有业务流程。创新方法不仅能帮助个人在工作中更高效地完成任务,还能推动组织在市场竞争中脱颖而出。

**案例 2-2-2**

## "绿色之心"咖啡店

在繁忙的都市中,有一家名为"绿色之心"的咖啡店。这家店以独特的咖啡口感和舒适的店内环境受到顾客的喜爱。然而,随着城市的发展,咖啡店面临着租金上涨、客流量减少和竞争压力增大的问题。店主小杨决定引入创新方法,以改善现状并寻求新的发展。

为了吸引更多的顾客,小杨开始尝试创新营销策略。他利用社交媒体平台发布咖啡店的日常动态、新品推荐和优惠活动。此外,他还与当地的艺术家合作,定期在店内举办小型艺术展览,为顾客提供独特的文化体验。

为了响应社会对环保的呼声,小杨决定将环保理念融入咖啡店的经营。他引入了可循环使用的咖啡杯和餐具,减少了塑料垃圾的产生。同时,他还鼓励顾客采用电子支付方式,减少纸质小票的产生。

为了提升顾客的购物体验,小杨还引入了智能化的服务系统。顾客可以通过手机 App 提前下单、预约座位,到店后无须等待即可享用美味的咖啡。此外,店内还配备了智能咖啡机,可以根据顾客的口味偏好自动调整咖啡的浓淡和口感。

经过一段时间的努力,小杨的创新方法取得了显著的成效。咖啡店的客流量逐渐增加,老顾客的回头率也大大提高。环保理念的融入让咖啡店赢得了更多顾客的认可和支持,同时也为城市的环境保护做出了贡献。智能化服务升级提升了顾客的购物体验,让这家咖啡店在激烈的市场竞争中脱颖而出。

这个案例告诉我们,应用创新方法可以有效地解决问题并改善现状。在面对困难和挑战时,我们应该勇于尝试新的思路和方法,寻找解决问题的有效途径。同时,我们也应该关注社会的变化和发展趋势,将创新理念融入我们的生活和工作,为社会的发展贡献自己的力量。

### (二)推动经济发展

通过不断引入新的产品和服务,创新方法提升了市场的活力和竞争力,促进了企业数量的增长和就业机会的增加,从而推动了经济的发展。

**案例 2-2-3**

## "智慧谷"小城的创新与发展

"智慧谷"小城曾经以传统的农业和轻工业为主,经济发展相对滞后。近年来,"智慧谷"的领导者决定引入创新方法,推动经济结构转型升级,实现经济的跨越式发展。

"智慧谷"的领导者深知,要想在竞争激烈的经济环境中立足,必须摒弃传统的思维模式,拥抱创新。于是,他们开始积极寻找适合本地发展的创新方法。

"智慧谷"的领导者首先引入了科技驱动的发展策略。他们与多所知名高校和科研机构建立了合作关系，引进了一批高端科技人才，共同研发了一系列具有自主知识产权的新技术、新产品。这些科技成果不仅提高了生产效率，而且创造了新的市场需求，为"智慧谷"的经济发展注入了新的活力。

在发展经济的同时，"智慧谷"的领导者也非常注重生态环境的保护。他们大力推广绿色经济，鼓励企业采用清洁能源、绿色生产工艺和环保材料，减少污染物排放，实现经济的可持续发展。这种绿色经济模式吸引了众多环保产业的投资者前来投资兴业，进一步推动了"智慧谷"的经济发展。

随着互联网的普及和数字化技术的快速发展，"智慧谷"的领导者意识到了数字经济的重要性。他们积极打造数字经济平台，推动传统产业与互联网深度融合。通过电子商务、在线支付、大数据等技术的应用，"智慧谷"的企业能够更精准地把握市场需求，优化生产流程，提高市场竞争力。数字经济的蓬勃发展不仅提升了"智慧谷"的整体经济水平，还为当地居民提供了更多的就业机会和创业空间。

经过几年的努力，"智慧谷"的经济发展取得了显著的成果。科技产业的崛起、绿色经济的繁荣和数字经济的蓬勃发展共同推动了"智慧谷"的经济腾飞。如今，"智慧谷"已经成为一个充满活力和创新精神的现代化城市，吸引了越来越多的企业和人才前来投资兴业。

这个案例告诉我们，应用创新方法是推动经济发展的关键。在面对经济发展的挑战时，我们应该摒弃传统的思维模式，积极引入创新方法，探索新的发展机遇。通过运用创新方法，我们可以实现经济的转型升级和可持续发展，为国家和民族的繁荣富强贡献力量。

## （三）改善生活质量

创新方法的应用使得许多新技术、新产品得以问世，使人们的生活更加便捷和舒适，极大地改善了人们的生活质量。

**案例 2 - 2 - 4**

### 智 能 健 身 镜

近年来，随着人们健康意识水平的提高，家庭健身变得越来越受欢迎。然而，传统的家庭健身方式往往受限于空间和设备，也缺少全面而专业的健身指导。为了解决这个问题，一家科技公司推出了智能健身镜，力图使用创新方法改善家庭健身体验。

智能健身镜不仅仅是一面镜子，它结合了高清显示屏、摄像头、传感器和人工智能技术，为用户提供了全新的家庭健身体验。用户可以通过镜面显示屏观看专业的健身视频，跟随教练的示范进行各种运动。摄像头和传感器则能够实时监测用户的动作和姿势，确保他们在进行健身时保持正确的姿势。

除了基本的健身功能,智能健身镜还具有一系列智能化功能。首先,它能够根据用户的身体数据和健身目标,为他们推荐个性化的健身计划和饮食建议。其次,智能健身镜具备社交功能,用户可以在健身过程中与教练和其他用户进行实时互动,分享健身心得和经验,增强健身的趣味性和互动性。

使用智能健身镜进行家庭健身不仅解决了空间和设备的限制问题,还可以接受更加专业、全面和个性化的健身指导。用户无须前往健身房,就能够在家中享受到专业教练面对面的健身指导,随时随地进行健身锻炼。这种创新方法极大地提高了家庭健身的便捷性和效率,为用户带来了更好的健身体验和效果。

智能健身镜受到了广泛的好评和认可。越来越多的用户选择使用智能健身镜进行家庭健身,享受健康、便捷和有趣的健身体验。同时,智能健身镜也推动了健身行业的创新和发展,为家庭健身市场注入了新的活力。

智能健身镜成功改善了家庭健身体验,为用户带来了更好的健身体验和效果。随着科技的不断进步和创新方法的不断涌现,相信未来还会出现更多类似的创新产品和应用,为我们的生活带来更多的便利和舒适。

### (四) 推动社会进步

创新方法能促成社会多种因素的变化,推动社会的全面进步。通过创新,我们能够找到解决社会问题的新方法,提高社会的可持续发展水平。同时,创新方法能进一步推动思想解放,有利于人们形成开拓意识、领先意识等先进观念,从而促进社会政治向更加民主、宽容的方向发展。

**案例 2 - 2 - 5**

#### "一毛钱维稳工程"

在中国江苏省睢宁县,当地政府创造性地实施了"一毛钱维稳工程",这是一个典型的采用创新方法推动社会进步的案例。

传统的社会管理往往依赖大量的政府投入和人力、物力,但在江苏省睢宁县,政府采取了更为经济、高效且创新的方式来解决社会问题,即"一毛钱维稳工程"。这个工程的基本理念是通过鼓励和引导群众参与社会管理,将社会问题的预防和解决工作前置,从而减少社会矛盾和冲突的发生。

在"一毛钱维稳工程"中,政府首先设定了一个非常低的参与门槛,即每次参与社会管理活动的群众只需缴纳一毛钱。这一设定极大地激发了群众的参与热情,使得更多的人愿意参与到社会管理中来。同时,政府还通过设立奖励机制,对积极参与社会管理的群众给予一定的物质和精神奖励,进一步提高了群众参与的积极性。

在实施"一毛钱维稳工程"的过程中,政府还积极搭建平台,为群众提供参与社会管理的渠道和途径。例如,政府设立了"民情热线""民情信箱"等渠道,方便群众反映问题、提出建议和意见。同时,政府还定期组织群众开展各种形式的社会管理活动，如社区巡逻、环境整治，让群众亲身参与到社会管理中来。

通过"一毛钱维稳工程"的实施，江苏省睢宁县在社会管理领域取得了显著的成效。首先，群众参与社会管理的积极性得到了极大提高，形成了"人人参与、人人负责"的良好氛围。其次，社会问题的预防和解决工作得以有效前置，许多社会矛盾和冲突在萌芽阶段就得到了及时化解。最后，政府的社会管理成本得到了有效降低，实现了社会效益和经济效益的双赢。

"一毛钱维稳工程"的成功实施为社会管理领域提供了宝贵的经验和启示。它表明，通过创新方法推动社会进步是可行的、有效的。同时，它也提醒我们，在解决社会问题时，应更多地依靠群众的力量，发挥群众的主体作用。只有这样，才能更好地推动社会进步、实现社会和谐稳定。

### （五）提升人才素质

创新方法能促成人才素质结构的变化，提升人的本质力量。通过学习和实践创新方法，人们可以培养自己的创新思维和创新能力，从而成为更具竞争力的人才。

**案例 2 - 2 - 6**

#### 以 VR 技术提升医生手术技能

随着科技的不断发展，VR（虚拟现实）技术在多个领域展现出巨大的潜力，其中在医学教育和培训领域的应用尤为突出。以下是一个利用 VR 技术提升医生手术技能的详细案例。

在一家知名医院的心胸外科部门，年轻的医生面临着巨大的手术挑战和技能培训压力。传统的手术培训方式往往依赖实体手术或动物模型，存在成本高、风险大、资源有限等问题。为了解决这些问题，医院决定引入 VR 技术来辅助医生的手术技能培训。

医院与一家科技公司合作，共同开发了一款高度逼真的 VR 手术模拟器。这款模拟器能够模拟出真实手术场景中的各种情况，包括病人的生理反应、手术器械的操作感、血液流动的情况等。医生只需戴上 VR 头盔和手套，就可以沉浸在虚拟的手术世界中。

VR 手术模拟器内置了多种手术场景和难度级别，从简单的缝合练习到复杂的心脏手术，医生可以根据自己的水平和需求选择合适的训练内容。此外，模拟器还可以根据医生的表现实时调整难度，确保训练的有效性和挑战性。

医院邀请了经验丰富的手术专家作为 VR 训练的导师。导师可以通过远程监控的方式观察医生的操作，并实时给予指导和建议。这种方式不仅节省了导师的时间和精力，而且能确保每位医生都得到专业的指导。

VR 手术模拟器能够记录医生的操作数据，包括手术时间、器械使用次数、错误率等。医院可以根据这些数据对医生的训练效果进行评估和反馈，帮助他们了解自

**课堂小结**

创新方法对于个人、组织和社会都具有重要意义。它不仅是解决问题和改善现状的重要手段，还是推动社会进步、改善生活质量和提升人才素质的关键。因此，我们应该积极学习和应用创新方法，以更好地适应时代的发展需求。

己的不足并制订改进计划。

经过一段时间的 VR 训练后，医生的手术技能得到了显著提升。他们能够更加熟练地操作手术器械、准确地判断病情并制订手术方案。此外，VR 训练还帮助医生提前熟悉了手术环境和流程，降低了在实际手术中的紧张感和失误率。

VR 训练还降低了医院的培训成本和风险。与传统的实体手术培训相比，VR 训练无须购买昂贵的手术器械和动物模型，也无须承担手术失败带来的风险。这使得更多的医生有机会接受高质量的手术技能培训。

通过使用 VR 技术提升医生手术技能，医院不仅解决了传统培训方式存在的问题，而且提高了医生的手术技能和自信心。这种创新方法为未来医学教育和培训领域的发展提供了新的思路和方向。

**课堂思考**

请简述创新方法在当今社会的重要性。

## 四、解决问题的步骤

使用创新方法解决问题时，通常应遵循以下步骤。

**（一）明确问题**

（1）识别问题：首先，需要清晰地识别出需要解决的问题。这涉及对现状的仔细观察和分析，以及明确问题的边界和范围。

（2）定义问题：在识别出问题后，需要进一步明确问题的定义，包括问题的性质、原因、影响等方面。这有助于更好地理解问题，并为后续形成解决方案提供指导。

**（二）收集信息**

（1）研究背景：了解问题的历史背景、相关领域的知识和技术、前人的经验教训等有助于我们更好地理解问题，并从多个角度思考解决方案。

（2）收集数据：通过问卷调查、访谈、观察等方式收集与问题相关的数据和信息。这些数据和信息将为我们提供解决问题的依据和参考。

**（三）分析问题**

（1）分析原因：对问题进行深入分析，找出问题的根本原因。

这有助于我们制订更具针对性的解决方案,避免治标不治本。

(2)评估影响:评估问题对组织、个人或社会的影响,包括直接和间接影响有助于我们了解问题的严重性和紧迫性,从而制订合理的解决方案。

#### (四)制订解决方案

(1)形成方案:运用创新思维方法产生多种可能的解决方案。这有助于我们打破常规,寻找创新性解决方案。

(2)评估方案:对生成的多种解决方案进行评估,包括可行性、成本效益、风险等方面。选择最符合实际情况和需求的解决方案。

#### (五)实施解决方案

(1)制订计划:将选定的解决方案转化为具体的行动计划,包括时间表、责任人、资源需求等。确保计划的可行性和可操作性。

(2)执行计划:按照计划执行解决方案,确保各项任务按时完成。在执行过程中需要密切关注进展,及时调整计划以应对变化。

#### (六)评估与反馈

(1)评估效果:在解决方案实施后对效果进行评估,包括是否解决了问题、是否达到了预期目标等。这有助于我们了解解决方案的有效性,并为后续改进提供依据。

(2)收集反馈:收集相关人员的反馈意见,了解他们对解决方案的看法和建议。这有助于我们了解解决方案的优缺点,为后续的改进提供参考。

#### (七)持续改进

(1)总结经验:对整个解决问题的过程进行总结,提炼出经验和教训。这有助于我们更好地应对类似的问题,提高解决问题的能力。

(2)持续改进:根据评估结果和反馈意见对解决方案进行持续改进和优化。这有助于我们不断提高解决问题的能力,实现持续改进和创新。

#### (八)注意事项

(1)保持冷静:在面对问题时,保持冷静和客观的态度,避免情绪化决策。

(2)团队协作:鼓励团队成员积极参与,共同解决问题。

(3)持续学习:不断学习和积累知识,提高解决问题的能力。

(4)灵活应变:根据实际情况调整解决方案,确保问题得到有效解决。

2-2 微课:头脑风暴法

2-3 微课:六顶思考帽法

**课堂小结**

按照这些步骤,我们可以更加高效、准确地解决问题。在工作和生活中,我们可以不断运用这些知识和技能,提高自己的问题解决能力。

**课堂思考**

1. 在明确问题阶段，我们该做些什么？

2. 假设你是一名项目经理，现在遇到了项目进度严重滞后的问题。请按照解决问题的步骤，详细说明你会如何处理这个问题。

## 五、掌握创新方法

### （一）头脑风暴法

1. 头脑风暴法的内涵

头脑风暴法又称智力激励法或自由思考法，是现代创造学奠基人、美国创造学家奥斯本提出的一种创造能力的集体训练法。"头脑风暴"最初是精神病理学的用语，指精神病人的胡言乱语。奥斯本借用这个词来形容会议的特点，就是让与会者自由设想，使各种设想在相互碰撞中激起脑海中的创造性"风暴"，无限制地自由联想和讨论，从而产生观念或激发创新设想。

头脑风暴法的核心是"激智"和"集智"。"激智"就是把大家潜在的智慧激发出来，"集智"就是把大家的智慧集中起来。头脑风暴法适合解决单一开放问题，比如讨论产品创意、宣传口号、市场方案。对于复杂的问题，可以将其分解成若干个小问题，再逐个解决。头脑风暴法最好在群体中使用，因为群体成员的观点可以互为依据。

2. 头脑风暴法的应用

（1）头脑风暴法的实施步骤。

头脑风暴法一般是通过召开会议的形式进行的，其实施的步骤包括准备、热身、明确问题、畅谈和整理筛选。

① 准备环节。准备环节包括选择会议主持人、确定会议主题、确定参加会议的人选和提前下达会议通知。

选择会议主持人：合适的会议主持人既熟悉头脑风暴法的基本原理、原则、程序与方法，又对会议所要解决的问题有比较深入的理解，还能够灵活地处理会议中出现的各种情况，使会议自始至终遵照有关规则在愉快热烈的气氛中进行。

确定会议主题：由主持者和问题提出者一起分析研究，明确会议所讨论的主题。主题应具体单一，对涉及面广或包含因素过多的复杂问题应进行分解，使会议主题明确。

确定参加会议的人选：参加会议的人选一般以 5—10 人为宜。与会者的专业构成要合理，大多数人应在讨论主题方面有较为丰富的专业知识，同时也要有少数"外行"参加。与会者应关系和谐、相互尊重、平等议事，无上下高低之分，这样有利于消除各自的心理障碍。

提前下达会议通知：提前几天将主题的有关内容及背景通知与会者，让与会者做好思想准备，提前酝酿解决问题的设想。

② 热身环节。会议前可以安排与会者"热身"，其目的是使与会者尽快进入角色。热身活动所需要的时间可由主持人灵活确定。热身活动有多种方式，例如看一段关于发明

创造的录像、讲一个关于发明创造的故事、出几道脑筋急转弯之类的问题让与会者回答,使会场尽快形成热烈轻松的气氛,使大家尽快进入创造的"临战状态"。

③ 明确问题环节。这个环节主要由主持人介绍主题。介绍主题时要简明扼要,同时要富有启发性地介绍主题。例如,针对加压工具的革新问题,如果选择"请大家提出一种机械加压工具的设计构思",这种表达就容易把大家的思路局限在机械加压的技术领域之内。如果将表述改为"请大家提出一种提供压力的先进方案",则会给大家提供更广阔的思考天地,除机械加压之外,大家还可能会想到气压、液压、电磁等技术的应用。

④ 畅谈环节。这是头脑风暴会议最重要的环节,是决定会议成功与否的关键阶段,其要点是想方设法营造一种高度激励的气氛,使与会者突破种种思维障碍和心理约束,让思维自由驰骋,借助与会者之间的知识互补、信息互补和情绪鼓励,提出大量有价值的设想。

⑤ 整理筛选环节。畅谈结束后,会议主持者应组织专人对设想进行分类整理,并进行去粗取精的筛选工作。如果已经获得问题的满意答案,头脑风暴会议就达到了预期的目的。倘若还有悬而未决的问题,还可以召开下一轮头脑风暴会议。

(2)头脑风暴法遵循的原则。

① 自由畅谈原则。参加者不应该受任何条条框框限制,应放松心态,让思维自由驰骋;从不同角度、不同层次、不同方面大胆地展开想象,尽可能地标新立异,与众不同,提出独创性的想法;不能以权威的身份妨碍他人提出设想;对设想的表达力求简明、扼要;对提出的设想一律加以记录;与会者不分职位高低,一律平等。

② 延迟评判原则。头脑风暴会议必须坚持当场不对任何设想做出评判的原则,既不能肯定某个设想,又不能否定某个设想,也不应对某个设想发表评论性的意见。评价和判断都要等会议结束后才能进行。这样做一方面是为了使与会者积极思考和自由畅谈,另一方面是为了使与会者集中精力开发设想,避免将应该在后一阶段做的工作提前进行,从而妨碍创造性设想的大量产生。

③ 以量求质原则。头脑风暴会议的目标是获得尽可能多的设想,追求数量是它的首要任务。参加会议的每个人都要抓紧时间多思考、多提设想,以大量的设想来保证质量较高的设想的存在。在某种意义上,设想的质量和数量密切相关,产生的设想越多,其中的创造性设想就可能越多。

**案例 2-2-7**

### 使用头脑风暴法解决新产品设计问题

某科技公司计划推出一款全新的智能手表,但面临市场竞争激烈、用户需求多样等问题。为了设计出一款独特且符合市场需求的产品,公司决定使用头脑风暴法来激发团队的创新思维。

团队首先明确了头脑风暴的目标,即提出一系列创新性的智能手表设计理念和功能点,以满足不同用户群体的需求。团队邀请了来自不同部门(设计、研发、市场等)的员工参与头脑风暴会议,以确保从多个角度提出创新想法。团队准备了白板、马克笔、便利贴等记录工具,并提前收集了关于智能手表行业的市场报告、用户反馈等,以便在会议中参考。

团队为本次头脑风暴会议设定了如下规则。

(1) 鼓励自由发言:团队成员应积极参与讨论,提出自己的想法,不批评他人的想法。

(2) 延迟评判:在头脑风暴过程中,不对任何想法进行评判或否定,保留所有想法以备后续讨论和筛选。

(3) 记录所有想法:将会议中提出的所有想法记录下来,以便后续整理和分析。

在头脑风暴会议中,主持人首先简要介绍头脑风暴法的目标和规则,并引导团队进入讨论状态。随后,团队成员开始自由发言,提出各种创新性的想法。以下是一些具体的想法示例:

引入生物识别技术,如指纹识别、虹膜识别,提高手表的安全性和便捷性;

开发可定制的用户界面和表盘,允许用户根据自己的喜好进行个性化设置;

集成健康监测功能,如心率监测、睡眠监测,为用户提供全面的健康管理方案;

设计一款防水、防尘的智能手表,适用于户外运动和极端环境;

利用 AI(人工智能)技术实现智能提醒和推荐,例如,根据用户的日程安排提醒重要事项、推荐附近的美食或景点。

在自由发言的过程中,团队成员之间可以进行互动讨论,对他人提出的想法进行补充或改进。团队安排专人将会议中提出的所有想法按照功能、技术难度、市场需求等维度进行分类和整理,并对整理出的想法进行评估和筛选,选出最具创新性和可行性的几个方案进行深入研究和开发,确保其具备技术上的可行性和市场竞争力。在产品开发和生产过程中,团队不断收集用户反馈和市场数据,对产品进行迭代和优化,以满足用户需求和市场变化。

经过一系列努力和创新,该公司成功推出了一款具有创新性和竞争力的智能手表。该手表不仅具备生物识别、用户界面定制和健康监测等先进功能,而且通过 AI 技术实现了智能提醒和推荐等实用功能。该产品在市场中获得了广泛的好评和用户认可。

## (二) 六顶思考帽法

### 1. 六顶思考帽法的内涵

六顶思考帽法以六顶不同颜色的思考帽代表六种不同的思维模式,每一种颜色的思考帽对应一种思维模式(表 2-1)。六顶思考帽法是英国学者爱德华·德·博诺开发的,是一种全面思考问题的方法。它提供了"平行思维"的工具,避免将时间浪费在互相争执上,强调的是"能够成为什么",而非"本身是什么"。它以向前发展为目的,而不是争论谁对谁错。运用六顶思考帽法可以使混乱的思考变得清晰,使团体中无意义的争论变成集思广益的创造，使每个人都变得富有创造性。

表 2-1　六顶思考帽法的思维模式

| 序号 | 思考帽 | 颜色的寓意 | 思　维　模　式 |
|---|---|---|---|
| 1 | 白色思考帽 | 中立、客观 | 关注客观的事实和数据 |
| 2 | 黄色思考帽 | 积极、正面 | 从正面角度表达乐观的、满怀希望的、建设性的观点 |
| 3 | 黑色思考帽 | 谨慎、负面 | 从否定、怀疑、质疑的角度合乎逻辑地进行批判，找出逻辑上的错误 |
| 4 | 红色思考帽 | 直觉、情感 | 表现自己的情绪，表达直觉、感受、预感等方面的看法 |
| 5 | 绿色思考帽 | 创意、巧思 | 富有创造力和想象力 |
| 6 | 蓝色思考帽 | 冷静、归纳 | 控制各种思考帽的使用顺序，规划和管理整个思考过程，并负责做出结论 |

六顶思考帽法是一个操作简单、经过反复验证的思维工具，它给予人们热情、勇气和创造力，让每一次会议、每一次讨论、每一份报告、每一个决策都充满新意和生命力。这个工具能够帮助人们提出建设性的意见，聆听别人的观点，从不同角度思考同一个问题，从而创造出高效能的解决方案；用"平行思维"取代批判式思维和垂直思维，提高团队成员集思广益的能力，为统合综效提供操作工具。这种独特的思考方法在政府、企业和个人的决策方面得到了广泛且成功的应用。

2. 六顶思考帽法的应用

（1）六顶思考帽法的规则。

① 只有戴蓝色思考帽的主持人可以决定别人使用什么颜色的思考帽，其他成员不允许随意更改思考帽，以免引起争论。

② 思考帽的区分不是对思考者的分类，而是对参与者思考方式的分类。

③ 每个参与者都应该会使用所有的思考帽。

④ 在使用六顶思考帽的时候，不能提及它们的功能。

⑤ 每顶思考帽都有限定的使用时间，不能无限制地使用。

⑥ 思考帽可以单独使用，也可以系统地进行多次使用。

（2）六顶思考帽的用法。

六顶思考帽有两种用法：偶尔使用和系统地（按照一定顺序）使用。

偶尔使用是最普遍的用法。人们可能偶尔使用一顶或两顶思考帽。在会议或者对话中，也可能有人在中途提议使用某一项思考帽，帮助将会议和对话继续推进。通过偶尔使用思考帽，人们可以提出进行某种思考或者转换思考类型的要求，六顶思考帽法为人们提供了转换思考角度的途径。每种颜色的思考帽都可以单独和系统使用，具体使用方法见表 2-2。

表 2 - 2　六顶思考帽单独和系统使用的方法

| 思考帽 | 作　用 | 方　　法 |
|---|---|---|
| 白色思考帽 | 影响决定<br>预先计划<br>解决争端 | 陈述事实。把注意力直接放在信息、事实和数据上,拒绝个人主观感情的参与 |
| 黄色思考帽 | 探求新见解<br>减少负面性<br>处理重大变化 | 列举优点。将正面、积极、乐观的情况集中起来,包含希望和正面思想,积极寻找事物的闪光点 |
| 黑色思考帽 | 避免错误<br>评估变化<br>检查可能性 | 列举缺点。结合过去的经验合乎逻辑地批判,提出自己的看法,避免惯性的辩论和批评 |
| 红色思考帽 | 探索内心<br>寻求突破<br>征求意见 | 对各个选择方案进行直觉判断。基于过去的经验,尽量在 30 秒内作答,避免过度使用红色思考帽 |
| 绿色思考帽 | 寻求改进<br>摆脱束缚<br>寻求创新 | 提出解决问题的建议。列出各种可能的选择,对其进行修正和改进 |
| 蓝色思考帽 | 探索主题<br>进行思维架构<br>产生结果 | 总结陈述,得出方案。限定焦点和目的,指挥控制过程,不间断记录和总结,引导团队最终做出决策 |

　　在系统地使用时,思考帽的顺序非常重要,就如同一个程序员在编制大段程序之前需要先设计整个程序的模块流程一样。在系统使用思考帽时,一般先确定思考帽的使用顺序,然后按照这个顺序逐一使用思考帽。当需要快速有效地考察事物时,就应该系统地使用思考帽。使用思考帽的顺序并不是唯一的,使用顺序因情况的不同而不同。可以自由设置思考帽的使用顺序,但同时也要遵循一些规则和指导原则,具体如下。

　　① 每顶思考帽的使用次数不限。

　　② 一般来说,最好在使用黑色思考帽之前使用黄色思考帽,因为人们很难在批判一个事物以后再去积极地看待它。

　　③ 黑色思考帽有两种用途:第一种用途是指出一个事物的缺陷,然后再运用绿色思考帽来克服这些缺陷;第二种用途是进行评估。

　　④ 黑色思考帽用来对事物进行最后的评估。在评估之后,一般运用红色思考帽确定人们对被评估的事物的感觉。

　　⑤ 如果人们对某个事物有着强烈的感觉,那么最好先使用红色思考帽,以便把这些感觉公开表达出来。

　　⑥ 如果人们对其没有强烈的感觉,最好先使用白色思考帽搜集信息。用完白色思考帽之后,再使用绿色思考帽提出可能的方案,然后分别使用黄色思考帽和黑色思考帽逐一

评估这些方案。也可以选择其中一个方案，分别用黄色思考帽和黑色思考帽进行评估，最后用红色思考帽来分享自己的感觉。

⑦ 在寻找主意和对给定的主意做出反应两种情况下，思考帽的使用顺序有所区别。

在寻找主意时，思考帽的使用顺序如下。

白色：搜集信息。

绿色：做进一步的考察，并提出各种可能的方案。

黄色：逐一评估每个方案的优点。

黑色：逐一评估每个方案的缺点。

绿色：将最可行的方案做进一步的拓展，然后做出选择。

蓝色：总结和评价思考进展。

黑色：对被选择出来的方案做出最后的评判。

红色：表达对最终结果的感觉。

在对给定的主意做出反应时，思考帽的使用顺序会有所不同，因为主意已经给定，其背景信息也通常是已知的。思考帽的使用顺序具体如下。

红色：表达对给定主意的已有感觉。

黄色：指出这个主意的优点。

黑色：指出这个主意的缺点。

绿色：看看能不能改进这个主意，从而优化黄色思考帽提出的优点，并克服黑色思考帽提出的缺点。

白色：看看可以获得的信息是否有助于改进主意，使之更容易被接受（如果红色思考帽反对这个主意的话）。

绿色：对最后的建议做进一步的拓展。

黑色：对最后的建议做最后的评判。

红色：表达对最终结果的感觉。

在偶尔使用时，通常会使用六顶思考帽中的一顶，这是偶尔的使用。在系统使用时，可以先确定思考帽的使用顺序，然后按照这个顺序逐一使用思考帽。对六顶思考帽法理解的最大误区就是仅仅把思维分成六个不同的颜色，但其实运用思考帽的关键在于以何种方式去排列思考帽的顺序，也就是组织思考的流程。只有掌握了组织思考流程的方法，才真正掌握了六顶思考帽法的应用方法。

> **案例 2-2-8**
>
> ### 改进教育项目的讨论
>
> 一个教育机构正在评估其现有的教育项目，希望找到改进的空间，以提高项目的质量和效果。为此，他们决定采用六顶思考帽法进行讨论和决策。
>
> 1. 白色思考帽（客观事实）
>
> 团队成员首先收集有关当前教育项目的数据，包括学生的参与度、满意度、成绩

表现等。同时,他们也分析了项目实施过程、资源配置等方面的情况。

2. 绿色思考帽(创新点子)

在了解项目的实际情况后,团队成员开始提出创新的改进建议。这些建议涉及课程内容、教学方法、活动安排等方面。团队成员提出各种新的想法,不论其是否可行或实际。

3. 黄色思考帽(正面评估)

对于提出的每个改进建议,团队成员都积极评估其可能带来的好处,思考这些建议如何提升项目的质量、学生的参与度、学生的学习效果等。

4. 黑色思考帽(负面评估)

接下来,团队成员对每个建议进行批判性思考,评估潜在的风险、问题和挑战。他们思考这些建议可能带来的负面影响,以及如何消除这些影响。

5. 红色思考帽(直觉和情感)

在进行充分的逻辑分析和评估后,团队成员开始表达自己的直觉和情感,分享自己对每个建议的直观感受,以及这些建议是否符合他们的价值观和期望。

6. 蓝色思考帽(管理和总结)

团队负责人作为蓝色思考帽的代表,负责管理和指导整个讨论过程,确保每项思考帽都得到了充分的应用,并鼓励团队成员积极参与讨论。在讨论结束后,团队负责人将各种观点和建议进行汇总,形成一份综合改进方案。

通过使用六顶思考帽法,该教育机构成功地找到了改进其教育项目的空间。他们提出了一系列创新的改进建议,并通过积极的评估和批判性思考确保这些建议具有可行性和实用性。最终,这些建议被整合到新的教育项目中,以提高项目的质量和效果。

### (三) TRIZ 理论

1. TRIZ 理论的内涵

TRIZ 理论也称为"发明问题解决理论"或"萃智理论",是由苏联发明家根里奇·阿奇舒勒在 1946 年提出的。相对于传统的思考方法,TRIZ 理论从系统中存在的内在矛盾出发,揭示了创意思考和创新的内在规律和基本原理,具有鲜明的特点和优势。TRIZ 理论的出现,为人们的创意思考活动提供了直观地解决矛盾的方法和路径,帮助人们系统地分析问题和解决问题,打破原有的思维定式,突破思维障碍,加快创意思考和技术创新的进程。通过 TRIZ 理论的运用,创新活动不再是随机行为,人们能够准确地锁定问题的方向,从新的视角分析问题,并根据技术演化规律预测未来的发展趋势,更快地完成发明创意思考过程,生产创新产品。

目前,TRIZ 理论已在全世界得到广泛应用,推动了成千上万的发明创造和技术创新,并逐步形成了一套成熟的发明创造问题的解决理论体系,为众多知名企业和研发机构带来了巨大的经济效益和社会效益。因此,TRIZ 理论也被一些专家称为"超级发明术",这说明了它在帮助人们挖掘和开发自身创造潜能方面发挥的重要作用。

2. TRIZ 理论的应用

(1)界定问题:在开始使用 TRIZ 理论之前,需要确切地界定问题,包括明确问题的性质和根本原因,通过提出"为什么"和"为什么不"的问题来深入分析问题,并确定与解决问题相关的关键要素。

(2)分析问题:使用 TRIZ 理论中的工具和原则对问题进行深入分析。通过对问题进行系统化分解和分析,可以更好地理解问题的本质和特点。

(3)找准冲突:在产品创新过程中,冲突是最难解决的一类问题。冲突是指系统的一个方面得到改进时削弱了另一方面的表现,或两个方面表现出相反状态。在 TRIZ 理论中,需要找准冲突才能有效地解决它。

(4)原理解决:一旦找准了冲突,就需要寻找解决冲突的方法。在 TRIZ 理论中,存在物理与技术两种冲突解。物理冲突解通常利用四大分离原理来找到,技术冲突解则可以通过阿奇疏勒矛盾矩阵表查找发明原理来找到。

(5)对比评价:在获得多个解决方案后,需要对比和评价这些方案,以确定哪个方案是最优的。这可以通过评估每个方案的可行性、成本、效益等因素来完成。

(6)具体实施:最后,将选定的最优方案转化为实际应用。这包括制订详细的实施计划、安排资源、执行计划等步骤。

请注意,以上步骤是一个大致的框架,具体的应用可能会根据问题的性质和复杂性而有所不同。在实际使用中,需要灵活运用 TRIZ 理论中的工具和方法,并根据具体情况进行调整和优化。

---

**案例 2 - 2 - 9**

### 航空工业中飞机结构设计的创新

在航空工业中,飞机的安全性能是至关重要的。传统的飞机设计往往面临结构复杂、维护困难等问题,这不仅增加了制造成本,还有可能影响飞行安全。为了解决这些问题,工程师们开始运用 TRIZ 理论进行飞机结构设计的创新。

首先,工程师们明确了飞机结构设计中的主要问题,即如何在保证结构强度的同时简化结构,降低维护成本。

其次,在确定问题后,通过 TRIZ 理论中的物-场分析、功能分析等方法,工程师们对飞机的结构进行了深入的分析,找出了影响结构复杂性和维护成本的关键因素。

再次,基于以上发现和 TRIZ 理论中的发明原理,工程师们提出了一系列创新性的解决方案。例如,他们应用了"预先反作用原理",优化了机翼的结构设计,使机翼在受到外力作用时能够自动调整形状,从而提高了机翼的承载能力和稳定性。同时,这种设计还减少了机翼上的铆钉和螺栓数量,简化了结构,降低了维护成本。

最后,在提出创新解决方案后,工程师们对其进行了详细的模拟测试和实验验证。结果显示,新的机翼设计不仅提高了飞机的安全性能,还显著降低了制造成本和维护成本。

通过应用 TRIZ 理论,工程师们成功解决了飞机结构复杂、维护困难的问题。新的机翼设计在有效保证飞机的安全性能的同时,还降低了制造成本和维护成本,为航空工业的发展带来了积极的影响。

### (四) 奥斯本检核表法

#### 1. 奥斯本检核表法的内涵

奥斯本检核表法以该方法的发明者奥斯本命名,是指在创造过程中对照九个问题进行思考,以便启迪思路、开拓想象空间、促进人们产生新设想和新方案的方法。该方法关注的九个问题是能否他用、能否借用、能否改变、能否扩大、能否缩小、能否替代、能否调整、能否颠倒、能否组合。

奥斯本检核表法是一种产生创意的方法。这种方法是一种效果比较理想的方法。由于它突出的效果,奥斯本检核表法被誉为"创造之母"。人们运用这种方法产生了很多杰出的创意,以及大量的发明创造。奥斯本检核表是针对某种特定要求的核验表(表 2-3)。

表 2-3　奥斯本检核表

| 检核项目 | 含　义 |
|---|---|
| 能否他用 | 现有事物有无其他用途;能否扩大用途;稍加改变后有无其他用途 |
| 能否借用 | 能否借鉴其他创造性设想;能否模仿别的事物;能否从其他领域、产品、方案中引入新的元素、材料、造型、原理、工艺、思路等 |
| 能否改变 | 现有事物能否做些改变,如颜色、声音、味道、式样、花色、音响、品种、意义和制造方法上的改变;改变后效果如何 |
| 能否扩大 | 现有事物能否扩大适用范围;能否增加使用功能;能否添加其他部件,延长使用寿命,提升长度、厚度、强度、频率、速度、数量和价值 |
| 能否缩小 | 现有事物能否缩小体积、缩短长度、减轻重量、变薄厚度、拆分或省略某些部分(简单化);能否浓缩化、省力化、方便化 |
| 能否替代 | 现有事物的材料、元件、结构、设备、方法、符号、声音等能否替代 |
| 能否调整 | 现有事物能否变换排列顺序、位置、时间、速度、计划、型号;内部元件可否调换 |
| 能否颠倒 | 现有事物能否从里外、上下、左右、前后、横竖、主次、正负、因果等角度颠倒过来 |
| 能否组合 | 能否进行原理组合、材料组合、部件组合、形状组合、功能组合、目的组合 |

#### 2. 奥斯本检核表法的应用

奥斯本检核表法的实施步骤如下。

(1) 根据创新对象明确需要解决的问题。

(2) 根据需要解决的问题,参照检核表中列出的问题,运用想象力,强制性地一条条进行核对讨论,提出新设想。

(3) 对新设想进行筛选,将最有价值和创新性的设想筛选出来。

应用奥斯本检核表法要联系实际,一条条地进行检核,不要有遗漏。多核检几遍,效果会更好,可以更准确地找到需要创新、发明的方面。在检核各项内容时,要尽可能地发挥自己的想象力和联想能力,产生更多的创造性设想。进行检核时,可以将对各个大类问题的检核作为一种单独的创新方法来运用。检核方式可以根据需要来确定,一人检核也可以,3~8 人共同检核也可以。集体检核可以互相激励,更有希望进行创新。

---

**案例 2 - 2 - 10**

### 使用奥斯本检核表法创新设计智能家居照明系统

随着科技的进步和人们生活水平的提高,智能家居产品越来越受到消费者的青睐。为了满足市场需求,某团队计划设计一款智能家居照明系统。在这个过程中,团队决定采用奥斯本检核表法来激发创新思维,寻找潜在的创新点。

团队对奥斯本检核表法的应用如下。

1. 能否他用

思考这款智能家居照明系统除了照明外,是否还有其他用途? 例如,可以作为氛围灯、夜灯、阅读灯。

能否将智能家居照明系统与其他智能家居设备结合使用? 例如,与音响系统联动,根据音乐节奏变化灯光效果。

2. 能否借用

有无其他行业或领域的技术可以借鉴? 例如,借用 LED(发光二极管)技术提高照明效果,同时降低能耗。

能否借鉴其他成功产品的设计理念,以提升智能家居照明系统的易用性和美观性?

3. 能否改变

能否改变智能家居照明系统的外观设计? 例如,采用不同的材质、颜色和形状,以满足不同用户的审美需求。

能否改变智能家居照明系统的交互方式? 例如,采用手势控制、触摸控制等更直观、更自然的交互方式。

4. 能否扩大

能否扩大智能家居照明系统的功能范围? 例如,增加定时开关、语音控制、远程控制功能。

能否扩大智能家居照明系统的应用场景? 例如,从家庭照明扩展到办公室、商场、博物馆等公共场所的照明。

5. 能否缩小

能否将智能家居照明系统做得更小、更轻便? 例如,设计便携式照明设备,方便用户携带和使用。

能否降低智能家居照明系统的成本？例如，通过优化设计和生产流程，降低制造成本，提高市场竞争力。

6. 能否替代

能否用其他材料或技术替代现有材料或技术？例如，采用更环保、更耐用的材料，或者采用更先进的驱动技术来提高照明效果。

能否用其他品牌或供应商的产品替代现有产品？例如，通过选择更优质、更可靠的供应商，提高产品的质量和稳定性。

7. 能否调整

能否调整智能家居照明系统的亮度、色温等参数，以满足不同场景下的照明需求？

能否调整智能家居照明系统的使用模式？例如，提供节能模式、娱乐模式等不同的使用模式，以满足用户的不同需求。

8. 能否颠倒

能否颠倒智能家居照明系统的安装位置或使用方式？例如，设计可以悬挂、放置在不同位置的照明设备，以满足用户的不同需求。

能否颠倒智能家居照明系统的设计理念？例如，从用户的角度出发，思考如何更好地满足用户的需求和期望。

9. 能否组合

能否将智能家居照明系统与其他智能家居设备组合使用？例如，与智能窗帘、智能空调等设备联动，实现更智能、更便捷的家居生活。

能否将不同的智能家居照明设备组合在一起使用？例如，设计组合式照明设备，通过不同的组合方式实现不同的照明效果。

通过应用奥斯本检核表法，团队成功地挖掘出多个潜在的创新点，并将其融入智能家居照明系统的设计。新的智能家居照明系统不仅功能丰富、外观时尚，而且具有极高的性价比和易用性，在推向市场后，受到了广大消费者的喜爱和认可。

## （五）逆向思维法

### 1. 逆向思维法的内涵

逆向思维法是指为实现创新或解决因常规思路难以解决的问题而采取逆向思维的方法。这种方法要求人们从问题的反面进行探索，产生新思想，创立新形象。逆向思维法包括反转型逆向思维法、转换型逆向思维法、缺点逆向思维法等多种类型。

逆向思维法的魅力在于对事物从反面进行利用，这常常能使问题得以创造性解决。例如，面对有些观众在观影时不摘帽子，挡住后面观众视线的问题，电影院采用逆向思维，表明允许患病怕冷的观众不摘帽子。观众们闻言，为了表示自己身体健康，纷纷摘下帽子。

在实践中，逆向思维法可能取得惊人的效果，因为它摆脱了常规思维的羁绊，具有创造性。培养逆向思维能力对于全面提升创造能力及解决问题能力具有非常重大的意义。

逆向思维法的内涵主要体现在以下几个方面。

（1）反向思考：逆向思维法是一种通过反向思考问题,尝试从与常规思维相反的角度来寻找解决方案的创造性思维方法。它要求人们敢于"反其道而行之",让思维向对立面的方向发展,从问题的对立面深入地进行探索。

（2）打破常规：逆向思维法强调摆脱常规思维的束缚,打破传统的思维模式,从问题的另一面或者结果的反面进行思考和探索。这种方法能够激发人们的创新思维,发现新的视角和创意解决方案。

（3）问题颠倒：逆向思维法鼓励将问题表述成与常规思维相反的方式,通过颠倒问题的表述方式,改变思考问题的角度和方向,从而找到新的解决问题的途径。

（4）创造性解决：逆向思维法通常用于创新、产品设计、问题解决和决策制定过程中,它能够帮助人们发现新的可能性,提出创造性的解决方案,解决那些用常规思维难以解决的问题。

（5）多种类型：逆向思维法包括多种类型,如反转型逆向思维法、转换型逆向思维法、缺点逆向思维法等。每种类型都有其独特的应用场景和解决问题的方式。

总的来说,逆向思维法的内涵包括反向思考、打破常规、问题颠倒、创造性解决和多种类型。它要求人们敢于挑战传统思维,勇于尝试新的思考方式,从而发现新的解决问题的途径和方法。

2. 逆向思维法的应用

（1）创新设计：逆向思维法可以帮助人们创造出不同寻常的产品或设计。例如,苹果公司在设计 iPhone 时采用了逆向思维法,将电话功能作为次要功能,将其功能扩展到了更多的领域,如音乐、游戏、摄影。

（2）问题解决：逆向思维法可以协助人们解决一些看似无解的问题。比如,当医生无法诊断出患者的病因时,可以使用逆向思维法,考虑哪些不是导致患者病症的原因,以此来缩小诊断范围。

（3）制定决策：逆向思维法在决策制定过程中发挥着重要作用。通过考虑相反的结果,人们可以更好地预测可能的风险和结果,从而做出更明智的决策。

（4）评估情况：逆向思维法可以帮助人们评估不同情况下的可能性和产生的后果。通过考虑相反的情况,人们可以更全面地了解可能产生的风险和结果。

（5）学科教育：逆向思维法在学科教育中也有广泛的应用,具体如下。

在物理学习中,逆向思维法能打破思维定式,开拓新的领域,帮助学生解决疑难问题,提高学习效率。

在数学学习中,逆向思维法可以有效提高学生的抽象思维能力和解题速度。通过逆向思维的解题方式,学生不仅能很好地掌握相关知识,还能将知识灵活地运用到解题过程中。

在化学学习中,逆向思维法能够提升学生的解题能力,帮助学生灵活分析,根据结论倒推已知条件,使问题难度大幅降低,实现快速、正确解题。

在生物学习中,逆向思维法能帮助学生更好地理解生物知识,激发学生的学习兴趣和探索精神。

总的来说,逆向思维法鼓励人们跳出固定的思维模式,重新审视问题,从而发现新的可能性和解决方案。

**案例 2 - 2 - 11**

### 理光公司的反复印机创新

在复印机被大量使用的背景下,纸张的消耗成为一个亟待解决的问题。尽管许多公司和机构都采取了双面打印等措施来减少纸张的使用,但已经使用过的纸张如何处理仍然是一个问题。

理光公司的研发团队所面临的问题是,如何有效地再利用已经复印过的纸张,从而进一步减少纸张的消耗,同时降低公司的运营成本并符合环保要求。

理光公司的研发团队并没有直接寻找提高复印机的效率或降低其能耗的方法,而是从逆向角度思考,即如何让已经使用过的纸张"恢复原状",重新变成可以使用的白纸。

他们首先分析了纸张在复印过程中的变化:纸张上的图文是通过碳粉或其他颜料附着在纸面上的。如果能够去除这些附着物,纸张就可以恢复白色。基于这种逆向思考,他们开始探索如何除去纸张上的碳粉或颜料。

经过多次实验和测试,理光公司的研发团队成功开发出了一种反复印机。这种机器可以通过特殊的处理过程,将已经使用过的纸张上的碳粉或颜料去除,使其恢复成接近全新的白纸状态。这样,已经使用过的纸张就可以再次被放入复印机中进行复印,从而实现了纸张的再利用。

反复印机的推出不仅大大降低了理光公司的纸张消耗和运营成本,而且符合环保要求,减少了对环境的负面影响。这一创新成果在市场上得到了广泛的认可和好评,也为其他公司和机构提供了解决类似问题的新思路和新方法。

#### (六) 强迫联想法

1. 强迫联想法的内涵

强迫联想法也叫强制联想法,是指强制人们运用联想思维,充分激发人们的想象力和联想能力,提高创造性思维能力,从而产生创造性设想的方法。强迫联想法可以迫使人们去联想那些平常很难被联想在一起的事物,从而产生思维的大跳跃,打破逻辑思维的屏障,产生新奇的设想。这是以丰富的联想为主导的创新方法,其特点是创造一切条件,打开想象的大门;提倡海阔天空地去想象,打破陈规戒律;由此及彼传导,发散空间无穷。

2. 强迫联想法的应用

(1) 概念联想法。

培养联想能力可以采用概念联想法的方式来进行。心理学家曾用实验证明,任何两个概念间都可以经过四到五个阶段建立起联想关系。例如,木头和皮球是两个风马牛不相及的概念,但可以通过联想使它们产生联系:木头—树林—田野—足球场—皮球。又如天空和茶:天空—土地—水—喝—茶。如果每个词语可以同 10 个词直接产生联想关系,那么第一步就有 10 次联想的机会(即有 10 个词语可供选择),第二步就有 100 次机会,第三步就有 1 000 次机会,第四步就有 10 000 次机会,第五步就有 100 000 次机会。联想有广泛的基础,它为思维运行提供了无限广阔的天地。

（2）对比联想（相反联想）法。

进行联想训练时，最重要的一种方法是对比联想法，即由对某一事物的感知和回忆引起对与它具有相反特点的事物的联想的方法。例如，黑与白、大与小、水与火、黑暗与光明、温暖与寒冷的联想。

对比联想又可分为下列几种。

① 从性质、属性的对立角度进行对比联想。例如，刚问世时的圆珠笔总是在写到20 000 余字时漏油，污染纸张，许多人试图找到更耐用的笔珠，都不得其法。中田藤三郎运用对比联想法，转而将圆珠笔的笔油容量减小，使其在写到 15 000 字时被用完，解决了漏油问题。

② 从优缺点角度进行对比联想。发明者在从事发明设计时，既看到优点、长处，又要看到缺点、短处。

③ 从结构颠倒角度进行对比联想。从空间角度考虑，对前后、左右、上下、大小的结构可以颠倒着进行联想。

④ 从物质状态变化角度进行对比联想，即看到物质从一种状态变为另一种状态时，联想与之相反的变化。例如，16 世纪，拉瓦锡通过煅烧金刚石的实验，证明了金刚石的成分是碳。1799 年，法国化学家摩尔沃成功地把金刚石转化为石墨。既然金刚石能够转变为石墨，那么用对比联想法来考虑，反过来，石墨能不能转变成金刚石呢？各国科学家均对此进行了探索。2017 年 2 月 23 日，复旦大学与上海大学的研究人员合作解决了将石墨转化为金刚石的难题，在超高压和高温条件下将石墨转化为六角形金刚石。目前世界上已有十几个国家合成出了金刚石。这种金刚石因为颗粒很细，主要用途是做磨料，用于切削和作为石油地质勘探钻井用的钻头。

（3）其他方法。

① 样本法。这种方法比较简单，只需打开产品样本或其他印刷品，随意地将某个项目、某个题目或某句话挑选出来，然后用同样的方法，从别的产品样本或其他印刷品中将某个项目、题目或某句话挑选出来，将它们合二为一，借此意外地产生独创性的想法。

② 列表法。列表法是事先将考虑到的所有事物或设想依次列举出来，然后选择两个加以组合，从中获得独创性设想。使用这个方法时要注意，只可任选一个项目，另一个项目是指定的，不能任选。也就是说，列表法是从特定的项目中寻求各种设想的。

③ 焦点法。焦点法是以一个事物为出发点（即焦点），联想其他事物并与之组合，形成新创意的方法。例如，将玻璃纤维和塑料结合可以制成耐高温、高强度的玻璃钢。很多复合材料都是利用这种方法制成的。

3. 联想思维的训练技巧

联想能力的高低主要表现在两个方面：一是联想的速度，二是联想的数量。人人都会产生联想，但高水平的联想能力并不是人人都具备的。只有经常进行专门的联想训练，才能提高联想能力，为创新性思维打下基础。

提高联想速度训练：给定两个词或两个物，然后通过联想在最短的时间里由一个词或物想到另一个词或物。例如，给定天空、鱼，那么其间的联想途径可以是：天空（对比联想）—地面（接近联想）—湖—海（接近联想）—鱼。

**课 堂 活 动**

**联想事物大比拼**

1. 老师先讲解游戏规则,再说出命题词汇,如"水"。
2. 同学们根据"水"开始联想,将联想到的事物写下来。
3. 由老师计时,看最终哪位同学能联想到最多的事物。

### (七) 类比法

1. 类比法的内涵

类比法是通过对一种事物与另外一种事物的类比进行创新的方法。其特点是以大量联想为基础,以不同事物间的类比为纽带。

类比法通常通过四种隐喻性的类比实现:直接类比、亲身类比、幻想类比、符号类比。除了传统的四种隐喻性的类比,还存在其他类比法,比如综摄法和移植法。在进行类比时,尽量不要考虑或少考虑技术上是否可行,是否符合常规。要学会把表面上不相关的事物硬扯在一起,这种能力在儿童身上表现得很明显。所以,成人要尽量保持"童心",才能更好地进行创新。

2. 类比法的应用

(1) 直接类比法。

直接类比法是从自然界的现象中或人类社会已有的发明成果中寻找与创造对象(外形、结构、功能等)类似的事物,并通过比较产生创造性设想的方法。如水立方的表面设计是将建筑与水分子的几何形状加以类比形成的,并通过材质表现了波光粼粼的水的感觉;太空飞行器金属板的设计采用了蜂窝结构,既减轻了飞行器的重量,又增加了其容量和强度。

(2) 亲身类比法。

亲身类比法又称拟人类比法,即把自身与问题的要素联系起来,从而帮助人们得出更有创意的设想。在这个过程中,人们将自己的感情投射到对象身上,把自己设想成对象,体验对象的感觉。运用亲身类比法,最简单的做法是问"假如我是它……"亲身类比法能够有效规避常规的思路,另辟蹊径考虑问题。例如,想发明一种新式的捕鼠器,可以设想"假如我是一只老鼠"的感觉。

(3) 幻想类比法。

幻想类比法就是将要解决的问题与幻想中的事物进行类比,由此产生新的思考问题的角度的方法。科幻小说之父凡尔纳有非凡的想象力,是运用幻想类比法的大师。当时还没有收音机,其小说中的人物却看上了电视;在莱特兄弟进行首次飞机试飞前 55 年,他塑造的人物已乘上直升机翱翔于蓝天了;他的小说中有霓虹灯、可移动的人行道、空调、摩天大楼、坦克、电子操纵潜艇、导弹等,在 20 世纪,这些东西都变成了现实。

(4) 符号类比法。

符号类比法是利用语言、词和概念这座"储藏库"进行类比的方法。复杂的符号类比可以通过浓缩矛盾的方法在抽象的语言符号与具体的事物之间反复建立新联系,从而从原有的观点中跳脱出来,产生丰富、新颖的想法,如"安全的攻击""甜蜜的负担""低调的奢华"。这种方法需要先从具体事物到抽象概念,再从抽象概念到具体事物。

（5）综摄法。

"综摄"来源于希腊语,意思是把表面上不相关的各种不同的事物结合在一起。综摄法是指从已知的事物出发,将毫无联系的要素结合起来,从不同的角度分析未知的事物,从而使理想中的未知事物成为现实的方法。

综摄法遵循两个原则。第一个原则是异质同化,简单来说,就是把不习惯的新事物当成早已习惯的熟悉事物。在发明没有成功前或问题没有解决前,它们对我们来说都是陌生的,异质同化要求我们在碰到一个完全陌生的事物或问题时,用所具有的全部经验、知识来进行分析、比较,将陌生的事物熟悉化。第二个原则是同质异化。所谓同质异化就是对某些早已熟悉的事物,根据人们的需要,从新的角度或运用新知识进行观察和研究,以摆脱陈旧固定的看法的桎梏,产生新的创造构想,即将熟悉的事物陌生化。综摄法的实施步骤见表 2-4。

表 2-4　综摄法的实施步骤

| 序号 | 步　骤 | 内　容 |
|---|---|---|
| 1 | 组成综摄小组 | 组成一个 5~7 人的综摄小组,其中包括一名主持人、一名专家,其余为各个学科领域的专业人员 |
| 2 | 提出问题 | 由主持人将事先预定的、想要解决的问题向小组成员宣读 |
| 3 | 分析问题 | 由小组中的专家对提出的问题进行解释和陈述,使小组成员了解问题的有关背景等信息,使非专业人员对该问题有一个大致的了解 |
| 4 | 净化问题 | 小组成员围绕问题运用直接类比法、亲身类比法、幻想类比法、符号类比法等方法开展联想,尽可能多地提出问题的解决方案。小组中的专家从较专业的角度,指出每个设想的不足之处,从中选择两到三个比较有利于解决问题的设想,从而达到净化问题的目的 |
| 5 | 理解问题 | 确定解决问题的目标。从所选择的设想中的某一部分开始分析,让小组成员从新的问题出发,展开联想,陈述观点,从而使小组成员理解解决问题的关键环节,并提出解决问题的目标 |
| 6 | 灵活运用类比 | 确定类比问题的关键环节后,主持人要有意识地抛开原来的问题,把问题从熟悉的领域转到远离问题的领域,让小组成员发挥类比联想法的作用。从小组成员的类比中选出可以用于解决问题的类比,并对其进行分析研究,形成更详细的解决方案 |
| 7 | 适应目标 | 把从小组成员灵活运用类比过程中得到的启示与在现实中能利用的设想结合起来,更好地适应目标,从而形成新颖独特的解决方案 |
| 8 | 方案的确定与改进 | 专家对形成的方案进行反复论证,并对其中的缺陷进行改进,直到取得满意的结果 |

在运用综摄法时,不一定要完全按照以上八个步骤进行,关键是要灵活运用类比。综摄法是以类比为纽带进行的,适用于集体创造的,针对已有问题进行专业、系统思考的创新方法。

(6)移植法。

移植法是将某个学科、领域中的原理、技术、方法等应用或渗透到其他学科、领域中,为解决某一问题提供启迪、帮助的创新方法。

① 原理移植法,即把某一学科中的科学原理应用于解决其他学科中的问题的方法。例如,电子语音合成技术最初用在明信片上,有人把它用到了倒车提示器上,后来又有人把它用到了玩具上,出现了会哭、会笑、会说话、会唱歌、会奏乐的玩具。

② 技术移植法,即将某一领域中的技术用于解决其他领域中的问题的方法。

③ 方法移植法,即将某一学科、领域中的方法用于解决其他学科、领域中的问题的方法。

④ 结构移植法,即将某种事物的结构形式或结构特征部分或整体地用于另外的产品的设计与制造中的方法。例如,将缝衣服的线移植到手术中,出现了专用的手术线;将用在衣服鞋帽上的拉链移植到手术中,取代用线缝合的传统技术,"手术拉链"比针线缝合快10倍,且不需要拆线,大大减轻了病人的痛苦。

⑤ 功能移植法,即使某一事物具有另一事物的某种功能,以解决某个问题的方法。

⑥ 材料移植法,即将材料转用到新的领域,以产生新的成果的方法。例如,用纸造房屋,经济耐用;用塑料和玻璃纤维取代钢来制造坦克的外壳,不但减轻了坦克的重量,而且具有避开雷达的隐形功能。

在运用移植法时,一般有两种思路。第一种是成果推广型移植。它是把现有科技成果向其他领域铺展延伸,其关键是在厘清现有成果的原理、功能及使用范围的基础上,利用发散思维寻找新载体。第二种是解决问题型移植。它从研究的问题出发,利用发散思维找到现有成果,通过移植使问题得到解决。

---

**案例 2-2-12**

### 仿生学在无人机设计中的应用

在无人机的设计和开发中,工程师经常面临提升无人机的性能、效率和功能性的挑战。为了解决这些问题,科学家和工程师运用类比法,从自然界中寻找灵感,模仿生物体的结构和功能来创新无人机的设计。其具体应用如下。

1. 鸟类翅膀与无人机翼型设计

类比对象:鸟类翅膀。

类比特点:鸟类翅膀的形状、羽毛排列和肌肉结构使其能够高效飞行。

创新应用:工程师通过模仿鸟类翅膀的设计,开发出具有特定翼型的无人机。这些翼型能够提供更大的升力,减少阻力,并让无人机在不同的飞行条件下保持高效和稳定。

2. 昆虫复眼与无人机视觉系统

类比对象：昆虫复眼。

类比特点：昆虫的复眼由多个小眼组成，能够捕捉宽广视野里的物体并快速识别移动物体。

创新应用：工程师受到昆虫复眼的启发，开发出了多摄像头系统。这些系统能够为无人机提供 360 度的视野，增强对周围环境的感知能力，通过图像处理技术快速识别和跟踪目标。

3. 蝙蝠回声定位与无人机导航

类比对象：蝙蝠回声定位。

类比特点：蝙蝠通过发出超声波并接收回声来定位目标和导航。

创新应用：工程师借鉴蝙蝠的回声定位原理，开发出基于超声波或雷达的导航系统。这种系统允许无人机在复杂环境中自主导航，避开障碍物，并精确到达目标位置。

4. 蜘蛛网与无人机网捕系统

类比对象：蜘蛛网。

类比特点：蜘蛛网具有高强度、高黏性和可伸缩性，能够捕捉飞行的昆虫。

创新应用：科学家和工程师从蜘蛛网的结构和性质中获得灵感，开发出了无人机网捕系统。这种系统使用特制的网状材料，能够在空中展开并捕捉目标物体。这种技术可以用于环境监测、野生动物保护等领域。

通过运用类比法，科学家和工程师从自然界中汲取灵感，成功地将生物体的结构和功能应用于无人机的设计和开发中。这些创新不仅提升了无人机的性能、效率和功能性，还拓宽了无人机的应用领域。同时，这种类比也促进了仿生学作为一门交叉学科的发展，为未来的科技创新提供了更多的可能性。

## （八）组合法

1. 组合法的内涵

组合法是指按照一定的技术原理或功能目的，对现有的科学技术原理或方法、现象、物品做适当的组合或重新排列，从而获得具有统一整体功能的新技术、新产品、新形象的创新方法。组合法使不同的技术领域相互渗透，形成交叉的边缘学科。把已成熟的技术合理组合创造出的新系统经济有效，形式多样，应用广泛，符合市场需求。

2. 组合法的应用

（1）组合法的实施方法：组织者把各方面的技术专家汇聚在一起，共同分析市场需求，将两个及以上技术因素组合起来得到有创新性的技术产物。

（2）组合法的技术因素：相对独立的技术原理、技术手段、控制方式、工艺方法、材料、动力等。

（3）组合法的类别有如下几种。① 材料组合法。材料组合法是利用各种化学、物理原理,将不同的材料组合起来,从而获得新材料的方法。组合成的新材料具备强度大、重量轻、成本低等诸多方面的优异特性。从装修中使用的铝合金门窗到航空航天指南针使用的特殊合金材料,不同材料组合的现象无处不在。② 原理组合法,即将两种及以上的技术原理组合成复合的技术系统的方法。如将喷气原理与燃气轮机技术结合,产生了喷气式发动机。③ 功能组合法,即将具有不同功能的技术手段或产品组合到一起,形成多功能的技术系统的方法。④ 模块组合法,即把产品看成若干个通用模块的有机组合,根据市场需求选择不同的模块加以组合,得到不同的设计方案的方法。

(4) 运用组合法的注意事项如下。① 选择组合要素时要适度。虽然要素越多,组合的可能性越多、越全面,但也会耗费过多的精力和时间,使问题变得更为复杂。② 组合可以使产品具有不同的功能,成为多功能、通用型的产品,但过分追求"万能"也不可取,这样会造成成本增加、制造困难、功能多余等弊端。③ 参与组合的各要素越是风马牛不相及,由它们形成的新产品的创造性就越强。

**案例 2-2-13**

### 智能手表的设计与发明

随着科技的进步和人们生活节奏的加快,人们对于时间管理、健康监测和便捷通信的需求也在不断增加。传统的手表仅能提供时间显示功能,而手机虽然功能丰富,但在携带和使用的便捷性上有所不足。因此,一种结合了手表和手机功能的新产品——智能手表应运而生,它是组合法应用的典型实例。

1. 硬件与软件的组合

智能手表采用了传统手表的表盘设计,同时添加了高性能的处理器、传感器、显示屏、电池等硬件。这些硬件与智能手表操作系统相结合,为用户提供了丰富的功能。

软件方面,智能手表有专门为其设计的操作系统,支持各种应用程序的安装和运行。这些应用程序可以覆盖时间显示、健康监测、通讯、娱乐等多个领域。

2. 功能与服务的组合

智能手表具备多种功能,包括时间显示、步数计数、心率监测、睡眠监测等健康监测功能,电话接听、短信发送、社交应用通知等通信功能,音乐播放、支付、导航等辅助功能。

与此同时,智能手表还提供了丰富的服务,如在线运动课程、健康数据分析、智能提醒。这些服务可以通过手机应用程序进行管理和设置,为用户提供个性化的使用体验。

3. 设计与美学的组合

智能手表在外观设计上注重时尚感和舒适度,设计了各种材质和颜色搭配,以适应不同用户的审美需求。同时,其显示屏具备高清、触控等技术,为用户提供了更加直观、便捷的操作体验。

在美学方面,智能手表不仅追求外观的时尚感,还注重与用户的互动性和情感连接。例如,智能手表支持自定义表盘设计、个性化提醒等功能,让用户在使用过程中感受到更多的乐趣和满足感。

通过组合法的应用,智能手表成功地将传统手表的功能性和现代科技的时尚感相结合,为用户提供了全新的使用体验。它不仅可以满足用户的时间管理、健康监测等基本需求,而且可以提供丰富的通信和娱乐功能,让用户的生活更加便捷和多彩。随着技术的不断进步和市场需求的不断变化,智能手表的功能和服务也在不断扩展和完善,为用户带来更多的惊喜。

### (九) 列举法

#### 1. 列举法的内涵

列举法是对一种具体事物的特定方面(如特点、优缺点)从逻辑上进行分析并将其全面地罗列出来,用以找到发明创造主题的创新方法。

列举法为创造性思考提供了方向和思路。列举法的要点是将研究对象的属性、缺点、希望等罗列出来,提出改进措施,形成有独创性的创新方案。按照所列举对象的不同,列举法可以划分为属性列举法、希望点列举法、缺点列举法、成对列举法。

#### 2. 列举法的应用

(1) 属性列举法。

列举事物的所有属性,针对这些属性进行创新思考的方法就是属性列举法,这是一种特别有效的技术改进方法。

属性列举法偏向从物性、人性的特征出发来思考,强调在创造过程中观察和分析事物的属性,然后针对每个属性提出可能改进的方法,或改变某些特质(如大小、形状、颜色),使事物产生新的用途。

属性列举法的实施步骤如下。① 确定目标,明确研究对象。目标不要太大,如果太大,可以进行分解。② 了解事物现状,熟悉其基本结构、工作原理及使用场合,运用分析、分解和分类的方法对研究对象进行必要的结构分解。③ 从需要出发,对列出的属性进行分析、抽象,与其他事物进行对比,通过提问的方式来诱发创新思想,采用替代的方法对原属性进行改变。④ 将原属性与新属性进行综合,寻求功能与属性的替代、更新和完善,提出新设想。

**案例 2 - 2 - 14**

#### 利用属性列举法设计新型冰箱

首先,确定研究对象为家用冰箱。

其次,了解冰箱的工作原理、基本结构等知识,运用分析、分解和分类的方法逐一列出它的属性,见表 2 - 5。

表 2-5    冰箱属性列举表

| 研究对象 | 属性 | 属性构成 | 具 体 元 素 |
|---|---|---|---|
| 冰箱 | 名词属性 | 电路 | 压缩机、温控机、继电机、过载保护器、灯开关专用电源线、灯 |
| | | 结构 | 箱体、箱门、冷藏室、冷冻室、箱顶、隔架、果菜盒、除霜铲、调节脚、隔热层、发泡材料 |
| | | 材料 | 塑料、金属(压缩机)、电子元件、含氟制冷剂或不含氟制冷剂 |
| | 形容词属性 | 颜色 | 白色、灰色、黑色等 |
| | | 重量 | 重 |
| | | 形状 | 立方体、立式 |
| | | 耗电量 | 一级、二级、三级效能 |
| | | 噪声 | 制冷时噪声较大 |
| | 动词属性 | 功能 | 制冷 |
| | | 重要动作 | 搬运、开关箱门、接通/切断电源、调节温度、除霜、除臭 |
| | 量词属性 | | 一体机、单门、双门、三门、四门 |

再次,对列出的冰箱的属性进行分析对比,提出改造意见。① 随意调节内部空间。内部各隔挡可以随意调节位置。② 自由控制温度。用户可以自动进行温度控制。③ 使用替代材料,如玻璃。④ 采用多种颜色。采用多种图案、多种色彩的随心换彩壳。⑤ 采用多种形状,如圆柱体、多边体、壁挂式、卧式、手提包式。⑥ 新增功能,如制热、保温。⑦ 使用替代能源,如太阳能、燃气、蓄电池。⑧ 自动化,如自动解冻、自动除霜、自动除臭、自动消毒。⑨ 拆分。将一体机拆分为组合机,可以任意组合摆放。⑩ 使之易于搬运。在冰箱底部安装可拆卸的滑轮,在冰箱两侧加把手。⑪ 箱门设计,如设置多个箱门,采用上下推拉门、折叠门。⑫ 关箱门设计。如设计未关紧箱门时报警、自动关闭箱门的功能。⑬ 便于水平调节。箱体自带水平仪,便于水平调节。⑭ 增加数字化控制屏。箱体装有控制屏,显示每小时的耗电量等数据。⑮ 增加智能化控制功能,如语音控制、远程数据传输等功能。

最后,分析上述设想,提出新型冰箱的几种设计思路:① 适合现代家庭的太阳能数字化控制屏智能冰箱;② 适合放置在客厅的壁挂式玻璃门半圆柱形冷藏箱;③ 适合年轻人的随心换彩壳组合式冰箱;④ 适合进行商品展示的多个玻璃门超大冷藏箱;⑤ 适合冬天使用的保温箱;⑥ 适合外出携带的蓄电池手提包式冰箱;⑦ 没有噪声、重量轻的燃气式充气冰箱。

(2)希望点列举法。

希望点列举法是通过不断地提出"希望可以······""······才能更好"的理想和愿望,使原本的问题聚焦,再针对其提出方案的方法。

希望点列举法的实施步骤如下:提出需求,分别从不同的角度,例如人们的普遍需求、特定群体的需求、现实的需求、潜在的需求进行思考和分析;通过观察联想、开会列举、征求意见和抽样调查等方式列举希望点;对提出的各种希望点进行整理,从中选出目前有可能实现的若干项进行研究,制订出具体的革新方案。

**案例 2-2-15**

### 新型环保材料的创新设计

随着人们环保意识的增强,对于新型环保材料的需求日益增加。传统的材料在制造和使用过程中往往会对环境造成一定的污染,因此,开发一种既能满足使用需求又环保的新型材料成为研究的重点。

设计团队首先通过市场调研、用户访谈、线上讨论会等方式广泛收集公众对于新型环保材料的期望和需求。这些希望点包括具有良好的环保性能,如可降解、低污染;具有良好的物理和化学性能,如强度高、耐磨损、耐腐蚀;具有较低的成本,以便广泛应用;易于加工和制造;等等。

在收集到大量的希望点后,设计团队对这些希望点进行了深入的分析和整理。他们发现,公众最关心的是材料的环保性能和成本问题,同时也希望材料具有良好的物理和化学性能,以及易于加工的特点。因此,设计团队将这些希望点作为新型环保材料设计的核心要求。

设计团队基于上述希望点,开始着手设计新型环保材料。他们经过多次试验和测试,最终开发出一种可生物降解的高分子材料。这种材料在制造过程中采用了环保的生产工艺,减少了对环境的污染。同时,该材料具有优异的物理和化学性能,如高强度、耐磨损、耐腐蚀,完全满足公众对于材料性能的需求。此外,由于利用了生物降解的原理,该材料在使用后能够自然降解,对环境无害。在成本方面,设计团队通过优化生产工艺和降低原材料成本,使得新型环保材料的成本与传统材料相当,甚至更低。因此,该新型环保材料在市场上受到了广泛的关注和认可,并在多个领域得到了广泛应用。

（3）缺点列举法。

缺点列举法是通过不断检讨事物的各种缺点，针对这些缺点逐一提出解决和改善的方案的方法。

缺点列举法的实施步骤具体如下。① 选定研究对象。研究对象应相对较小、较简单，如果研究对象过大，可以进行分解，针对局部进行分析研究。② 分析事物。要确定与问题相关的信息种类，对事物进行系统分析。③ 列举缺点。要从多角度观察事物，按照该研究对象的各个方面的特征，发挥发散性思维，尽量列举其缺点。④ 将缺点加以归类整理并分析缺点产生的原因。⑤ 针对整理后的缺点寻找改进方案或对缺点加以逆向利用。

缺点列举法的应用面非常广泛，它不仅有助于革新某些具体产品，解决属于"物"一类的硬技术问题，还可以被应用于企业管理中，解决属于"事"一类的软技术问题。

**案例 2-2-16**

### 改进传统灯泡的缺点列举法创新

传统灯泡，尤其是白炽灯，虽然历史悠久、广泛普及，但在使用过程中仍存在一些明显的缺点，如发光效率低、寿命短、发热量大。为了解决这些问题，工程师采用缺点列举法进行了创新设计。

缺点列举如下。

（1）发光效率低：白炽灯只能将约 10% 的电能转化为光能，其余大部分能量都被转化为热能，造成能源浪费。

（2）寿命短：白炽灯的灯丝容易烧断，平均寿命只有几百到一千小时。

（3）发热量大：白炽灯在工作时会产生大量热量，不仅降低了灯泡本身的寿命，还可能存在安全隐患。

（4）启动时间长：白炽灯在冷启动时需要较长时间才能达到稳定亮度。

工程师对以上缺点进行了深入分析，发现问题的根源在于白炽灯的工作原理和结构设计。他们决定采用新技术和材料来改进这些问题。

创新设计如下。

（1）提高发光效率：采用 LED 灯替代传统的灯丝。LED 灯具有更高的发光效率，能够将更多的电能转化为光能，降低能源消耗。

（2）延长寿命：使用耐高温、耐磨损的材料制作 LED 灯的灯珠和驱动电路，提高了耐用性。同时，采用智能调光技术，使之根据环境光线自动调节亮度，减少能源的损耗。

（3）降低发热量：优化 LED 灯的设计，减少热量的产生。同时，采用散热片、风扇等确保灯泡长时间工作也能保持较低的温度。

（4）缩短启动时间：改进 LED 灯的驱动电路，实现快速启动。一些先进的 LED 灯甚至可以实现即开即亮，无须等待。

工程师根据创新设计方案制作了 LED 灯的原型，并进行了一系列测试。测试结果显示，LED 灯在发光效率、寿命、发热量和启动时间等方面都得到了显著提升。

经过市场推广和应用，LED 灯逐渐取代了传统的白炽灯，成为家庭、办公室等场所的主流照明产品。LED 灯以其高效、节能、环保、耐用等优点，受到了广大用户的欢迎和认可。

（4）成对列举法。

成对列举法是把任意选择的两个事物结合起来，成对列举其特征，或者把某一范围内的事物逐一列举，依次成对组合，从中寻求创新设想的方法。此法既具备属性列举法务求全面的特点，又吸收了强制联想法易于破除框框、产生奇想的优点，因而更能启发思路，获得较好的效果。

运用成对列举法应遵循以下两个原则。① 必须明确所需解决的问题，由此确定列举事物的类别。② 对所列举的事物的所有组合都加以研究，即使是一些看起来莫名其妙的组合也不要轻易舍弃。这是与头脑风暴法中的延迟判断相似的原则，因为乍看起来荒唐的想法可能会随时间的推移而成熟，或者能启迪另外的思路。

成对列举法的实施步骤具体如下。

① 列举。把某一范围内所能想到的所有事物依次列举出来。

② 强迫联想。任意地选择其中两项进行组合，想象这种组合的意义。

③ 对所有的组合做分析筛选。比如要设计新式多功能家具，可以先列举一些家具、家电的名称，如床、桌子、沙发、椅子、茶几、书架、台灯、衣柜、衣架、镜子、花盆架、电视、音响，然后两两配对组合，如床和沙发、灯和衣架、桌子与书架、床和箱子、床和灯、镜子和柜子、电视与花盆、音响和台灯。

④ 对所有方案进行分析，发现根据许多方案均可发明出新式家具，有些方案事实上已经成为产品，如床和沙发组合成的沙发床、镜子和柜子组合成的带穿衣镜的柜子、床和箱子组合成的床底可兼作储物柜的组合床。有些方案则还没有人尝试，如茶几与电视机组合、茶几与镜子组合、电视与镜子组合、椅子与灯组合。继续分析这些设想中的组合能否构成可行的方案，例如，选取书架和椅子的组合做进一步构思，在书架旁安装几个能自动折叠的板条，既可坐人，又可临时放书，还可当作踏板去拿书架上层的书。

**案例 2-2-17**

### 设计新型办公桌

在现代办公环境中，办公桌是不可或缺的家具。然而，传统的办公桌无法根据个人的身高、工作习惯和需求进行调整。为了解决这一问题，某团队决定采用成对列举法进行创新设计。

团队选定办公桌和自行车作为成对列举的对象。自行车具有高度可调节、车轮可灵活转动的特点，其特点与追求的办公桌创新点相契合。

1. 列出办公桌和自行车的属性

办公桌的属性：桌面、桌腿、储物空间、电源插座、稳定性等。

自行车的属性：车架、车轮、把手、座椅、变速器(可调节高度和角度)、刹车等。

2. 将办公桌和自行车的属性组合

桌面：保持传统的桌面设计,但考虑加入电源插座和线缆管理功能。

桌腿：借鉴自行车车架的设计,采用可调节高度的支架,使办公桌的高度可以根据个人需求进行调整。

储物空间：在桌腿内部或下方设计储物空间,以存放文件、文具等物品。

把手：在办公桌侧面设计类似自行车把手的调节装置,用于调节桌面的角度,以适应不同的工作需求(如写作、阅读、使用电脑)。

座椅：虽然座椅不是办公桌的属性,但我们可以考虑将办公桌与可调节高度的办公椅相结合,形成一套完整的办公系统。

3. 基于上述组合,提出新型办公桌的设想

桌面采用环保材料制成,平整、耐磨、易清洁。桌面下方设计有电源插座和线缆管理槽,方便用户连接电脑、手机等设备。

桌腿采用高强度金属材料制成,具有足够的稳定性和承重能力。桌腿之间通过可调节高度的支架连接,使用户可以根据自己的身高和工作习惯调整桌面的高度。

侧面设计有类似自行车把手的调节装置,用户可以通过旋转把手来调节桌面的角度。这种设计不仅方便实用,而且增强了办公桌的趣味性和互动性。

办公桌下方设计有足够的储物空间,可以存放文件、文具等物品。同时,还可以考虑在桌腿内部设计隐藏式储物柜或抽屉等储物空间,以满足用户的储物需求。

根据新型办公桌的设想,团队制作了实物模型并进行了一系列测试。测试结果显示,该办公桌具有稳定性好、调节方便、实用性强等优点。同时,其独特的设计也受到了用户的好评和认可。

通过成对列举法的应用,团队成功设计出了一种新型可调节高度和角度的办公桌。这种办公桌不仅提高了用户的舒适度和工作效率,而且为现代办公环境带来了更多的创新和变化。

**课堂思考**

举例说明一种你熟悉的创新方法,并谈谈如何在学习和实际工作中应用它。

## 六、创新成果的转化

### (一) 创意开发

1. 创意开发的含义

创意是指对现实存在的事物的理解和认知衍生出的具有创新性的抽象思维和行为潜

能。创意是创新的开始，是创新的源泉。创意活动既可以是对某种新发明或新技术的发掘，又可以是对某种新的要素组合方式、新的商业模式或新的市场需求的前瞻性判断与敏锐洞察。

创意开发是利用创新思维原理实现创意目标的过程。创意开发同其他社会生产活动一样，涉及多种要素的参与，如创意开发的对象、创意开发的主体和创意开发的方法。

**2. 创意开发的特点**

创意开发的本质是创新和创造，包括文化、艺术、技术方面的创新和创造。创意开发具有以下特点。

（1）目的性：创意开发是一种具有极强目的性的生产实践活动，其过程包括确定创意开发的目标、明确创意开发的观点、安排具体计划等。

（2）新颖性：创意开发是一种求异的实践活动，即想他人之未想，发他人之未发。其特征是突破思维定式，寻找新的解决方案。

（3）主观能动性：创意开发活动的主体是人，无论是重大的创造还是普通的创造，都是人的主观能动性发挥的结果，都是精神变为物质的转化过程。主观能动性是人类特有的，在创意开发活动中表现为对创意开发意识的运用和创意开发手段的实施等。

**3. 创意开发的原理**

在进行创意开发活动时，为了保证较高的工作效率，实现预期的结果，需要掌握基本的创意开发原理。

（1）择优原理：择优源自人的天性，每个人都在潜意识中不断地进行择优。一个人在成长的过程中会不断地择优：选择更好的书籍，选择更好的朋友，选择更好的生活条件，选择更好的学校等。在创意开发的过程中，择优也是必不可少的。创意开发的实质就是对问题的创造性解决。当人们遇到问题时，要先定义问题，进而围绕这个问题进行创意构思，提出多种解决方案，最后实施最佳方案。

（2）组合原理：组合作为名词，是指由几个部分或个体结合成的整体；作为动词，是指组织成整体。在创意开发的过程中，将两种或两种以上技术、思想或产品的整体或部分进行适当组合，就可以形成新的产品概念，激发出新的创意。不同的组合可以得到不同的结果。

（3）关联原理：人们常常因为一个创意构思而产生对与其内涵相似的许多构思的联想。世界上的每个事物或现象都同其他事物或现象相互联系着，不存在绝对孤立的事物或现象，这种关联性是促使联想发挥作用的重要因素。在创意开发的过程中，有些关系是直接的，有些是间接的，有些容易发现，有些不容易发现，这就需要进行具体的分析研究。

（4）对应原理：从现有的创意和概念的相反方面出发去构造新的创意和概念，这就是创意开发的对应原理。客观事物错综复杂，都有其对立的一面，这为对应原理的实现提供了可能性。在创意开发的过程中，此原理的运用是为了扩展人们固有思维的范围，从而开发出更多的创意。

（5）综合原理：综合原理就是在创意开发的过程中，把研究对象各个层次的种种因素按照其内部联系进行组织结合。首先把研究的问题分解为各个层次和各种因素，并分别加以研究，分析其本质、特征、优势和劣势，然后将这些要素按其内在联系重新有机地组织起来,形成新的解决方案。

4. 创意开发与创造、创新的关系

在实际生活中,我们容易将创意开发、创造和创新三个概念混淆,其实,它们是有区别的。首先,创意开发是创新的基础,创新是创意开发的结果。创意通常是天马行空的,在创新过程中处于初始阶段。创意不一定能够准确面向商业应用,创新则更注重创造商业价值。其次,创造是创新过程中的一个环节,创新的本质在于创造。创造是指能提供新颖的、独特的、具有社会意义的产物的活动。创造就其对社会发展的作用来说具有两面性,有积极的创造,也有消极的创造,而创新在产生商业价值过程中一般起积极作用。因此,三者的关系可理解为:创意开发产生思路,指导创造的进行,最后借助创新产生商业价值和经济效益。

---

**案例 2-2-18**

### VR 技术在故宫博物院的应用

故宫博物院在寻求提升参观者体验的过程中产生了如下创意:将 VR(虚拟现实)技术应用于博物馆展览中,为游客带来全新的参观体验。这个创意的出发点是希望通过科技手段,让游客更加直观、生动地了解故宫的历史和文化。

接下来,故宫博物院与科技公司合作,开始创造。他们共同开发了一款名为"故宫建筑全景虚拟漫游"的应用软件。在这个创造过程中,技术团队通过 3D 建模、VR 技术等手段,对故宫的建筑、文物等元素进行数字化处理,并设计出一套交互系统,让游客能够通过 VR 眼镜身临其境地欣赏故宫建筑的细节和感受历史变迁。

当这款应用软件被推向市场后,创新便产生了。首先,它极大地提升了游客的参观体验,使他们能够以一种全新的方式感受故宫的历史和文化。其次,这种创新的展览方式也吸引了更多的游客前来参观,提高了博物馆的知名度和影响力。最后,这种将传统文化与现代科技相结合的创新模式也为其他博物馆和文化机构提供了有益的借鉴和启示。

---

5. 创意开发的过程

创意开发的过程指创意开发者运用创造性思维和技能生产新事物的一系列活动。创意开发的过程有问题解决过程模式和思维过程模式两种模式。

(1) 问题解决过程模式。

问题解决过程是从问题的起始状态出发,经过一系列有目的、有指向的认知操作,达到目标状态的过程。问题解决过程模式一般分为以下四个阶段。

① 准备阶段:认识到了问题的特点,并试图用一些准确的术语来表达。

② 孕育阶段:针对问题收集了一定的资料,但问题尚未得到解决,处于孕育状态。

③ 明朗阶段:对问题重新予以注意,想出了解决问题的方法。

④ 验证阶段:对提出的解决方法做详细的验证。

（2）思维过程模式。

创意开发的过程实际上是问题解决过程和思维过程两者交织在一起的过程。在创意开发过程中,思维的最大特征是创造性。创意开发活动的思维过程包括以下四个阶段。

① 发现问题:创意开发活动始于发现问题,人们在对客观事物的认识上产生了矛盾,也就出现了问题。必须解决这个矛盾或问题,提高认识,掌握事物发展运动的规律,才能使事物按照人们的意图向前发展。

② 了解情况:找到问题之后,就必然要深入了解关于这个问题的各方面情况,包括它的来龙去脉及多方面的联系,从而将这一问题的有关现象弄清楚。

③ 深入思考:深入思考是在掌握丰富资料的基础上进行的,要从现有的材料中找出具有规律性的理论,这是一个脑力加工的过程。脑力加工的形式有归类与类推、分析与综合、归纳与演绎、抽象与概括、想象与假设等。

④ 实践验证:对在第三阶段产生的理论是否可靠,必须付诸实践加以检验。实践验证有多种方式,例如,重复前一阶段的研究,通过观察、调查等研究方法测定这一理论的实际效果。

**（二）创新成果的保护**

创新成果的保护主要指的是对创新项目的成果进行保护和维护,以防止未经许可的抄袭、剽窃和侵权行为的发生的活动。这种保护的目的在于维护创新者的合法权益,鼓励他们保持积极性和创新动力,从而推动科技进步和经济发展。

具体来说,创意成果保护有以下作用。

（1）维护创新者的合法权益:当创新成果被抄袭、剽窃或侵权时,创新者可能失去其劳动成果和市场竞争优势。通过专利申请、商标注册和著作权登记等手续,创新者可以享有独家权利,从而维护其合法权益。

（2）推动创新不断发展:在保护创新成果的过程中,需要持续创新,并完善制度和方法。这种保护可以鼓励创新者保持积极性和创新动力,从而推动科技进步和经济发展。

（3）促进知识产权保护意识强化:知识产权保护意识的强化可以促进知识的流通和创新的推进。这种保护可以鼓励更多的人参与到创新活动中来,推动整个社会的创新。

创意成果保护的具体形式包括专利申请、商标注册、著作权登记等。通过这些方式,创新者可以确保其创新成果得到法律保护,防止他人未经授权使用、复制或转让。同时,这也为技术的进一步研发提供了保障,促进了技术的持续创新和发展。

1. 创新成果及其保护方式

（1）创新成果的含义。

创新成果是指通过调查考察、实验研究、设计试验和辩证思考等一系列活动所取得的具有一定科技价值或商业价值的创造性成果。

（2）创新成果产生的一般过程。

创新是有规律可循的。创新成果产生的一般过程为:创意产生→创意实施→创新成果保护→创新成果应用→创新成果深化。

（3）知识产权类创新成果。

① 知识产权的内涵。知识产权也称智力成果权,指权利人对其知识资产所享有的专

有权利。知识产权是一种非物质性财产权,是从事创造性智力活动的人取得成果后依法享有的权利,一般只在有限时间内有效。知识产权主要包括著作权、专利权和商标权等。

② 知识产权类成果的特点如下。

创造性:从知识的角度观察,知识产权类成果是创造性的智力成果,创造者发挥自己的智力和智慧,付出艰苦的脑力劳动后产生的成果。

非物质性:知识的本质决定了知识产权类成果的非物质性特点,即便某个人不可占有这类成果,也可以重复利用和传播它们。

法律性:从权利的角度来看,知识产权是法定权利,是受法律保护的私权,不仅包含财产权利,而且包含精神权利,同时具有对抗性特点,即只有在许可或禁止他人使用时才体现出来。知识产权类成果必须具有为人所知的客观形式,并依照法律规定的条件和程序予以确定。

利益性:从财产的角度观察,知识产权类成果作为一种生产要素被投入经济活动之中,可以提高产出或降低成本,产生一定的物质利益。由此,知识产权类成果成为一种资产或财产。

时效性:知识产权具有时效性,即在法律规定的有效期限内,特定的知识产权才能得到保护,保护期限届满即丧失效力。

（4）创新成果保护的主要方式。

创新成果不是唾手可得的,不能被无偿使用和占有。要促进创新,就必须对创新成果实施保护。创新成果保护的主要方式有以下三种。

① 知识产权的法律保护。在我国,相关法律主要包括《中华人民共和国知识产权法》（以下简称《知识产权法》）、《中华人民共和国合同法》（以下简称《合同法》）和《中华人民共和国反不正当竞争法》（以下简称《反不正当竞争法》）。

《知识产权法》是保护创新成果的最基本的法律,通过清晰地界定知识资产的权利状态（包括权利的性质、范围和界限）,明确规定不同情况下知识资产的权利归属,保护创新的企业或个人合法利用、控制和支配所获得的创新成果。《合同法》则通过规范科技开发合同、技术咨询服务合同、技术转让合同等相关文件,明确规定创新成果的供给者与需求者之间的利益关系。

在《知识产权法》和《合同法》不能有效保护创新成果的情况下,《反不正当竞争法》的作用就会凸显出来。《反不正当竞争法》不仅对侵犯著作权、专利权、商标权等的行为予以法律制裁,还对《知识产权法》等不能管辖的创新成果给予保护,从而达到更为广泛地保护创新者权益的目的。

② 科技成果的行政管理。不少科技成果没有法定的知识产权,成果所有者无法独占这样的成果,这就需要通过加强对科技成果的行政管理来保护这些创新成果创造者的权益。科技成果的行政管理主要涉及成果鉴定,颁发证书、奖金或其他奖励等方式。

与法律保护方式相同,科技成果行政管理的对象也是创新性的智力成果,其目的也是维护创新者的发现权、发明权、署名权各项权利。

③ 健全企业内部创造成果保护的规章制度。创造成果的保护关系到企业的发展,企业的创造成果若没有健全的企业内部规章制度的保护,极易被他人侵权,特别是没有得到

法律保护的创新成果。因此,企业必须建立与创新成果管理相关的规章制度,诸如专利申报制度、专有技术申报制度,确定员工在工作中产生的成果的知识产权的归属及奖励办法、员工应承担的保护企业创新成果的责任及义务等。在某些情况下,企业还需要与相关工作人员签订保密协议。同时,企业还需要通过相关工作强化员工的创新成果保护意识,诸如组织员工学习创新成果保护相关法律法规、邀请专家举办创新成果保护讲座、给予保护企业创新成果有功者奖励等。

2. 著作权的保护

(1) 著作及著作权。

著作即作者、作家等人的文学、艺术和科学作品,或将某个人、某群人及某类人的作品结集起来出版的作品。著作的形式包括文学、艺术和科学作品等,其中科学作品又分为自然科学作品、社会科学作品和工程技术作品等。著作权(又称版权)是指在一定期限、一定地域范围内著作权人对其作品享有发表、署名、修改、使用、赠予的专有权,是一项重要的知识产权。

(2) 著作权的保护对象。

著作权的保护对象指著作权法律关系的载体——受著作权保护的作品。《中华人民共和国著作权法实施条例》第二条规定:著作权法所称作品,是指文学、艺术和科学领域内具有独创性并能以某种有形形式复制的智力成果。《中华人民共和国著作权法实施条例》第四条对 13 类作品进行了定义:

文字作品,是指小说、诗词、散文、论文等以文字形式表现的作品;

口述作品,是指即兴的演说、授课、法庭辩论等以口头语言形式表现的作品;

音乐作品,是指歌曲、交响乐等能够演唱或者演奏的带词或者不带词的作品;

戏剧作品,是指话剧、歌剧、地方戏等供舞台演出的作品;

曲艺作品,是指相声、快书、大鼓、评书等以说唱为主要形式表演的作品;

舞蹈作品,是指通过连续的动作、姿势、表情等表现思想情感的作品;

杂技艺术作品,是指杂技、魔术、马戏等通过形体动作和技巧表现的作品;

美术作品,是指绘画、书法、雕塑等以线条、色彩或者其他方式构成的有审美意义的平面或者立体的造型艺术作品;

建筑作品,是指以建筑物或者构筑物形式表现的有审美意义的作品;

摄影作品,是指借助器械在感光材料或者其他介质上记录客观物体形象的艺术作品;

电影作品和以类似摄制电影的方法创作的作品,是指摄制在一定介质上,由一系列有伴音或者无伴音的画面组成,并且借助适当装置放映或者以其他方式传播的作品;

图形作品,是指为施工、生产绘制的工程设计图、产品设计图,以及反映地理现象、说明事物原理或者结构的地图、示意图等作品;

模型作品,是指为展示、试验或者观测等用途,根据物体的形状和结构,按照一定比例制成的立体作品。

(3) 著作权的保护方式。

著作权侵权行为的基本类型有承担民事责任的侵权行为、承担行政责任的侵权行为、承担刑事责任的侵权行为(表 2-6)。

表 2-6 著作权侵权行为的基本类型

| 基 本 类 型 | 侵 权 行 为 | 相 应 责 任 |
|---|---|---|
| 承担民事责任的侵权行为 | 侵犯作者精神权利；<br>侵犯财产权；<br>侵犯邻接权；<br>其他侵权行为 | 停止侵害；<br>消除影响；<br>赔偿损失 |
| 承担行政责任的侵权行为 | 未经著作权人许可，复制、发行、表演、放映、广播、汇编，通过信息网络向公众传播其作品；<br>出版他人享有专有出版权的图书；<br>未经表演者许可，复制、发行录有其表演的录音录像制品，或者通过信息网络向公众传播其表演；<br>未经录音录像制作者许可，复制、发行通过信息网络向公众传播其制作的录音、音像制品；<br>未经许可播放或者复制广播电视；<br>其他侵权行为 | 警告；<br>责令停止制作和发行侵权复制品；<br>没收非法所得；<br>没收侵权复制品及制作品；<br>没收侵权复制品的制作设备；<br>罚款 |
| 承担刑事责任的侵权行为 | 未经著作权人许可，复制发行其文字作品、音乐、电影、电视、录像作品、计算机软件及其他作品；<br>出版他人享有出版权的图书；<br>未经录音录像制作者许可，复制发行其制作的录音录像；<br>制作、出售假冒他人姓名的美术作品 | 犯侵犯著作权罪。违法所得数额较大或者有其他严重情节的，处三年以下有期徒刑或者拘役，并处或者单处罚金；违法所得数额巨大或者其他特别严重情节的，处三年以上七年以下有期徒刑，并处罚金；<br>犯销售侵权复制品罪。违法所得数额巨大的，处三年以下有期徒刑或者拘役，并处或者单处罚金 |

3. 专利权的保护

（1）专利的含义、类型和申请流程

专利权简称"专利"，是国家专利管理部门向发明人授予的在一定期限内排他性生产、销售或以其他方式使用发明的权利。专利是法律授予发明创造的一项独占权，它可以关乎一种产品，也可以关乎一种生产方法，还可以关乎解决某个问题的技术方案。它不同于有形财产，是看不见、摸不着的，并且具有时间性和地域性的限制。随着经济的高速发展和市场竞争的日益激烈，专利权的申请与保护也被越来越多的人重视。

专利可以分为发明专利、实用新型专利、外观设计专利。发明专利是指对产品、方法或者其改进所提出的新的技术方案。实用新型专利是指对产品的形状、构成或者其结合所提出的适于实用的新的技术方案。外观设计专利是指对产品的形状、图案或者其结合，以及色彩与形状、图案的结合所做出的富有美感并适于工业应用的新设计。

三种专利的区别详见表 2-7。

表 2-7 三种专利的区别

| 项目 | 发明专利 | 实用新型专利 | 外观设计专利 |
|---|---|---|---|
| 内容 | 产品、方法 | 产品的形状、构造 | 产品的形状、图案及其色彩的结合 |
| 审查时间 | 2 年左右 | 6～8 个月 | 4～6 个月 |
| 审查程序 | 受理、初审、公布、实审、授权/驳回 | 受理、初审、授权/驳回 | 受理、初审、授权/驳回 |
| 保护时间 | 20 年 | 10 年 | 10 年 |

专利申请是获得专利权的必须程序。专利权的获得要由申请人向国家专利机关提出申请,国家专利机关批准后颁发证书。申请人在向国家专利机关提出专利申请时,还应提交一系列申请文件,如请求书、说明书、摘要和权利要求书。具体申请流程如图 2-1 所示。

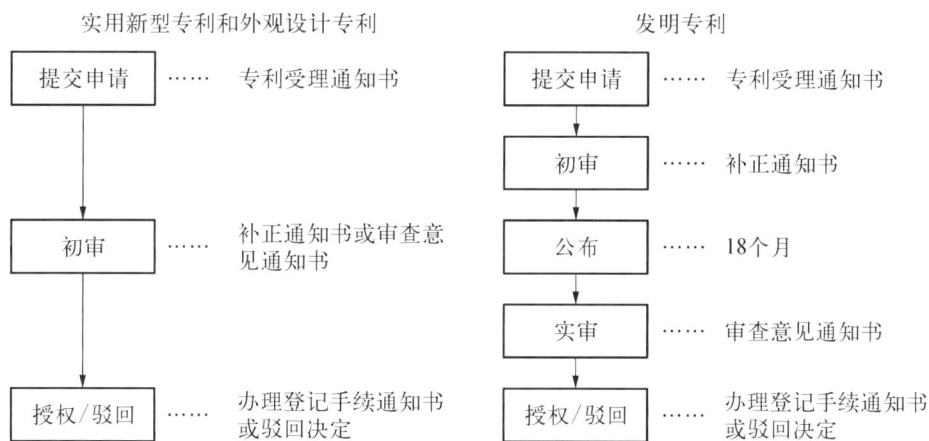

图 2-1 专利申请流程

(2) 专利法。

专利法是确认发明人或设计人对其发明创造享有专利权,规定专利权人的权利和义务的法律规范的总称。

① 专利权的主体即专利权人,是指依法享有专利权并承担与此相应的义务的人。当有多个人就相同的发明创造申请专利时,专利权应该授予谁,通常有两种处理原则:先发明原则和先申请原则。先发明原则是指有多个人就相同的发明创造申请专利时,专利权授予先完成发明的人;先申请原则以提出申请的时间先后为准,即谁先提出申请,专利权就授予谁。包括我国在内的绝大多数国家都遵循先申请原则。

② 专利权的客体即专利法保护的对象,是指能取得专利权,受专利法保护的发明创造。《中华人民共和国专利法》(以下简称《专利法》)第二条规定:"本法所称的发明创造是

指发明、实用新型和外观设计。"因此,专利权的客体应该是发明、实用新型和外观设计。

③ 专利权的内容:专利所有人在申请被授予专利权之后,则成为专利权人,享受相应的专利权。

(3) 专利权的保护。

专利保护是指专利权被授予后,未经专利权人的同意,不得对发明进行商业性制造、使用、许诺销售、销售或者进口;在专利权受到侵害后,专利权人通过协商、请求专利行政部门干预或起诉的方式保护专利权的行为。侵害专利权应承担的法律责任如表 2-8 所示。

表 2-8　侵害专利权应承担的法律责任

| 侵权行为基本类型 | 相　应　责　任 |
|---|---|
| 承担民事责任的侵权行为 | 停止侵权;<br>赔偿损失;<br>消除影响 |
| 承担行政责任的侵权行为 | 管理专利工作的部门有权责令侵权行为人停止侵权行为,责令改正、罚款等,依当事人的请求,还可以就侵犯专利权的赔偿数额进行调解 |
| 承担刑事责任的侵权行为 | 依照《专利法》和《中华人民共和国刑法》的规定,假冒他人专利,情节严重的,应对直接责任人追究刑事责任 |

### 4. 商标权的保护

商标是用来区分不同企业的商品或者服务的可视化商品属性。商标古已有之,现代意义上的商标则是商品经济的产物。今天,商标与我们的日常生活密切相关,已成为消费者选购商品的重要参照。不仅如此,有些商标还具有表示身份、彰显品位的功能。

(1) 商标与商标权。

商标是对商品和服务的特别标记。商标权是商标法的核心,它是所有者获得法律确认和保护的商标所享有的权利,具体包括商标的专用权、禁止权、续展权、转让权和许可使用权等。在我国,取得商标权的唯一途径是商标注册。

商标权的主体即商标权人,是指依法享有商标权的自然人、法人或者其他组织,包括商标权的原始主体和继受主体。商标权的原始主体是指商标注册人,继受主体是指依法通过注册商标的转让或者转移取得商标权的自然人、法人或者其他组织。

商标权的客体即商标。商标是商品的生产者、经营者在商品或者服务上采用的,用于区别商品和服务来源,由文字、图形、字母、数字、三维标志、声音、颜色或上述要素的组合构成的,具有显著特征的标志。经国家核准注册的商标为注册商标,受法律保护。

在国际上,关于商标权的原始取得有以下三条原则:商标注册在先取得原则;商标使用在先取得原则;混合原则,兼顾商标注册在先取得原则和商标使用在先取得原则。我国遵循的是商标注册在先取得原则。

商标权的内容包括以下方面。

① 专用权：专用权是指商标权人对其注册商标依法享有的在特定商品或服务上独占使用的权利。商标权人使用注册商标时有权标明"注册商标"字样或者注册标记。

② 禁止权：禁止权是商标权人依法享有的禁止他人不经过自己的许可而使用注册商标和与之近似的商标的权利。

③ 许可权：许可权是商标权人通过签订商标使用许可合同，许可他人使用其注册商标的权利。

④ 转让权：转让权是指商标权人享有的将其注册商标依法定程序和条件转让给他人的权利。

⑤ 续展权：续展权是指商标权人在其注册商标有效期届满前依法享有的申请续展注册，从而延长其注册商标保护期的权利。

（2）商标权的保护。

商标是一个企业的标志，也可以说是企业文化的表现形式，代表的是一个企业的形象，是企业品牌创立的基础。对商标的保护可以让企业信誉、企业形象得到保护。

商标是专有使用权，受《知识产权法》的保护。注册商标和购买商标都要花一定的资金。保护自己的商标不为他人所用其实也是保护自己的财产。

由于商标有可能成为知名商标，商标同时也是一种有可能升值的商品。商标的这种特性体现了商标具有的预期价值。

商标侵权行为可分为假冒注册商标行为，销售侵犯商标权的商品，伪造、擅自制造他人注册商标标识或者销售伪造、擅自制造的注册商标标识的行为，反向假冒行为，给他人的注册商标专用权造成其他损害等不同类型。其相应责任如表 2-9 所示。

表 2-9　商标权侵权行为的基本类型

| 商标权侵权行为基本类型 | 相　应　责　任 |
|---|---|
| 承担民事责任的侵权行为 | 停止侵害；<br>赔偿损失；<br>消除影响 |
| 承担行政责任的侵权行为 | 工商行政管理部门责令立即停止侵权行为，没收、销毁侵权商品和用于制造侵权商品、伪造注册商标标识的工具，并可处以罚款 |
| 承担刑事责任的侵权行为 | 依照《中华人民共和国商标法》（以下简称《商标法》）的规定，假冒他人注册商标，构成犯罪的，除赔偿被侵害人的损失之外，依法追究刑事责任；伪造、擅自制造他人注册商标标识或者销售伪造、擅自制造的注册商标标识，构成犯罪的，除赔偿被侵权人的损失之外，依法追究刑事责任；销售明知是假冒注册商标的商品，构成犯罪的，除赔偿被侵害人的损失外，依法追究刑事责任 |

（3）商标注册的步骤。

① 草拟商标。申请人初步拟定需要注册的商标，包括文字和图案。

② 进行商标查询。申请人到当地工商行政管理局或代理机构进行商标查询,排查近似的商标,提高商标注册的成功率。

③ 准备申请文件。准备商标注册的相关文件:商标注册申请书(加盖公章);商标图样(黑色或彩色);申请人证明文件复印件;委托商标代理机构办理的,应当提交商标代理委托书,直接办理的,应当提交经办人身份证件复印件;要求优先权的,应当提交书面声明,并同时提交或在申请之日起三个月内提交优先权证明文件,包括原件和完整的中文译文;将他人肖像作为商标图样进行注册申请的,应当予以说明,还要附送肖像人的授权书并公证;所提交材料是外文的,应当附送中文译文。

④ 提交申请文件。办理商标注册申请有两种途径:一是自行办理,即由申请人直接到商标局办理商标注册申请;二是委托依法设立的商标代理机构办理。

⑤ 缴纳商标注册费用。缴纳商标注册费用有两种途径:一是直接缴纳,即在商标注册大厅以现金、支票、银行汇票、银行结汇、电汇等方式缴纳费用;二是委托商标代理组织缴纳,申请人委托商标代理组织办理商标业务,商标规费全部从代理组织在商标局的预付款项中扣除,申请人无须直接向商标局缴纳费用。

⑥ 形式合法性审查。商标局对商标申请书的填写是否属实、准确、清晰、规范,有没有按国家的统一要求填写,以及有关手续是否完备进行审查,进而决定是否受理该商标申请。

⑦ 领取商标注册受理通知书。商标注册的形式审查通过后,商标局将发给商标注册申请人商标注册申请受理通知书。申请人或代理人到商标局领取商标受理通知书。

⑧ 等待商标实质审查结果。商标注册的实质审查是商标局依照《商标法》和《商标法实施条例》的相关规定,对商标按其申请日期的先后,通过检索、分析、对比,审查该商标注册的合法性,以确定是否给予初审审定公告即公告初步审定注册的审查。商标注册的实质审查主要审查该商标是否与在先申请的商标存在相同的情况,是否与在先申请的商标存在相似的情况,是否违反了《商标法》及《商标法实施条例》的有关规定。

⑨ 等待商标公告。商标局对符合规定或者在部分指定商品上使用商标的注册申请符合规定的,予以初步审定,并予以公告;对不符合规定或者在部分指定商品上使用商标的注册申请不符合规定的,予以驳回或者驳回在部分指定商品上使用商标的注册申请,书面通知申请人并说明理由。商标初审时间为三个月。对初审的商标自刊登初审公告之日起三个月内无人提出异议,即予以注册,同时刊登注册公告。

⑩ 领取商标证书。直接办理的,申请人需到商标注册大厅领取商标注册证;委托代理机构办理的,商标局将商标注册证发给代理机构,申请人到代理机构领取。

**(三) 创新成果的转化**

1. 创新成果转化的含义

创新成果转化是指创新成果的知识产权人通过自己使用、许可使用、转让、特许经营等方式行使创新成果知识产权的财产权利,实现创新成果知识产权的经济价值。创新成果的转化既为产权人实现其财产权提供了渠道,又让社会大众分享了创新成果的效用,从而达到了激励创造、鼓励传播、促进社会进步的目的。

2. 创新成果转化的模式

（1）自主创业：自主创业即自己使用、自主开发创新成果，是个人、研究院所、高职院校、企业等创新者的创新成果在内部进行转化的模式。其特点是创新成果的成果源与吸收体相同，将市场交易内部化，剔除了中间环节，转化交易成本较低，转化效率较高。

（2）许可使用：创新成果的许可使用是指产权人授权他人在一定时期和范围内以一定的方式行使创新成果的使用权并获得相应报酬的行为。

① 著作权的许可使用：著作权的许可使用指著作权人授权他人在一定的地域、期限内以一定的方式使用其作品并获得报酬的行为。著作权许可使用是最常见的著作权贸易方式，是著作权人实现其著作财产权的主要方式。

② 专利实施许可：专利实施许可是指专利权人授权他人在一定地域、期限内，以一定方式（包括使用、制造、销售等方式）实施其专利并获得报酬的行为。专利实施许可是最常见的专利贸易形式，是专利权人获得经济价值的主要途径。

③ 商标的许可使用：商标许可使用是指注册商标所有人授权他人在一定地域、期限内以一定方式使用其注册商标并获得报酬的行为。商标许可使用是现代商标法的主要内容，是商标注册人实现其商标经济价值的主要方式。

3. 创新成果转让

创新成果转让指创新成果产权人依法将其享有的创新成果的产权中的财产权利全部或部分转让给他人的行为，包括著作权转让、专利权转让、注册商标转让等。当前，许多创新成果的生产都是以转让获取利益为主要目的的。有偿转让创新成果是实现其经济价值的主要途径。

（1）著作权转让：著作权转让是指著作权人依法将其享有的著作财产权的全部或者部分转让给他人的行为。通过著作权转让，受让人成为该著作全部或者部分财产权的权利人，而转让人丧失相应权利。

（2）专利权转让：专利权转让指专利权人依法将其专利权转让给他人的法律行为。转让人有权依照合同收取转让金，受让人有权受让该项专利权，成为新的权利主体。

（3）商标转让：商标转让是指商标权人依法将其注册商标专用权转移给他人的法律行为。商标权人为转让人，接受注册商标专有权者为受让人。

**课堂小结**

我们学习了创意开发的含义、特点、原理和过程，以及创意成果保护的方式和创意成果转化的模式，希望同学们积极进行创意开发，并将其转化成实际成果，为社会发展贡献力量。

课 | 堂 | 活 | 动 --------------------------------------

## 创意产品设计

1. 请构想一个具有创新性的教育类应用或工具,描述其主要功能、能解决的问题及其独特之处。

2. 基于你构想的创意产品,进行如下的简单市场调研。

(1) 你的目标用户群体是哪些人? 他们的主要需求和痛点是什么?

(2) 市场中是否有类似的产品? 如果有,它们有哪些优点和缺点?

(3) 你的产品将如何满足目标用户的需求,并区别于市场中的竞争对手?

3. 为你的创意产品制定初步的商业模式和营销策略。

(1) 你将如何通过你的产品实现盈利?

(2) 你的目标市场是什么? 如何定位你的产品?

(3) 你将如何推广你的产品?

# 专题三
# 创新创业素养及其培育

# 第一节 创新创业素养概论

## 创新箴言

创新是唯一的出路。淘汰自己,否则竞争将淘汰我们。

——安迪·葛洛夫

## 学习目标

1. 了解创新创业素养的内涵及其重要性。

2. 能对照创业者具备的素养,找到自己应在日常学习和生活中提升的方面;能将自己具备的创新创业素养应用于实践中。

3. 增强创新创业精神,以创新型人才的标准自我要求。

## 案例导入

### 家政行业里的"领跑者"

年逾五旬的田凤萍曾在保险行业从业 20 年。2020 年,因家庭原因,她选择搬去乌鲁木齐生活。然而,闲不住的她总想找些事情来做做。

田凤萍说:"有一天我在逛商场,看到有招聘育婴师的广告,我就想,要不然去当个育婴师吧,因为我特别喜欢小孩。我就找到了一家家政公司去学习。"

因为兴趣所在,田凤萍轻松地学会了育婴知识,这让她对成为一名合格的育婴师产生了很大的信心。她在学习期间利用自己的营销经验写了一份三年内的职业规划书,并交给了老师。很快,她得到了两位老师的认可,三人成为创业伙伴,共同创立了田妈家政公司。

在工作中,田凤萍的热情和专注感染着她身边的每一个人。她深知居家待业者就业难,找到合适的岗位更难。所以她在创业的同时始终不忘初心,时刻把吸纳再就业者放在心上,努力扩大经营业务范围,工种从初始的家政保洁、育婴培训、按摩推拿逐渐扩展到美容美发、病患陪护等。育婴师余秀琴说:"我在田妈家政学习了专业的育婴知识。经过田妈家政介绍,我现在在漂亮妈咪月子中心上班。我非常感谢田妈家政给我提供了学习的机会。"出租车司机王凤福说:"田妈家政在社区举办了一个免费的保健培训,我比较感兴趣,就参加了。老师讲得很认真,都是手把手教你,我非常受益。因为我是开出租车的,难免有腰酸背痛等各种职业病,工作之余给自己做一下按摩,在家的时候也给家里人做一下按摩,他们都说挺不错的。"

田凤萍还一直坚持立足基层,积极为社会公益事业献爱心、办实事。她带领公司全体员工积极参与社区义务劳动,定期慰问孤寡老人和困难群众。她还立足博乐市青达拉街道仁和社区搭建的供需双向平台开展多工种的免费技能培训,帮助提高就业率。田凤萍说:"我一直在做免费培训,就是想让在家待业的人走出家庭,融入社会。培训过程中有想就业的,我们公司也可以接收。"

截至2024年4月,在田凤萍的带领下,她和她的团队共开展了十余场义务培训,内容涉及美容、育婴、小儿推拿等十多个种类,培训400余人次,解决了100余人的就业问题。田凤萍说:"我们接下来会继续开展免费业务培训,并且在原有基础上丰富我们的课程内容,让居家待业者有更多的选择。对市面上经营不善的店铺,我们会主动上门提供帮扶,与之发展成合作伙伴,从而让我们家政行业有更好的发展。"

(来源:曼热帕·阿迪力江,点赞!家政创业路上,这件事她坚持在做,新华网)

**课堂思考**

1. 田凤萍具有哪些创业素养?
2. 你从田凤萍的故事里学到了什么?

## 一、创业素养的含义

创业素养是个体在创业活动过程中表现出的内禀特征,它是个体基于对社会发展的一定认知和自我生涯规划,通过后天的学习和实践养成的。创业素养集中反映了创新创业素养的精华,其形成和发展不仅涉及个体的基本素质潜能,还反映了社会发展的成果在个体身心结构中的积淀和内化情况。

创业素养主要涉及以下几个结构。

(1)创业社会知识结构:这是个体在创业实践活动过程中具备的知识系统及其构成,包括经营管理、法律、工商、税收、保险等方面的知识和其他社会综合知识。

(2)创业技能结构:这涵盖了组织管理能力、开拓创新能力、风险评估与承担能力等,其中开拓创新能力是创业技能结构的核心部分。

(3)创业意识结构:创业意识是在创业实践活动中对个体起动力作用的个性心理倾向,包括创业需要、创业动机、创业兴趣、创业理想、创业信念等。

创业素养还关乎创业者的个人品质,如思维活跃、善于创新、行动果断、百折不挠、坚忍顽强。这些品质使创业者能够敏锐地洞察市场需求,发现潜在的商业机会,有效管理资源,应对挑战和困难,实现个人成长。

创业素养是创业者在创业过程中需要具备的综合素养,它涵盖了知识、技能、意识、品质等多个方面,是创业者成功创业的重要保障。

## 二、创业者应具备的创业素养

### (一)身体素质

良好的身体素质是成功创业的第一大前提。在创业之初,受资金、环境等各方面条件的限制,许多事都需要创业者亲力亲为。他们要不断地思考如何改善经营,加上工作时间长、风险与压力巨大,若无充沛的体力、旺盛的精力、敏捷的思维,必然力不从心,难以承担创业重任。

### (二)创业意识和激情

要想取得创业的成功,创业者必须具备自我实现、追求成功的强烈的创业意识和激情。它们能帮助创业者克服各种艰难险阻,将创业目标作为自己的人生奋斗目标。只有具备了创业意识和激情、创业者才会不断地去挖掘和寻找创业资源(包括资金、技术、团队),不断地去解决在经营过程中遇到的各种问题。

### (三)心理素质

创业的成功在很大程度上取决于创业者的心理素质。在创业的过程中难免会遇到挫折、压力甚至失败,这就需要创业者具有强大的心理调控能力,能够保持一种积极、沉稳、自信、自主、刚强、坚忍和果断的心态,即有良好的创业心理素质。宋代大文豪苏轼曾说:"古之成大事者,不惟有超世之才,亦必有坚忍不拔之志。"只有具有良好的心理素质,才能到达胜利的彼岸。

### (四)知识素质

创业者的知识素质在创业中起着举足轻重的作用。创业者要进行创造性思维,要做出正确的决策,必须掌握广博的知识,具有一专多能的知识结构。具体来说,创业者应该能做到:用足、用活政策,依法行事,用法律维护自己的合法权益;了解科学的经营管理知识和方法,提高管理水平;掌握与本行业、本企业相关的科学技术知识,依靠科技进步增强竞争能力;具备市场经济方面的知识,如财务会计、市场营销、国际贸易、国际金融等方面的知识。

### (五)竞争意识

随着我国社会主义市场经济不断成熟和深化,竞争也越来越激烈。创业者若缺乏竞争意识,实际上就等于放弃了自己的生存权利。创业者只有敢于竞争、善于竞争,才能取得成功。创业者在创业之初面临的是一个充满压力的市场,如果创业者缺乏关于竞争的心理准备,甚至害怕竞争,就只能一事无成。

### (六)诚信精神

创业者在创业过程中,要童叟无欺、讲质量、以诚动人。如果不讲信誉,就无法开创自己的事业;失去信誉,就会寸步难行。

### (七)相关能力

1. 经营管理能力

创业条件中,资金条件不是最重要的,最重要的是创业者的经营管理能力。经营管理能力是一种较高层次的综合能力。它涉及人员的选择、使用、组合和优化，也涉及资金的聚集、核算、分配、使用、流动。作为创业者，只有学会效益管理，能知人善任和充分合理地整合资源，才能形成市场竞争优势。

2. 领导决策能力

领导决策能力是一个人综合能力的体现。创业者首先要成为一个领导决策者，就如同战场上的指挥员，要具有感召力和决策力，以及统揽全局和明察秋毫的能力。在模糊不清的局势下，创业者要比别人更快、更准确地判断出问题所在，并合理处理问题。

3. 创新能力

创业者必须具备创新能力，能打破思维定式，不墨守成规，能根据客观情况的变化，及时提出新目标、新方案，不断开拓新局面。在竞争激烈的市场中，缺乏创新的企业很难站稳脚跟。

### （八）人际关系

"朋友经济"在招商中的作用日益显现，人脉圈逐渐成为创业信息、资金、经验的"蓄水池"，有时甚至能在商业活动中起到四两拨千斤的神奇作用。扩大人脉圈，由此掌握更多信息、寻求更大的发展成为成功创业的捷径。

---

**案例 3-1-1**

#### 与茶携手的十六年——返乡农民工赵小意的创业故事

赵小意是贵州省遵义市凤冈县普紫山茶业有限公司、凤冈县翠鸣硒茶业有限公司的创始人。这些天，她一会儿跑到这个加工厂，一会儿跑到那个加工厂，一会儿又去茶园里指导茶叶管护和采青，整天忙得不亦乐乎。

赵小意的家在凤冈县永安镇田坝社区，她从小就跟着父母种茶。那时候，由于公路不通，采摘下来的茶青都是靠人工背，很辛苦。初中毕业后，赵小意外出打工。2008年，在父母的支持下，赵小意决定返乡种茶。

经过6年的努力打拼，赵小意在2014年创办了凤冈县普紫山茶业有限公司。从销售茶青开始，到有了自家的加工厂，她都是一个人在跑销售、监管质量。"当初创业不容易，遇到了很多困难。可我既然选择了'做茶'，就绝不会放弃。"赵小意说，她始终相信付出就有收获，努力就会取得成功。

在赵小意的辛苦经营下，公司有了干净的茶园基地、标准化的加工厂和清洁的生产线，销售渠道畅通，在全国有较多客户。

"她把茶业当成了事业，从生产加工到市场销售她都很细心。特别是在市场拓展上，她敢拼敢闯，不仅为自己闯出了一片天地，而且让当地群众实现了在家门口就业的愿望。"凤冈县茶产业发展中心主任这样评价她。

渐渐地，凤冈县普紫山茶业有限公司的生产量已经满足不了客户的需求。2023年，赵小意又创办了集生产、加工和餐饮住宿于一体的凤冈县翠鸣硒茶业有限公司。她与外地客商签订了相关销售合同，准备做茶叶高端产品，为凤冈茶叶高质量发展贡献自己的一份力量。

付出就有收获。赵小意 2021 年获得了"凤冈县十佳茶人"称号,2024 年获得了"凤冈县三八发展女能手"称号。凤冈县普紫山茶业有限公司于 2022 年、2023 年先后获评县、市级龙头企业,在 2023 年先后获"凤冈县茶产业先进企业"称号及茶王大赛金奖。

"'普紫山'和'翠鸣硒'两个茶业公司凝结了我的心血。做人做事要讲诚信,在茶叶生产加工和销售方面,我要努力在质量、营销和服务上做得更好,同时让更多的群众在家门口实现就业。"谈到两个公司的发展,赵小意信心十足。

(来源:冉昱晟,与茶携手的十六年——凤冈县返乡农民工赵小意的创业故事,新华网)

**课堂思考**

赵小意具有哪些创业素养?

**课堂活动**

### 你适合创办企业吗?

1. 表 3-1 的 A 栏和 B 栏中各有一些表述。找出更符合你的情况的表述,在对应的空格内打"√"。每个"√"计 1 分。在自我评价时要诚实,因为它将帮助你客观评价你是否具备成功创办企业所需的技能、经验及素质。

表 3-1　创业素养测试表

| A | 1. 创办企业的动机 | | B |
|---|---|---|---|
| | 我有一份工作 | 我没有工作 | |
| | 在决定创办自己的企业之前,我有一份好工作 | 在决定创办自己的企业之前,我没有一份好工作 | |
| | 我从自己干过的每一份工作中都学到了一些东西,我发现工作很有意思 | 我工作只为挣钱,没有什么乐趣,我对工作兴趣不大 | |
| | 我想让我的企业成为我终生的事业 | 我想创业是因为没有其他选择 | |
| | 我想拥有一家企业,这样我能够为我的家庭提供更好的生活 | 我想创办企业是因为想取得成功,富人都有自己的企业 | |
| | 我坚信成功与否更多地取决于自己的努力 | 一个人不论做什么,要想成功,都需要其他人的帮助 | |
| | 过去某段具体的失败经历或某个教训使我想创业成功 | 我没有什么失败经历或教训,只是看到身边的人做生意成功了,所以也想创业 | |

| A | 1. 创办企业的动机 | B |
|---|---|---|
| | 我很穷,整天为三餐而忧愁,不想再穷下去了 | 我虽不太有钱,但也不太缺钱,还算衣食无忧,创业只是想多赚点钱 | |
| | 我具备商业方面的"能力倾向"(指的不是具有哪些能力,而是他适合和擅长哪方面的工作) | 我是有某方面的能力或技能,但说到商业方面的"能力倾向",我似乎还欠缺 | |
| | 我喜欢组织一些人去做一些事,通过协调人与事达成目标,事成后充满成就感 | 我能与人沟通,但不喜欢费心思去组织人们去做一些事,我更喜欢自娱自乐 | |
| | 小计 | |
| A | 2. 风险承受能力 | B |
| | 我坚信,人们想在生活中前进必须冒风险 | 我不喜欢冒风险,即便有机会得到很大的回报 | |
| | 我认为风险中也蕴含着机会 | 如果可以选择,我愿意以最稳妥的方式做事 | |
| | 我只有在权衡利弊之后才会冒风险 | 如果我喜欢一个想法,我会不计利弊地去冒风险 | |
| | 即使投资于自己企业的资金亏掉了,我也愿意接受这样的现实 | 投资于自己企业的资金可能会亏掉,我难以接受这样的现实 | |
| | 不论做任何事,就算我对这件事有足够的控制权,我也不会总是期待完全控制局面 | 我喜欢完全控制自己所做的事情 | |
| | 我敢尝试涉足不熟悉的行业,但在涉足前我会力所能及地对它做调研和分析 | 我绝不涉足不熟悉的行业 | |
| | 我认为,在商业活动中,风险与机会是并存的,只要控制好风险,机会就会变成利益 | 我认为,在商业活动中,风险的压力总是大于机会的动力,搞不好机会就会烟消云散 | |
| | 我可以把风险控制在一定范围内,且能接受短期内没有收益 | 我可以把风险控制在一定范围内,但如果短期内没有收益,我会选择放弃 | |
| | 降低创业风险的一种方法就是在精力允许的情况下分步投资于不同的商业项目 | 分散投资是不可取的,只有深度挖掘,才能降低创业失败的风险 | |
| | 风险与收益实际上是两个孪生兄弟,两者共生共宁。平衡好两者是一种经营必备的艺术 | 我只喜欢收益,不喜欢经营当中的风险,一想起它,我就觉得不开心 | |
| | 小计 | |
| A | 3. 坚韧不拔和处理危机的能力 | B |
| | 即使面对极大的困难,我也不会轻言放弃 | 如果存在很多困难,便不值得为某些事去奋斗 | |

续　表

| A | 3. 坚韧不拔和处理危机的能力 | | B |
|---|---|---|---|
| | 我不会因挫折和失败沮丧太久 | 挫折和失败对我的影响很大 | |
| | 我相信自己有能力扭转局势 | 一个人能做的事情是有限的,命运和运气起很大的作用 | |
| | 如果有人对我说"不",我会泰然处之,并尽最大努力改变他们的看法 | 如果有人对我说"不",我会感觉很糟并放弃这件事 | |
| | 在危急情况下,我能保持冷静并找出最佳的应对办法 | 当危机升级时,我会感到慌乱和紧张 | |
| | 我有点偏执,有时甚至觉得自己是个偏执狂 | 我中规中矩,凡事都会先想退路是什么 | |
| | 认准的道路,我会一直走下去,即使没人鼓掌,我的心也不慌 | 别人的建议和行为示范会成为我下一步的参照,因为我认为,过来人多数时候是对的 | |
| | 事情有可为有不可为,要保持一贯的信念 | 创业本质上就是赚钱,有没有信念不重要 | |
| | 对失败和错误有宽容心态 | 不允许出错甚至失败 | |
| | 坏事一旦发生,我先做到尽量处理好它,转"危"为"机",因为坏事已经发生,我们唯一能做的就是不让它变得更坏 | 坏事发生时,我先想到的是追责,喜欢一上来就抱怨、责难,甚至袖手不理,等肇事者去解决它 | |
| | 小计 | | |
| A | 4. 家庭支持 | | B |
| | 我会让家人参与对他们有影响的企业决定 | 我不会让家人参与对他们有影响的企业决定 | |
| | 对企业的全心投入使我不能花很多的时间和家人在一起,他们会理解我 | 对企业的全心投入使我不能花很多时间和家人在一起,他们会感到不快 | |
| | 如果我的企业最初不是很成功,并且给家人带来经济上的困难,他们愿意忍受 | 如果我的企业最初不是很成功,并且给家人带来经济上的困难,他们会十分生气 | |
| | 家人愿意帮助我克服遇到的困难 | 家人可能不愿意或者没有能力帮助我克服遇到的困难 | |
| | 家人认为我创办企业是个好主意 | 家人对我创办企业感到担心 | |
| | 如果家人不支持我,我有必要说服他们,否则我日后会做不好事情 | 如果家人不支持我,我觉得没必要再跟他们说,直接去做就是了,我不缺他们的支持 | |
| | 通过对项目的讲解,家人会帮我找资源 | 家人对我的项目本身没有兴趣 | |
| | 取得家人支持的最好办法就是创业时拉着他们一起干 | 创办企业不能让家人参与进来,否则对内公私分不清,对外要承担"任人唯亲"的坏名声 | |

续 表

| A | 4. 家庭支持 | | B |
|---|---|---|---|
| | 任人不唯亲,但也不避亲 | 绝对不请家人担任企业的任何职务 | |
| | 从经营之道来看,家庭是根茎,企业是枝叶,所以家人支持与否直接影响到我的创业成败 | 如果家人不同意我创业,我就离家出走,到适合自己生存和发展的环境里去创业 | |
| | 小计 | | |
| A | 5. 主动性 | | B |
| | 我不惧怕问题,因为问题是生活的组成部分,我会想办法解决每一个问题 | 我发现解决问题很难。我害怕这些问题,或者干脆不想它们 | |
| | 当我遇到困难时,我会尽全力去克服。困难是对我的挑战,我喜欢应对挑战 | 如果我遇到困难,我会试图忘掉它们,或等待其自行消失 | |
| | 我不会等待事情的发生,而是努力促使事情发生 | 我喜欢随波逐流并等待好事降临 | |
| | 我总是尝试做一些与众不同的事情 | 我只喜欢做我擅长做的事情 | |
| | 我认为所有的想法可能都有用,因此,我会寻求尽可能多的想法,并看其是否可行 | 人们会有很多想法,但是一个人不可能做所有的事情。我愿意坚持自己的看法 | |
| | 每次做事时,我总是比别人要求的再做好一点 | 我做事情喜欢下意识地应付,表面上过得去就行了 | |
| | 我喜欢沿着"为什么要这样做"的思路去做事 | 我喜欢沿着"事情应该这样做"的思路去做事 | |
| | 主动性体现在思考力、执行力和解决力层面,而不是凡事事必躬亲、亲力亲为 | 主动做事就是要事必躬亲、亲力亲为 | |
| | 我认为做事是否主动要看我们对事情的格局的把控,不出击不代表不主动 | 做事主动主要体现在对事情积极参与上,它通常表现在言语和行动方面 | |
| | 不待外力推动而行动,能够造成有利局面,使事情按照自己的意图进行 | 外力来了,就去做,而且做得比较好;外力不来,表面上做事,内心持观望态度 | |
| | 小计 | | |
| A | 6. 协调家庭、社会和企业的能力 | | B |
| | 在企业能够承受的范围之内,我会从企业里拿出钱来供我和家人使用 | 我的家人需要多少钱,我就从企业里拿出多少钱 | |
| | 如果我的朋友或家人经济困难,我只会用预留给我个人的钱来帮助他们,不会从我的企业里拿钱 | 如果我的朋友或家人经济困难,我将帮助他们,即使这样做可能会损害我的企业 | |

续　表

| A | 6. 协调家庭、社会和企业的能力 | | B |
|---|---|---|---|
| | 我不能把大量的工作时间花在家人和社会关系上而忽略我的企业 | 我会优先考虑家人和社会关系,他们高于企业 | |
| | 家人和朋友必须像其他顾客一样为使用我的产品、服务或企业的资产付钱 | 家人和朋友将从我的企业里得到特殊的好处和服务 | |
| | 我不会因为顾客是我的朋友或家人就可以赊账 | 我会常常让我的朋友和家人赊账 | |
| | 亲兄弟,明算账,公款与私款泾渭分明 | 公司是我开的,想怎么支用钱就怎么支用 | |
| | 应该正常缴税 | 应该尽量少缴税 | |
| | 企业和社会的关系就是双赢或多赢的关系 | 企业和社会的关系就是你得多我得少的关系 | |
| | 企业、家庭、社会及员工之间首先是博弈关系,其次才是竞合关系,即在充分竞争的环境中协同合作 | 企业、家庭、社会及员工之间都存在博弈关系,即处在充分竞争的环境中 | |
| | 企业、家庭和社会之间没有明显的界限,很多时候处在交叉和融合状态,处理好它们的关系需要艺术 | 企业、家庭和社会之间要泾渭分明,处理好它们的关系需要手段 | |
| | 小计 | | |
| A | 7. 决策能力 | | B |
| | 我能够轻松地做决定,我喜欢做决定 | 我发现做决定很难 | |
| | 我能独立做出艰难的决定 | 在我做出艰难的决定之前,我会征求很多人的意见 | |
| | 一旦需要做出决定,我常能尽快地决定做什么 | 我尽可能长地推迟做决定的时间 | |
| | 在做决定之前,我会认真思考并考虑所有可能的选择 | 我凭感觉和直觉做出决定,我只知道眼下要做什么 | |
| | 我不怕犯错误,因为我可以从错误当中吸取教训 | 我经常担心会犯错误 | |
| | 创业是一件理性的事,凡事都要做情报管理,要调研和分析 | 创业是一件感性的事,只要觉得能做就行动,不需要繁文缛节、过多思考 | |
| | 战略上很勤奋,战术上很懒怠 | 战略上很懒怠,战术上很勤奋 | |
| | 作为领头人,做正确的事远比把事情做正确重要 | 作为领头人,把事情做正确远比做正确的事重要 | |

续　表

| A | 7. 决策能力 | B |
|---|---|---|
| 决策一靠数据,二靠打听,三靠感觉 | 决策一靠感觉,二靠打听,三靠分析 | |
| 决策要集众人之智,因为一人智短,两人智长 | 决策要力排众议,因为声音多的地方往往是智慧少的地方 | |
| 小计 | | |

| A | 8. 适应企业需要的能力 | B |
|---|---|---|
| 我只提供顾客需要的产品或服务 | 我只提供自己喜欢的产品或服务 | |
| 如果我的顾客想要更便宜的产品或服务,我将想办法满足他们的需求 | 如果我的顾客想要更便宜的产品或服务,他们只能找其他的企业 | |
| 如果我的顾客想赊购,我会想办法以最低的风险为他们提供赊购服务 | 我不会向任何人推销我的产品或服务 | |
| 如果将企业迁到其他地方生意更好,我就会这样做 | 我不准备重新选择企业地点,我的企业在哪里,顾客就必须到哪里 | |
| 我将研究市场趋势,并力图改变工作态度和方法,以跟上时代的发展 | 最好按照我知道的方法去工作,跟上时代的发展太难了 | |
| 选择比经验重要,时机比选择更能决定成败 | 经验和人脉是决定企业能够可持续经营的最大资源 | |
| 专注于用户和员工的需求,产品开发要跟着用户的需求走 | 专注于产品生产和开发,把用户和员工的反应放在第二位 | |
| 企业的经营状况是随时变化的,我要协调自己的经营行为来充分配合它的变化 | 企业是我在经营,不根据我的个性形成企业独特的文化,企业凭什么立于市场中而不倒? | |
| 要建立学习型组织,自己就要身体力行,以丰富企业的内涵,强化核心竞争力 | 企业是我创办的,创业基因由我植入,建立学习型组织的目的就是让员工多跟我学 | |
| 市场在变,企业经营方式就要变;企业在变,员工也要跟着变 | 做事不能圆滑,否则,事示人以不信,如何立足于市场中? | |
| 小计 | | |

| A | 9. 对企业的承诺 | B |
|---|---|---|
| 我善于在压力下工作,我善于应对挑战 | 我不善于在压力下工作,我不喜欢挑战 | |
| 我喜欢每天工作很长时间,我不介意占用业余时间 | 我认为工作以外的时间很重要,人不能长时间工作 | |

续　表

| A | 9. 对企业的承诺 | B |
|---|---|---|
| 我愿意为自己的企业而减少与家人、朋友在一起的时间 | 我不愿意为自己的企业而减少与家人、朋友在一起的时间 | |
| 如果有必要,我可以把社交活动、休闲娱乐和业余爱好花的时间减少 | 我认为在社交活动、休闲娱乐和业余爱好方面多花时间是很重要的 | |
| 我愿意非常努力地工作 | 我愿意工作并做必须做的事情 | |
| 我从不轻许诺言,做到言必行、行必果、责必究 | 我时不时许下兑现不了的诺言 | |
| 虽然我与员工的某些想法不一致,但经过沟通和激励,我们的想法会趋同 | 我是老板,员工在打工,他们的想法永远不会跟我的一致 | |
| 企业首先要对用户负责,其次要对员工负责,最后要对社会负责 | 企业首先要对社会负责,其次要对用户负责,最后要对员工负责 | |
| 因为企业的经营是长期的,所以无论实际经营期有多长,我都要以始为终,保持基本承诺不变 | 因为企业的经营状况会随时间而改变,所以对企业的承诺也应是阶段性的 | |
| 作为创业者和持续经营者,保障公平和公正,以共赢的理念保障员工合理合法的权益,也是对企业的承诺的体现 | 老板与员工间是雇佣关系。员工干活,老板只要按时付薪就行了。对公不公平不应过多考虑,因为世上本来就没有绝对公平的事情 | |
| 小计 | | |

| A | 10. 谈判技巧 | B |
|---|---|---|
| 我喜欢谈判,并且经常在不冒犯任何人的情况下达到目的 | 我不喜欢谈判,按照别人的建议去做更容易 | |
| 我与别人沟通得很好 | 我与别人沟通有困难 | |
| 我喜欢倾听别人的观点和选择 | 我对别人的观点和选择一般不感兴趣 | |
| 谈判时,我会考虑什么对自己有利,什么对别人有利 | 如果参加谈判,我更愿意作为一个听众旁观事态的发展 | |
| 我认为,在谈判中达到目的的最好方法是努力寻找一个使双方都受益的方案 | 因为企业是我的,所以我的意见最重要。谈判中总有一方会失败 | |
| 谈判是有章法和步骤的,上一步没走完时,千万不要跳到下一步 | 谈判中把双方的利益点、合作点讲清楚就行了,不需要太关注章法和步骤 | |
| 谈判成败的关键在于能否出现共赢局面,有时可能自己会"吃亏" | 谈判成功的关键在于谈判人的口才好或有气场 | |

续 表

| A | 10. 谈判技巧 | | B |
|---|---|---|---|
| 谈判就像下棋,博弈和算计是基本手段,虽然目的是赢,但结果未必会赢 | | 谈判就是要让对方就范,目的是赢,结果也要赢,否则,就不签订合作协议 | |
| 文化素养、经验、经历,以及对它们恰如其分的描述是谈判成功的基本条件 | | 口才、气势和财力是谈判成功的基本条件 | |
| 谈判主要靠智力、体力和耐力 | | 谈判主要靠财力、人力和物力 | |
| 小计 | | | |

2. 得分评估。请分别对 A 栏和 B 栏的得分情况做统计,然后填入表 3-2。

表 3-2 得分统计表

| 项 目 | A 栏得分 | B 栏得分 |
|---|---|---|
| 1. 创办企业的动机 | | |
| 2. 风险承受能力 | | |
| 3. 坚韧不拔和处理危机的能力 | | |
| 4. 家庭支持 | | |
| 5. 主动性 | | |
| 6. 协调家庭、社会和企业的能力 | | |
| 7. 决策能力 | | |
| 8. 适应企业需要的能力 | | |
| 9. 对企业的承诺 | | |
| 10. 谈判技巧 | | |
| 总分 | | |

如果在某一方面,A 栏得分为 6~10 分,说明你这方面的能力和素质强;

A 栏得分为 0—5 分,说明你这方面的能力和素质较强;

B 栏得分为 0—4 分,说明你这方面的能力和素质较弱;

B 栏得分为 5—10 分,说明你在该方面的能力和素质弱。

总体而言,A 栏得分高,说明你在创办企业方面取得成功的概率大。

如果你 A 栏的总分为 60 分及以上,说明你有创办企业所应具备的各项素质;

如果你 B 栏的总分为 60 分及以上,说明你需要对自己的弱项加以改进,将弱项转变为强项。

如果你缺乏创办企业必备的素质和能力,有很多方法可以提高你的企业经营技巧并增强你的素质:

(1) 与企业家交谈,向他们学习;

(2) 参加培训班或学习班,接受培训;

(3) 做一个成功企业家的助手或学徒;

(4) 阅读一些可以帮助你提高经营技巧的书籍;

(5) 阅读报纸上关于企业的文章,想想这些企业出现的问题和它们解决问题的方法;

(6) 考虑找一个能与你取长补短的合伙人,而不是完全依靠自己去创办企业。

---

**课 堂 活 动**

### 讨论创业素养的重要性

1. 采用随机的方式进行分组,每组 4～6 人为宜。

2. 教师给出问题假设:假定你和你的团队准备创建一家新公司,请各小组结合本次课程对创业素养的阐述进行讨论。讨论要包含以下两个方面:创业者的创业素养是否会影响创业的成功;成功的创业者需要具备哪些基本素养。

3. 各小组发表对创业素养重要性的看法,教师进行点评、总结。

---

## 三、创业素养的重要性

创业素养是创业素质与修养的内在统一,主要包括知识、能力和精神三个方面,这三个方面相辅相成,共同构成了创业素养的基本内涵。

具备一定的创业素养是从事创业实践活动的前提条件,也是创业成功的关键因素。知识层面主要包含必备的专业知识、经营管理知识、国家及地方政策等方面的知识,必须掌握并灵活运用这些知识。能力层面主要包含创新能力、社会实践能力、交际能力等。精神层面主要包括创业者具有的坚持不懈、吃苦耐劳、锲而不舍的创业精神,以及开阔的眼界、敏锐的反应、过人的胆识等。知识、能力和精神境界三者的高度融合构成了创业素养的内涵。虽然成功的创业还需要市场、技术、资金等很多其他外在条件,但是创业素养的高低是决定创业成败的重要因素,在创业过程中起着不可替代的作用。

现代创新理论的提出者约瑟夫·熊彼特指出,创业家是经济发展的发动机,是经济发展的力量源泉。创业的梦想人人都有,但成功的创业者到底具备什么样的素养,这是在创业之前必须用心研究和思考的基本问题。

创业素养的重要性不言而喻,它对于个人和整个创业过程都具有深远的影响。创业素养的重要性体现在如下几个关键方面。

（1）提升成功概率：拥有全面的创业素养意味着创业者具备了全面的知识和技能，能够更好地识别商机、制定战略、管理团队和应对挑战。这些能力将显著提高创业成功的概率。

（2）增强竞争力：在竞争激烈的商业环境中，创业者创业素养的高低往往决定了企业竞争力的强弱。具备优秀创业素养的创业者能够更快速地适应市场变化，更有效地应对挑战，从而在竞争中脱颖而出。

（3）激发创新精神：创业素养包含了创新思维和开拓精神，这些素质能够激发创业者的创造力和想象力，推动企业不断创新，开发出具有市场竞争力的产品和服务。

（4）塑造企业文化：创业者的创业素养会直接影响到企业文化的形成和发展。具备优秀的创业素养的创业者能够塑造出积极向上、富有创新精神的企业文化，为企业的长期发展奠定坚实的基础。

（5）促进个人成长：创业是一个充满挑战和机遇的过程，创业者需要不断地学习、成长和进步。通过开展创业实践，创业者能够不断提升自己的创业素养，实现个人价值的最大化。

（6）推动社会进步：创业者通过创业活动，能够推动社会的技术进步、经济发展和文化繁荣。具备优秀的创业素养的创业者能够加速这一进程，为社会带来更多的福祉和利益。

创业素养对于个人和整个创业过程都具有至关重要的作用。它不仅能够提升创业成功的概率、增强企业的竞争力，还能够激发创新精神、塑造企业文化、促进个人成长和推动社会进步。因此，创业者应该注重培养自己的创业素养，不断提升自己的综合素质和能力水平。

创新创业能力及其培育路径

## 创新箴言

人们总是抱怨环境造就了他们现在的样子。我不相信环境。在这个世界上取得进步的人是那些站起来寻找他们想要的环境,如果找不到,就自己创造的人。

——萧伯纳

## 学习目标

1. 了解创业者需要具备的创业能力及其重要性,了解创业者需要具备的创业潜质。
2. 掌握创业能力和创业潜质的培养途径,不断强化自己的创业能力和创业潜质。
3. 树立创新精神和创业理想。

### 案例导入

**抓 住 机 会**

麦克出身贫寒,做过店员、勤杂工和推销员等。他依靠不懈的努力白手起家,终成为一代巨富。少年时,其他孩子从安全门逃票看电影,麦克却不,他找到电影院负责人说:"让我把守安全门。"结果他不仅获得了这份工作,而且树立了影响他一生的观念:只要肯动脑筋就能赚钱。后来麦克到芝加哥闯天下,看到报纸上有很多招收泥瓦匠的广告。因为战后经济回升,美国建筑业发展迅速,泥瓦匠供不应求。于是,麦克便在一家报纸上刊登了培训泥瓦匠的广告。他租了一间店铺,挂上培训部的招牌,请了一位熟练的泥瓦匠当老师,教材是砖瓦、水泥和沙子。他的这一计划非常成功,每天都有很多工人来参加培训。当时建筑公司聘用人员时需要分别招募木匠、水泥工、粉刷工等,实在是一件麻烦事。麦克便成立了一个专门机构为建筑公司代理这些事项,采取分工负责和流水作业的方式,效率很高,受到建筑公司的欢迎。就这样,委托方与工程承包人之间的中间商出现了。后来,麦克成为一家著名建筑公司的董事长。

**课堂思考**

1. 上面的材料体现了麦克的哪些创业能力?

2. 创业过程中如何运用这些能力?

## 一、大学生与创新创业

2005 年印发的《关于引导和鼓励高校毕业生面向基层就业的意见》提出"要加强对大学生的创业意识教育和创业能力培训";2014 年印发的《关于实施大学生创业引领计划的通知》指出要努力使大学生的创业意识和创业能力进一步增强,完善支持大学生创业的政策制度和服务体系;2015 年印发的《关于进一步做好新形势下就业创业工作的意见》指出要加大创业培训力度,把创新创业课程纳入国民教育体系,切实提升创业者的创业能力;2020 年印发的《国务院办公厅关于建设第三批大众创业万众创新示范基地的通知》指出要大力弘扬科学家精神、劳动精神和工匠精神,倡导敬业、精益、专注、宽容失败的创新创业文化,构建专业化、全链条的创新创业服务体系,增强持续创新创业能力,加快培育成长型初创企业、"隐形冠军"企业和"专精特新"中小企业;2021 年印发的《关于进一步支持大学生创新创业的指导意见》提出将创新创业教育贯穿人才培养全过程,深化高校创新创业教育改革,增强大学生的创新精神、创业意识和创新创业能力;2022 年印发的《关于进一步做好高校毕业生等青年就业创业工作的通知》提出要汇集优质创新创业培训资源,对高校毕业生开展针对性培训,提升高校毕业生的创业能力,支持高校毕业生自主创业。那么,作为大学生创业者,我们应如何提高自身的创业能力?

做好创新创业工作需紧扣激发创业激情、提升创业能力、提供创业扶持三个环节,而其中核心环节就是提升创业能力。习近平总书记在二十届中共中央政治局第十一次集体学习时强调,发展新质生产力是推动高质量发展的内在要求和重要着力点,必须继续做好创新这篇大文章,推动新质生产力加快发展。劳动者是生产力的重要组成部分。发展新质生产力,需要聚焦创新意识、科技素养和实践技能,加快建设一支适应发展新质生产力的高素质劳动大军,为扎实推进高质量发展、以中国式现代化全面推进中华民族伟大复兴提供更坚实的人才支撑。

创新创业是指基于技术创新、产品创新、品牌创新、服务创新、商业模式创新、管理创新、组织创新、市场创新、渠道创新等方面开展的实践活动。创新是创新创业的特质,创业是创新创业的目标。

法国经济学家萨伊首次对创业者进行了定义,他将创业者描述为将经济资源从生产效率低的区域转移到生产效率较高区域的人,并认为创业者是经济活动过程中的代理人。

英国企业战略研究专家比尔·博尔顿和约翰·汤普森通过对创业者和创业行为进行系统研究,在《创业者——特质、性格和机会》一书中对创业者进行了定义,认为所谓创业者就是通过创造和创新活动识别创新创业机会、创建事业并实现其价值的人。这一定义包含三层意思:创业者即自然人,既可以是单个的人或参与创新创业活动的核心人员,又可以是参与创新创业活动的全体人员,创业者不是特殊的群体,每个人都可以作为主体从事创新创业活动,都能创造价值、服务社会和成就自我;创业者的目标是创造价值和实现价值,创业者的行为方式是识别创新创业机会和创建新事业;创业者通过创造和创新实现其最终目标,创造和创新能力对创业者而言至关重要,是决定创新创业能否成功的关键因素。

大学生创业者相对于普通创业者来说是一个特殊的群体，是指那些具有创新精神、创新思维、创造能力和创新创业本领的在校或毕业大学生，是能够运用具备的知识和才能发现创新创业机会、组建团队、创立企业、创造价值的个人或群体。

大学生创业者具有一般创业者的特征，需要发现市场机会，组建创新创业团队，整合各种资源，向客户提供高质量的产品，作为市场主体参与市场竞争。他们面临着内部和外部环境变化所带来的挑战，要做到遵循市场规律，遵守法律法规。大学生创业者作为特殊群体，与一般创业者相比又具有自身的特点，如缺乏创新创业经验，没有广泛的人脉关系和足够的创新创业资金，抗风险能力比较差。大学生创业者有创新精神、创新思维，但缺乏创造能力，创新创业本领有待提升。

## 二、创业者应具备的创业能力

创业能力是创业者取得创业成功的保证。一个创业成功的人，除了有一技之长，还要有良好的创业能力。在市场经济条件下，企业之间的竞争是非常激烈的。作为创业者，不能只凭一时热情，既不去了解创业的特点，又不去了解创业者应具备的创业能力，只是认为别人能创业成功，自己也一定能成功。在这种情况下，结果往往是以热情开始，以失败告终。

### （一）决策能力

**1. 决策能力的内容**

在创业过程中，决策能力是一项至关重要的能力。创业者需要快速而准确地做出决策，这些决策可能涉及多个方面，包括但不限于以下几个方面。

（1）对市场趋势的判断：创业者需要时刻关注市场动态，准确捕捉市场的未来发展趋势。这需要对市场，包括市场需求、竞争格局、政策走向等多个维度有深入理解和研究。

（2）对商业机会的识别：在复杂多变的商业环境中，创业者要能够敏锐地捕捉到潜在的商业机会。这些机会可能来自市场空白、消费者需求、技术进步等各个方面。创业者需要具备敏锐的洞察力，以便在第一时间发现这些机会。

（3）对投资项目的评估：在创业过程中，创业者可能会面临对多个投资项目的选择。他们需要对这些项目进行全面的评估，包括项目的可行性、潜在风险、预期收益等多个方面。这要求创业者具备扎实的商业分析能力和丰富的经验。

**2. 决策能力的培养**

培养优秀的决策能力并不是一蹴而就的，它需要创业者具备以下几个方面的素质。

（1）深入的市场研究：创业者需要投入大量的时间和精力进行市场研究，了解市场的现状和未来发展趋势。这有助于他们更准确地判断市场趋势和识别商业机会。

（2）丰富的经验：丰富的经验是创业者做出准确决策的重要基础。通过不断地实践和积累，创业者可以逐渐提高自己的决策能力，更加熟练地应对各种复杂情况。

（3）敏锐的商业洞察力：具备敏锐的商业洞察力是创业者区别于普通人的重要标志。它可以帮助创业者从众多信息中筛选出有价值的内容，从而更准确地把握市场机会和做出决策。

决策能力是创业者成功的关键因素之一。创业者需要不断提高自己的决策能力，以便在复杂多变的商业环境中保持竞争优势。

案例 3－2－1

## 王厂长的决策

王厂长是某饮料厂的厂长,回顾他 8 年的创业历程,可以用"艰苦创业、勇于探索"来概括。在王厂长的带领下,全厂上下齐心合力,同心同德,为饮料厂的发展立下了不可磨灭的汗马功劳。其中最令全厂上下佩服的还数 4 年前王厂长决定购买国外淘汰的二手生产设备的决定。饮料厂也由此挤入行业知名企业的行列,令同类企业刮目相看。今天,王厂长又通知各部门主管晚上 8 点在厂部会议室开会。部门主管们都清楚地记得,4 年前,在同一时间、同一地点,王厂长做出了购买进口二手设备这一关键性的决定。在他们看来,又有一项新举措即将出台。

晚上 8 点,会议准时召开。王厂长庄重地说:"我有一个新的想法,我将大家召集到这里是想听听大家的意见或看法。我们厂比起 4 年前已经发展了很多,可是,比起国外同类企业,我们的生产技术、生产设备还差得很远。我想,我们不能满足于现状,应该力争达到世界一流水平。当然,我们的技术、人员等还差得很远,但是我想为了达到这一目标,我们必须从硬件条件入手,引进世界一流的先进设备,这样一来,就会带动我们的技术、人员等一起前进。我想这也并非不可能的,4 年前我们不就是这样做的吗? 现在工厂的规模扩大了,厂内外事务也相应地增多了,大家是各部门的领导,我想听听大家的意见,然后再做决定。"

会场里一片肃静,大家都清楚地记得,4 年前王厂长宣布引进二手设备的决定时,有近 70％的成员反对,即使后来王厂长介绍了他近 3 个月以来对市场、政策、人员、资金等厂内外环境因素的一系列调查研究结果,仍有半数以上的成员持反对意见,10％的成员保留态度。因为当时很多企业引进设备后,由于设备不配套和技术难以达到相应水平,高价引进的设备成了一堆闲置的废铁。但是王厂长在这种情况下仍采取了引进二手设备的做法。事实表明,这一举措使饮料厂摆脱了由于当时设备落后、资金短缺所陷入的困境。二手设备那时价格已经很低,但在我国尚未被淘汰,饮料厂也由此走上了发展的道路。

王厂长见大家心有顾虑,便说道:"大家不必有所顾虑,今天的事项完全由大家决定,这也是民主决策的体现。如果大部分人同意,我们就宣布实施这一决定;如果大部分人反对,我们就取消这一决定。现在大家举手表决吧。"

最终,会场上有近 70％的人投了赞成票。

课堂思考

1. 王厂长的两次决策过程合理吗? 为什么?
2. 如果你是王厂长,在两次决策过程中应做哪些工作?
3. 影响决策的主要因素有哪些?

## (二) 执行能力

在创业过程中,执行能力是创业者将决策转化为具体行动并付诸实践的关键能力。一个优秀的创业者不仅要能够做出明智的决策,还需要具备强大的执行能力来确保这些决策能够转化为有效的行动和结果。执行能力通常涵盖以下几个方面。

(1) 项目管理:创业者要能够管理和指导项目的进展,确保项目按计划进行。这包括设定明确的项目目标、制订详细的项目计划、分配任务和资源、监控项目进度,并适时进行项目调整。

(2) 时间管理:时间是创业者最宝贵的资源之一。有效的时间管理意味着能够合理安排时间,优先处理重要和紧急的任务,避免时间浪费,并充分利用每分每秒来推动企业的发展。

(3) 资源调配:创业者需要合理分配和调配企业内部的资源,包括人力资源、财务资源、物资资源等。通过合理的资源调配,创业者可以确保企业内部的资源得到充分利用,从而使企业的效益最大化。

(4) 任务执行:创业者需要亲自带领团队执行任务,确保任务能够按时、按质完成。在执行任务的过程中,创业者需要关注细节,确保每个环节都符合标准,从而确保最终的结果符合预期。

(5) 风险应对:在执行过程中,创业者可能会遇到各种风险和挑战。他们需要具备风险意识,预见风险并制定相应的应对措施,确保在风险发生时能够迅速应对,减少损失。

(6) 结果导向:创业者需要以结果为导向,不断关注任务的完成情况和目标的达成情况。他们需要通过数据分析、市场调研等方式来评估结果,并根据评估结果对计划进行调整和优化。

执行能力是创业者成功的关键因素之一。通过提高执行能力,创业者可以更好地将决策转化为行动,推动企业的发展,实现企业的目标。

---

**案例 3-2-2**

### 耕耘十年让鸽子飞出大山

十多年前陈伟波回乡创业时,他没想到,他的创业梦有朝一日也寄托了乡亲们的脱贫致富梦。

"学养鸽子急不得,还得慢慢来……"在广东省兴宁市羊岭村的养殖基地里,陈伟波耐心地和员工交流养鸽心得。鸽棚由一个个鸽笼组成,鸽笼上挂着生产信息记录表,表上记录了鸽子出壳、出栏的时间。要想养好鸽子,这些枯燥的记录必不可少。

虽然做了老板,陈伟波依然喜欢穿着粗糙的工作服进出鸽棚。这个个头不高,举止却十分干练的创业者闯劲不减。

陈伟波 4 岁时,父亲早逝,母亲改嫁,两个叔叔抚养他长大并供他读完大学。2010 年 5 月,在深圳一家外企工作的陈伟波接到了叔叔陈映基的电话。一个月后,他辞职回乡，开始帮叔叔养鸽子。"有过犹豫，但家人需要我，我还是要帮忙。"彼时，陈映基养了 4 000 对鸽子，但由于不善打理，已亏损 30 多万元，急需侄子回乡帮忙。

兴宁市素有"七山二水一分田"的说法，由于地理环境差，有的村子很穷。陈伟波对此深有感触，因为他出生的碧园村和周边的羊岭村、曲塘村当时都是省定贫困村，"我回乡创业也有情怀因素。毕竟自己小时候吃过很多苦，有机会的话，还是希望能带动乡亲脱贫致富"。

对于土木工程专业毕业的陈伟波来说，跨行养鸽子并不轻松。为了有更多时间向老师傅请教，他在养殖基地住了 6 年，和工人同吃同住，从最基础的工作干起。他同时报考了中国农业大学动物医学专业，利用业余时间在网上上课，学习理论知识。

在 2013 年禽流感期间，国内不少养鸽户破产倒闭，陈伟波也因担忧鸽子的销路而辗转反侧、彻夜无眠。那段时间，每天早上四五点他就跑去菜市场推销鸽子。2013 年底，陈伟波在前期发动农户开拓市场的经验基础上做起了鸽子活禽销售，在兴宁市、五华县、梅县开设了活禽直营店。

如今，陈伟波养殖的"陈小鸽"年销量达 200 万只，辐射粤、闽、赣三省。从城市返乡的陈伟波让鸽子飞出了大山。

回顾十多年的创业路，陈伟波特别感谢龙田镇政府。他说，公司的 3 个基地面积已近千亩，如果不是镇政府帮忙协调土地流转、处理纠纷，基地很难达到现在的规模。镇政府还统筹投入了 400 多万元扶贫专项资金，使得企业、贫困户同时受益。

如今，依靠内生力量成长起来的"陈小鸽"已发展成"兴宁鸽"，成为助农致富的产业担当。

（来源：脱贫路上"鸽"显神通，南方日报）

### （三）学习能力

在创业过程中，创业者会遇到各种新的问题和挑战，需要具备强大的学习能力来不断适应和应对。学习能力是创业者保持竞争力的关键。

（1）自我学习：创业者需要拥有自主学习的能力，能够主动寻找和获取新的知识和技能。可以通过阅读书籍、参加在线课程、参加研讨会等方式不断拓宽自己的知识领域，提升自己的专业素养。

（2）向他人学习：创业者应该善于向他人学习，包括行业内的专家、成功的创业者、团队成员等。通过与他们交流、合作，创业者可以学习到他们的成功经验、解决问题的方法，以及独特的思维方式，从而不断提高自己的能力和素质。

（3）从失败中学习：创业过程中难免会遇到失败和挫折，关键在于如何从中吸取教训并快速成长。创业者需要具备从失败中学习的能力，认真分析失败的原因，总结经验、教训，并调整自己的策略和方法，避免再次犯同样的错误。

（4）持续学习：创业是一个持续不断的过程，市场环境和竞争态势也在不断变化。因此，创业者需要保持持续学习的态度，不断关注行业动态和市场变化，及时更新自己的知识和技能，以适应不断变化的市场需求。

（5）具备开放的心态：学习能力还体现在创业者是否具有开放的心态上。他们应该愿意接受新的观念、技术和方法，勇于尝试和创新，不断挑战自己的极限。这种开放的心态有助于创业者保持敏锐的洞察力和创造力，从而在激烈的市场竞争中立于不败之地。

学习能力是创业者不可或缺的能力之一。通过不断学习和适应，创业者可以不断提升自己的能力和素质，应对各种挑战和机遇，实现企业的可持续发展。

**案例 3-2-3**

### 逆境中的突破：小朱养殖场混合疾病防控记

小朱从小生活在农村，对动物有一种天然的亲切感。大学毕业后，他去了大城市闯荡。由于专业不对口，小朱没有找到自己感兴趣的工作，再加上父母年事已高，多方考虑之下，小朱决定回家创业。

小朱在外务工期间，曾在广州、深圳的农贸野味市场进行过详尽的市场调查，发现特种养殖业的市场潜力巨大。以野鸭为例，野鸭的市场利润是家鸭的好几倍，饲养起来却不比家鸭困难多少。再加上自己学的是养殖专业，理论知识与实践经验的支持给了小朱创办养殖场的信心。小朱满怀自信，开办了一家养殖场，以养殖大雁、孔雀、野鸭、天鹅、贵妃鸡、野鸡、鸵鸟等特色品种为主。

一次，他一鼓作气引进了 500 只山鸡苗，原本希望再一次掀起销售热潮，谁知第一次养殖山鸡没有经验，没过多久山鸡就开始一只接一只地患病死亡，从一开始的每天死亡几只发展到每天死亡 30 多只。由于没找到病因，无法对症下药，小朱只好对其进行普通的药物治疗。"死亡阴影"整整持续了一个多月，小朱心急如焚，再找不到病因，这批山鸡苗将损失殆尽，到时将给养殖场造成致命的打击。小朱查阅了大量的文献资料，也和同行沟通过，还咨询了相关的专家，最终确定山鸡是感染了一种混合疾病。可是这时 500 只山鸡苗已近乎全军覆没，只幸存了几十只。小朱没有时间伤心，他要保住这最后的山鸡苗。发现病因之后，小朱极力治疗补救：每天按时为鸡舍清洁、消毒；给山鸡苗定时注射治病的药物，不眠不休地关注山鸡苗的健康状况；将病鸡进行隔离治疗，对死鸡及时清理，并撒上石灰深埋。考虑到幸存的山鸡苗抵抗力弱，小朱还在饲料里加入治病的药物并使用大灯进行保温，用网床减少山鸡苗与带菌粪便的接触。由于措施得当，病菌终于得到了有效控制。

### （四）协调能力

在创业过程中，创业者不仅需要关注企业内部的运营和管理，还需要做好与外部的各种利益相关者之间的有效协调。协调能力是确保企业顺畅运作的关键，它涉及人际关系管理、冲突解决、团队合作、资源整合和利用等多个方面。

（1）人际关系管理：创业者需要与各方建立良好的关系，包括员工、合作伙伴、供应商、客户等。他们需要理解不同的人的需求和期望，并采取合适的方式与他们建立联系。通过有效的人际关系管理，创业者能够营造和谐、积极的工作氛围，为企业的成功打下坚实的基础。

（2）冲突解决：在企业运营过程中，难免会出现各种冲突。创业者需要具备解决冲突的能力，能够识别冲突的根本原因，并采取合适的措施来化解冲突。他们需要保持冷静、客观的态度，倾听各方的意见，寻求共识和妥协，以维护企业的稳定和发展。

（3）团队合作：创业者需要组建一个高效、协作的团队来实现企业的目标。他们需要激发团队成员的积极性和创造力，协调团队成员之间的关系，确保团队成员相互支持、相互信任。通过团队合作，创业者能够汇聚团队成员的智慧和力量，共同应对挑战和机遇。

（4）资源整合和利用：创业者需要了解不同资源的特点和价值，并将它们有效地整合在一起，以支持企业的运营和发展，包括人力资源、财务资源、物资资源等。

协调能力是创业者必备的一项关键能力。通过有效的协调，创业者能够确保企业内部和外部的顺畅运作，为企业的成功创造有利条件。

---

**案例 3-2-4**

### 李铭与水电行的创业故事

李铭与两位好友共同开设了一家水电行，初期业务主要集中在修护水电方面。业务逐渐扩大后，李铭提议以代理电梯作为新的发展方向。面对合伙人的疑虑和担忧（如业务基础不稳固、电梯需求不大），李铭通过搜集相关资料、分析市场趋势等方式，与合伙人进行了多次磋商和沟通，最终成功地说服了合伙人，让他们看到了代理电梯的潜力和商机。合伙人又担心他们缺乏电梯安装和修理的技术，李铭表示他已经提前与一家外企接洽，并计划让他们为团队提供技术培训。他还与合伙人一起商讨了派人出国学习电梯技术的具体事宜，确保团队能够顺利掌握相关技术。

在这个案例中，李铭展现出了出色的协调能力。他不仅能够敏锐地捕捉市场机会，而且能够充分考虑到合伙人的顾虑和担忧，并通过有效的沟通和协商来解决问题。这种协调能力不仅有助于团队的团结和协作，而且能够推动企业持续发展和壮大。

---

### （五）思考能力

在创业过程中，创业者面临着复杂多变的商业环境，需要具备深入思考和独立分析的能力来应对各种挑战。思考能力对于创业者来说至关重要，它涉及逻辑思维、创新思维和批判性思维等多个方面。思考能力可以帮助创业者发现机会、解决问题并推动企业的持续发展。

（1）逻辑思维：逻辑思维是创业者进行理性分析和判断的基础。它要求创业者能够清晰地理解问题，识别问题的本质和关键要素，并通过合理的推理和演绎找到解决问题的方法。逻辑思维有助于创业者制定明确的战略，确保企业目标的实现。

（2）创新思维：创新思维是创业者在复杂多变的商业环境中脱颖而出的关键。它要求创业者跳出传统的思维框架，从新的视角看待问题，并提出独特的解决方案。创新思维有助于创业者发现新的商业机会，创造新的商业模式，引领市场趋势。

（3）批判性思维：批判性思维体现了创业者对信息进行深入分析和评估的能力。它要求创业者客观地看待问题，不盲从，基于事实和证据进行独立思考。批判性思维有助于创业者识别商业机会中的风险和挑战，并制定相应的策略。

此外，创业者还需要具备其他思考技能，如系统性思考、跨学科思考。系统性思考有助于创业者从整体上把握企业的运营和发展，理解不同部门、不同环节之间的关联和互动方式；跨学科思考则可以帮助创业者从多个学科领域汲取知识和经验，为解决复杂问题提供新的思路和方法。

思考能力对于创业者来说至关重要。通过培养和提高逻辑思维、创新思维和批判性思维方面的能力，创业者可以更好地应对复杂多变的商业环境，发现机会，解决问题，并推动企业持续发展。

**案例3-2-5**

### 爱彼迎的创业案例

爱彼迎的创始人发现：在举办大型体育赛事时，城市中心地区的酒店房间价格高昂，而且常常一房难求。他们意识到这是一个需要解决的问题，并决定通过创新的方式来解决它。在这个案例中，创始人首先准确地识别了问题：在大型体育赛事期间，城市中心地区的住宿资源紧张且价格昂贵。

他们将这个问题定义为需要提供一个既经济又便捷的住宿问题解决方案。创始人没有选择传统的酒店行业，而是提出了一个全新的模式：让当地人出租自己家里的空房间，从而获得一些额外收入。这种模式不仅解决了大型体育赛事期间的住宿问题，而且为人们提供了一种新的生活方式选择。在推出服务之前，创始人充分评估了可能面临的风险，如安全隐患、信任问题。他们采取了多种措施来应对这些风险，如建立完善的身份验证和信用评价体系，提供安全保障措施。爱彼迎通过收集和分析用户数据，不断优化服务质量和用户体验。例如，他们根据用户的搜索和预订行为，推荐更符合用户需求的房源；通过用户评价，筛选出更优质的房东和房源。爱彼迎的创始人通过深入思考和创新，成功地解决了大型体育赛事期间的住宿问题，并创造了一个全新的商业模式。如今，爱彼迎已经成为一家全球性的公司，拥有超过600万间房源，覆盖220个国家和地区。

爱彼迎的案例充分体现了创业者的思考能力。他们能够准确地识别问题并定义问题，通过创新思维提出解决方案，充分评估风险并采取措施应对。同时，他们还善于利用数据分析和用户反馈来不断优化服务质量和用户体验。这种思考能力不仅有助于他们在创业初期取得成功，而且为企业后续的发展奠定了坚实的基础。

### （六）沟通能力

在创业的道路上，创业者扮演着多重角色，需要与各种人群进行有效沟通。无论面对员工、合作伙伴、投资人还是客户，具备良好的沟通能力都是至关重要的。沟通能力不仅涉及口头表达和书面表达，还包括倾听和反馈等多个方面，它们共同确保信息能够准确、有效地被传递和接收。

（1）口头表达：创业者需要能够清晰、简洁地传达自己的想法和意图。在会议、演讲、谈判等场合，他们需要用恰当的词汇和语气来表达自己的观点，使听众能够迅速理解并产生共鸣。

（2）书面表达：创业者经常需要撰写创业计划书、合同、邮件等书面材料。他们应该具备良好的写作技巧，能够准确、清晰地表达自己的意思，避免产生歧义或误解。同时，书面表达时需要注意格式和排版，使材料看起来更加专业和易读。

（3）倾听：有效的沟通不是单向的信息传递，而是双向的信息交流。创业者需要学会倾听他人的意见和建议，理解他人的需求和期望。通过倾听，他们可以更好地了解市场和客户，发现潜在的机会和挑战，从而做出更明智的决策。

（4）反馈：在沟通过程中，创业者需要给予及时的反馈。这是对他人意见的尊重，也是强化双方关系的重要手段。通过反馈，创业者可以表达自己对他人观点的理解和看法，同时提出自己的建议或解决方案。反馈有助于建立互信和合作，推动问题的解决和项目的进展。

此外，创业者还需要注意在以下几方面提高自己的沟通能力。

（1）了解受众：在沟通前了解受众的背景、需求和期望是非常重要的。这有助于创业者选择合适的沟通方式和内容，使信息更加符合受众的接受习惯。

（2）控制情绪：在沟通中，保持冷静和理智是非常重要的。创业者需要控制自己的情绪，避免让情绪波动影响到信息的传递和接收。

（3）使用非语言沟通方式：除了口头表达和书面表达外，非语言沟通也是非常重要的。创业者可以通过肢体语言、面部表情和声音变化等方式来传递信息，增强沟通的效果。

沟通能力是创业者不可或缺的一项能力。通过提高口头表达、书面表达、倾听和反馈等方面的能力，创业者可以更好地与各种人群进行有效的沟通，推动企业的发展。

**案例 3-2-6**

### 王凯与他的科技初创公司

王凯是一家科技初创公司的 CEO（首席执行官），他所在的公司正在开发一款新型的智能家居控制系统。在产品开发过程中，王凯需要与团队成员、投资者、潜在客户及合作伙伴进行频繁的沟通。

王凯非常注重与团队成员的沟通。他定期组织团队会议，确保每个成员都清楚项目的进展、目标和挑战。在会议中，他鼓励团队成员提出自己的想法和建议，并认真倾听。通过有效的沟通，他激发了团队成员的积极性和创造力，与之共同推动项目的进展。在寻求投资的过程中，王凯与投资者进行了深入的沟通和交流。他清晰地阐述了公司的愿景、目标、产品特点和市场前景，并展示了团队成员的专业能力和经验。他还认真听取了投资者的意见和建议，并根据反馈进行调整和改进。通过有效的沟通，他成功吸引了投资者的关注和支持，为公司的发展提供了资金保障。为了更好地了解市场需求和客户需求,王凯经常与潜在客户进行沟通交流。他耐心听取客户的反馈和建议,了解他们对产品的期望和需求。通过有效的沟通,他及时调整产品设计和功能,确保产品能够更好地满足客户的需求。这种以客户为中心的沟通方式不仅提高了产品的竞争力,还增强了客户对公司的信任和忠诚。在与合作伙伴的合作过程中,王凯注重建立长期稳定的合作关系。他通过有效的沟通,与合作伙伴建立了深厚的信任和默契。在遇到问题和挑战时,他积极与合作伙伴进行沟通与协商,共同寻找解决方案。这种合作精神和沟通能力不仅促进了项目的顺利进行,还为公司的长远发展奠定了基础。

在这个案例中,王凯利用有效的沟通能力,与团队成员、投资者、潜在客户和合作伙伴建立了良好的关系。他能够清晰地表达自己的想法和需求,认真倾听他人的意见和建议,并根据反馈进行调整和改进。这种有效的沟通能力不仅提高了工作效率和团队凝聚力,还为公司的发展提供了有力支持。对于创业者来说,沟通能力是成功的关键因素之一。

### (七)心态管理能力

创业的道路上充满未知与变数,创业者时常会遭遇各种挑战。在这些挑战面前,心态管理显得尤为重要。心态管理不仅关乎创业者的情绪状态,更关乎他们的决策质量和行动力。一个优秀的创业者需要具备自信、乐观、坚忍和耐心等素质,以确保在压力和挑战面前能够保持冷静和理智。

(1)自信:自信是创业者面对困难和挑战时的精神支柱。它源于创业者对自己能力的信任和对目标的坚定信念。自信的创业者更有可能在逆境中坚持自己的方向,不因外界的声音而动摇。

(2)乐观:乐观的心态有助于创业者在面对挑战时看到积极的一面。乐观的创业者能够从失败中吸取教训,将挑战视为成长的机会,而不是阻碍。这种积极的心态能够激发他们的创造力和潜力,推动他们不断前进。

(3)坚忍:创业过程中,坚忍的精神是不可或缺的。创业者需要具备不屈不挠的毅力,即使面对再大的困难和挑战,也要勇往直前,不轻言放弃。坚忍的创业者能够在困境中寻找到突破口,最终实现自己的目标。

(4)耐心:创业是一个长期的过程,需要创业者具备足够的耐心。在创业初期,可能会遇到很多困难和挫折,但只要创业者能够保持耐心,持之以恒地努力,就一定能够迎来成功的那一天。耐心的创业者能够在等待中积蓄力量,为未来的成功打下坚实的基础。

(5)情绪管理:创业者需要学会情绪管理,在面对压力和挑战时能够控制自己的情绪,保持冷静和理智。情绪管理关乎创业者的个人成长,也关乎企业的稳定和发展。一个情绪稳定的创业者能够更好地应对各种挑战,带领企业走向成功。

总之,心态管理是创业者必须完成的重要任务。通过培养自信、乐观、坚忍和耐心等素质,以及学会情绪管理,创业者可以在创业道路上更加从容地面对各种挑战和困难,最终实现自己的创业梦想。

**案例3-2-7**

#### 李婷与她的时尚电商平台的创业历程

李婷是一位年轻的创业者,她创立了一个专注于时尚的电商平台。在创业的道路上,她遇到了各种困难,但她凭借出色的心态管理能力成功克服了这些困难,并带领公司走向了成功。

在创业初期,李婷的电商平台遇到了流量不足、用户增长缓慢等问题。面对这些挫折,她没有气馁,而是保持积极乐观的态度,坚信只要不断努力,一定能够找到解决问题的方法。她和团队成员一起分析问题产生的原因,寻找解决方案,并通过持续的努力和创新,逐渐提高了平台的知名度和用户活跃度。随着平台的发展,李婷面临着更大的挑战,如市场竞争激烈、资金紧张。在这些困境中,她展现出了坚定的信念和决心。她坚信自己的商业模式和团队能力,通过不断优化产品和服务、加强市场推广,成功吸引了更多的用户和投资者。同时,她也积极寻求合作伙伴,共同开拓市场,增强了公司的竞争力。在创业过程中,李婷经常面临各种压力,如业绩压力、时间压力,但她能够在压力下保持冷静,不被情绪左右。她善于制定明确的目标,并合理安排时间和资源,确保团队能够高效地完成工作。同时,她也注重与团队成员的沟通和协调,和成员共同应对各种挑战和压力。李婷深知创业是一个不断学习和成长的过程。她始终保持开放的心态,积极学习新的知识和技能,不断提升自己的能力和素质。她关注行业动态和市场趋势,及时调整公司的战略和方向。同时,她也注重与团队成员分享知识和经验,促进团队的整体成长和发展。

在这个案例中,李婷凭借出色的心态管理能力,成功克服了创业过程中的各种挑战和困难。她能够保持积极乐观的态度,坚定信念和决心,在逆境中迎难而上。同时,她也能够在压力下保持冷静,并注重持续学习和成长。这种心态管理能力不仅帮助她个人成功应对了创业中的种种挑战,还激励了团队成员共同面对困难,为公司的发展注入了强大的动力。

**课堂活动**

#### 创业能力的自我测评

在表3-3中,对每项创业者的能力都有1—5分五个等级可选。请同学们根据对自己相关能力的评估,在相应的分数上画圈,并统计总分。针对自己的得分情况,列出自己的测评总结与改进方案。

本测评可以进行两次:第一次测评可以检测自己与成功创业者之间的差距;第二次测评可以在一段时间后进行,检测自己的能力是否有所提升。

表3-3　创业能力测评表

| 能力要求 | 释　义 | 评　分 | | | | |
|---|---|---|---|---|---|---|
| 1. 成就导向/动力 | 有努力实现个人目标的渴望,并表现为积极主动做事 | 5 | 4 | 3 | 2 | 1 |
| 2. 竞争意识 | 愿意参与竞争,主动接受挑战,并努力成为胜利者 | 5 | 4 | 3 | 2 | 1 |
| 3. 冒险精神 | 敢于冒险,同时又有勇气面对风险与失败 | 5 | 4 | 3 | 2 | 1 |
| 4. 人际理解与体谅 | 了解别人的言行、态度产生的原因,善于体谅并帮助别人 | 5 | 4 | 3 | 2 | 1 |
| 5. 价值观引领 | 通常以价值观来引导和影响团队成员,行为方式集中体现了组织所倡导的价值观 | 5 | 4 | 3 | 2 | 1 |
| 6. 说服能力 | 能够通过劝说让他人明白自己的观点,并使对方对自己的观点感兴趣 | 5 | 4 | 3 | 2 | 1 |
| 7. 关系建立能力 | 保持经常的社会性接触,在工作之外,常与同事或顾客发展出友好的个人关系,甚至进行家庭接触,扩大关系网 | 5 | 4 | 3 | 2 | 1 |
| 8. 决策力/个人视野 | 具有宽阔的视野,能够在复杂的、不确定的或是极度危险的情况下及时做出决策。决策的结果从更深远或是更长期的角度看有利于企业的成功 | 5 | 4 | 3 | 2 | 1 |
| 9. 组织能力 | 有能力安排好自己的工作与生活,且使工作任务与信息条理化、逻辑清晰 | 5 | 4 | 3 | 2 | 1 |
| 10. 创新与变革能力 | 能够预测五年甚至十年后的形势并创造机会或避开问题,总是能够创造性地解决各种问题 | 5 | 4 | 3 | 2 | 1 |
| 11. 诚信正直 | 诚实守信,并坚持实事求是、以诚待人,行为表现出高度的职业道德 | 5 | 4 | 3 | 2 | 1 |
| 12. 自信心 | 相信自己能够完成计划,能够通过分析自己的行为来看清失败的原因,并在工作中予以改正 | 5 | 4 | 3 | 2 | 1 |

续　表

| 能力要求 | 释　义 | 评　分 | | | | |
|---|---|---|---|---|---|---|
| 13. 纪律性 | 坚持自己的做事原则,严于律己,具有较强的自控能力 | 5 | 4 | 3 | 2 | 1 |
| 14. 毅力 | 明确自己的目标并为之坚持不懈,即使遇到任何困难都不放弃 | 5 | 4 | 3 | 2 | 1 |
| 15. 适应能力 | 能够适应工作环境的变化,具备应对各种新情况的能力,能够创造性地提出问题解决方案 | 5 | 4 | 3 | 2 | 1 |
| 第一次测评总分 | | | | | | |
| 第二次测评总分 | | | | | | |

测评总结与改进方案

我已具备的能力:


我还不具备的能力:


提高能力的方案:


## 三、创业者应具备的创业潜质

在创业过程中,应该着力培养以下几方面的潜质。

**(一) 资源潜质**

创业需要具备方方面面的资源,包括信息资源、人力资源、财力资源、物力资源等,这些都是创办企业不可或缺的基石。创业者在创业过程中需要对有限的资源进行整合,这样才能确保企业不断发展。

**(二) 营销潜质**

营利是创业最基本也是最重要的目的。对于从事企业经营的创业者而言,最重要的事情是把自己的产品卖出去,因此,市场营销对其事业的成功而言是非常重要的。在企业发展的不同阶段,需要采取相应的营销策略,以产品营销带动企业的良性发展。

### （三）管理潜质

要想使企业有序运作下去，仅凭一两个人的力量是难以做到的。所以，创业者必须学习一定的管理知识，并将这些知识运用到日常的管理实践中去，无论在宏观上还是细节上，都能够自觉运用科学管理的思想、方法和原则去认识、分析和解决管理问题，成为优秀的管理者。

### （四）风险潜质

创业是一种冒险，是一种风险很大的社会实践活动。不少创业者一开始并没有做好创新创业的心理准备，就贸然踏上这条艰险之路，结果遇到一点危机就半途而废了。创业者在任何时候都不能忘记危机，不能忘记进取和创新。

### （五）形象潜质

创业是一个长期的过程，也是一个由小到大、由弱到强的过程。所以，为了确保企业得到长足的发展，在经济利益得到满足的情况下，应尽可能地创造社会效益，这就要求创业者具备一定的形象意识，注重树立良好的企业形象。

### （六）学习潜质

做任何事仅有激情都是不够的，还要有不断学习新知识、新经验、新技能，弥补自己的不足、提高自身水平的强烈意识。对凡是有益于自己事业的东西，都要如饥似渴地学习，不懂技术学技术，不懂管理学管理，不懂营销学营销，不懂财务学财务……要不断学习，永无止境。

### （七）竞争潜质

是竞争促进了生物的进化，是竞争孕育了现代社会的文明。人类正是在生存竞争之中学会制造工具、使用工具，不断发展自己的大脑机能的。没有竞争就没有发展，没有竞争就没有进步。

### （八）责任潜质

责任感是一种自觉主动地做好分内分外一切有益事情的精神状态。个人只有有了责任感，才会具有勇往直前的不竭动力。没有责任感的创业者不是优秀的创业者。创业者要将责任感根植于内心，让它成为一种强烈的意识。在日常行为和工作中，责任感会使创业者表现得更加卓越。创业者要勇于承担责任。

## 四、创业能力和创业潜质的培育途径

新一轮科技革命和产业变革的加速推进要求我们勇于解放思想，主动求新求变，时刻关注和追踪科学技术的最新发展动态，充分认识国内外环境的深刻复杂变化，不断适应新劳动资料、新劳动对象的发展需要，善于运用创新思维破解改革发展中的重大问题，以与时俱进的前瞻视野、战略思维不断打破思维定式，在工作实践中找准创新方向、发掘创新领域。

创业能力和创业潜质的培育是一个全面而深入的过程，要求创业者不断学习和积累相关的知识和技能。相关培育途径如下。

### （一）学习创业知识和技能

1. 学习创业相关的基础知识

（1）市场营销知识：市场营销是创业过程中至关重要的环节，它涉及产品推广、品牌建设、市场定位等方面。创业者需要学习如何制定营销策略,如何分析市场需求和竞争环境,以及如何与消费者建立有效的沟通。

(2)财务管理知识:财务管理是企业持续运营和发展的基础。创业者需要掌握基本的财务知识,如财务报表分析、成本控制、预算管理等方面的知识。此外,创业者还需要了解融资、投资等财务活动,以确保企业有足够的资金支持。

(3)人力资源管理知识:人力资源管理涉及企业的招聘、培训、绩效管理等各个方面。创业者需要了解如何制订人力资源规划,如何招聘和选拔合适的人才,以及如何激发员工的积极性和创造力。

2. 不断更新和扩展知识体系

(1)阅读相关书籍:创业者可以通过阅读创业相关书籍,如《创业维艰》《从0到1》了解创业过程中存在的各种挑战和机遇,以及成功创业者的经验和教训。这些书籍不仅提供了理论支持,还能激发创业者的创业热情和信心。

(2)参加课程培训:创业者可以参加各种创业培训课程。这些课程通常由经验丰富的创业导师授课,内容涵盖市场分析、商业模式设计、营销策略等多个方面。通过参加这些课程培训,创业者可以系统地学习创业知识,并结识志同道合的其他创业者。

(3)向专业人士请教:创业者可以寻求专业人士,如成功创业者、投资人、行业专家的指导和帮助。这些人士具有丰富的创业经验和强大的行业洞察力,可以为创业者提供宝贵的建议和支持。通过与他们交流,创业者可以了解到更多实用的创业知识和经验。

3. 掌握实际操作技能

(1)学会进行市场分析:市场分析是创业过程中不可或缺的一环。创业者需要学习如何收集和分析市场数据,了解市场需求、竞争环境和消费者行为等信息。通过市场分析,创业者可以制定出更加精准的营销策略。

(2)学会制定营销策略:创业者需要学习如何制定有效的营销策略,包括确定目标客户定位、产品定价、销售渠道、促销活动等。通过制定营销策略,创业者可以吸引更多的消费者并提升销售额。

(3)学会制订财务规划:财务规划是企业持续运营和发展的基础。创业者需要学习如何制订财务计划,包括进行预算编制、资金管理、成本控制等。通过制订财务规划,创业者可以确保企业有足够的资金支持,并避免财务风险的发生。

总之,学习创业知识和技能是创业能力和创业潜质培育的基础。创业者需要不断学习并更新自己的知识体系,掌握实际操作技能,以提升自己的创业能力和创业潜质,并能应对创业过程中的各种挑战。

**(二)培养创新思维**

培养创新思维是创业过程中至关重要的一环,它涉及从多个角度思考问题、挑战传统观念,以及勇于尝试新的方法和思路。以下是培养创新思维的详细路径。

1. 学会从不同的角度思考问题

(1)拓宽视野:不断接触新的领域和知识,拓宽自己的视野。通过阅读书籍、参加讲座、观看纪录片等方式了解不同的文化、行业和社会现象,为创新提供源源不断的灵感。

(2)多元化思考:尝试从不同角度审视问题,不要局限于一种思维模式。可以运用逆向思维、批判性思维等打破常规,提出新的解决方案。

（3）发挥想象力：发挥想象力,将看似不相关的事物联系起来,创造出新的概念或产品。可以通过思维导图等工具激发和整理自己的创新想法。

2. 敢于挑战传统观念

（1）勇于质疑：对于现有的观念、方法和制度要敢于质疑,思考其是否还有改进的空间,通过不断挑战和尝试推动创新和发展。

（2）接纳新思想：保持开放的心态,接纳新思想。不要害怕失败或犯错,因为创新想法往往需要在不断尝试和修正中逐渐完善。

（3）营造团队创新氛围：在团队中营造一种鼓励创新、包容失败的文化氛围,让团队成员敢于提出自己的想法和建议,通过集思广益共同提出更具创新性的产品或服务设想。

3. 勇于尝试新的方法和思路

（1）勇于实践：将创新想法付诸实践,通过实践来检验其可行性和效果。不要害怕失败或挫折,因为只有通过实践才能真正了解问题的本质和想法的优劣。

（2）不断学习新技术和新方法：关注市场和技术发展动态,掌握新技术和新方法。这些新技术和新方法可以为创新提供有力的支持,帮助创业者开展更高效、更便捷的创新实践。

（3）参与创新训练项目或活动：通过参与创业大赛、创新实践课程等锻炼自己的创新实践能力。这些活动不仅可以提供实践平台,还可以让我们结识志同道合的创业者和专业人士,与之共同交流和分享创新经验。

培养创新思维需要创业者具备敢于挑战、勇于实践的精神和开放、包容的心态。通过不断学习和实践,创业者可以逐渐形成自己独特的创新思维模式,为成功创业打下坚实的基础。

**（三）积累实践经验**

积累实践经验是创业能力和创业潜质培育中不可或缺的一环。通过实践,创业者可以深入了解企业的运营和管理模式,提升创业能力,并逐渐形成自己的创业思维和策略。以下是积累实践经验的详细路径。

1. 通过实习、兼职等方式了解企业的运营和管理

（1）寻找相关实习机会：积极寻找与创业相关的实习机会,特别是那些能够提供企业运营和管理实践经验的机会。通过实习,我们可以了解企业的组织结构、业务流程、市场策略等,为将来创业打下坚实的基础。

（2）从事兼职工作：在课余时间或假期从事与创业相关的兼职工作。这不仅可以获得一定的经济收益,还可以在实际工作中体验企业的运营和管理。

（3）学习和观察：在实习或兼职过程中要保持好奇心和求知欲,积极学习企业的运营和管理的相关知识。可以向同事请教,了解他们的工作经验和方法,从而更快地掌握相关知识和技能。

2. 积极参与创业实践活动

（1）参加创业大赛：参加创业大赛是一个很好的锻炼机会。通过撰写创业计划书、展示创业项目、接受评委点评等环节,我们可以深入了解创业的全过程,提升自己的创业

能力。

（2）加入创业孵化器：创业孵化器通常会提供场地、资金、导师等资源，帮助创业者实现创业梦想。加入创业孵化器后，我们可以与其他创业者交流经验、分享资源，并从导师那里获得宝贵的建议和指导。

（3）参加创业沙龙和讲座：定期参加创业沙龙和讲座，了解最新的创业动态和趋势。这些活动通常会邀请成功创业者、投资人、行业专家等分享他们的经验和见解，为创业者提供宝贵的启示和灵感。

3．尝试创办企业或参与他人的创业项目

（1）创办企业：如果有条件的话，可以尝试自己创办一家企业。通过实际运营企业，我们可以深入了解创业的各个环节，包括市场调研、产品开发、营销推广、财务管理等。在创业过程中，我们会面临各种挑战和困难，这些挑战和困难也能够锻炼和提升我们的能力和素质。

（2）参与他人的创业项目：如果没有足够的资源和经验来创办自己的企业，可以选择参与他人的创业项目。这样可以与其他创业者一起合作，共同学习和成长。在参与过程中，要积极参与决策、执行任务、解决问题等，不断提升自己的创业能力。

积累实践经验是创业能力培育中至关重要的一环。通过积累实践经验，我们可以深入了解企业的运营和管理，提升创业能力，并逐渐形成自己的创业思维和策略。

**（四）建立人脉关系**

建立人脉关系是创业过程中极为重要的一环，它能够为创业者提供宝贵的资源、信息和支持。以下是建立人脉关系的详细路径。

1．拓展社交圈，与不同领域的人建立联系

（1）参加社交活动：积极参与各类社交活动，如聚会、研讨会、行业活动，这是结识新朋友和潜在合作伙伴的好机会。

（2）利用社交媒体：社交媒体是拓展社交圈的有效工具。通过在微博、微信等平台上发布有价值的内容、参与讨论和互动，我们可以吸引志同道合的人并与之建立联系。

（3）加入相关组织：加入行业组织、校友会、志愿者组织等，可以与志同道合的人一起参加活动，共享资源，建立密切的联系。

2．与合作伙伴和客户建立互信关系

（1）诚信经营：在商业活动中，保持诚信和透明是建立互信关系的基础。遵守承诺，提供高质量的产品和服务可以让我们赢得合作伙伴和客户的信任。

（2）有效沟通：学会倾听和表达，与合作伙伴和客户建立有效的沟通，及时、准确地传递信息和反馈，增强彼此间的了解和信任。

（3）明确共同目标：明确与合作伙伴和客户之间的共同目标，并共同努力实现。共同的成功经历能够加深彼此之间的信任和合作关系。

3．参加行业会议、交流会等活动，与同行交流经验、分享资源

（1）关注行业动态：了解所在行业的最新动态和趋势，积极参加相关的研讨会和交流活动。

（2）积极参与讨论：在会议上积极发言、参与讨论，与同行交流经验和观点。这不仅

有助于与同行建立联系,还能从同行那里获得宝贵的建议和启示。

（3）分享资源:在交流中分享自己的资源,同时向他人寻求帮助和支持。通过互相帮助和分享,我们可以建立起更加紧密的人脉关系。

建立人脉关系是创业过程中不可或缺的一环。通过拓展社交圈、与合作伙伴和客户建立互信关系,以及参加相关活动,创业者可以建立起广泛而深入的人脉网络,为创业提供有力的支持和帮助。

**（五）培养自我管理能力**

培养自我管理能力对于创业者来说至关重要,它能够帮助创业者更好地掌控创业项目,确保项目顺利进行,同时也有助于创业者保持积极的心态和应对各种挑战。

1. 明确目标和计划

（1）明确目标:首先,创业者需要清晰地确定自己的创业目标和愿景。这些目标应该具体、可衡量,并能够指导创业过程中的决策和行动。

（2）制订计划:创业者需要根据目标制订详细的计划。计划应该包括具体的步骤、时间表、资源需求等,以确保项目顺利进行。

（3）灵活调整:在执行计划的过程中,创业者需要保持灵活性,根据实际情况及时调整计划。这有助于应对突发情况和变化,确保项目按照预定目标进行。

2. 培养自我激励和自我约束的能力

（1）设定小目标:将大目标分解为若干个小目标,每完成一个小目标就给予自己一定的奖励。这有助于激发创业者的积极性和动力。

（2）培养自律:创业者需要培养自律的习惯,确保自己能够按照计划行事。这包括合理安排时间、避免拖延、保持专注等。

（3）保持乐观心态:面对困难和挑战时,创业者需要保持积极的心态和乐观的情绪,通过积极应对问题、寻找解决方案增强自己的抗压能力。

3. 不断反思和总结

（1）定期回顾:创业者需要定期回顾自己的创业过程,包括目标完成情况、计划执行效果等。这有助于发现问题、总结经验和教训。

（2）分析问题:在回顾过程中,创业者需要深入分析问题产生的原因和造成的影响。通过识别问题的根源所在,创业者能够找到更有效的解决方案。

（3）制定改进措施:针对发现的问题,创业者需要制定具体的改进措施。这些措施应该具有针对性、可行性,并能够在实践中得到有效实施。

通过不断培养自我管理能力,创业者能够更好地掌控创业项目,确保项目的顺利进行。同时,这种能力也有助于创业者保持积极的心态和应对各种挑战,为创业成功奠定坚实的基础。

**（六）寻求外部支持**

在创业过程中,寻求外部支持是非常重要的,这可以帮助创业者获取资源、经验、建议甚至合作伙伴,从而更好地应对挑战和把握机遇。以下是一些具体的策略。

1. 寻求创业资源和支持

（1）关注创业孵化器:很多地区都设有创业孵化器,它们提供办公场地、基础设施,以及法律咨询、融资对接等一系列服务,帮助初创企业快速成长。

（2）关注创业基金:政府、高校、企业等都有可能设立创业基金,用于支持有潜力的创业项目。创业者可以了解这些基金的申请条件和流程,争取资金支持。

（3）关注政策优惠:政府通常会出台一系列政策来鼓励创业,包括税收优惠、贷款支持等。创业者应关注相关政策,并合理利用这些优惠条件。

2. 寻求导师或顾问的指导

（1）联系创业导师:很多成功的创业者、企业家、投资人等都愿意担任创业导师,为创业者提供宝贵的经验和建议。创业者可以通过参加创业活动、加入创业组织等方式结识这些导师,并寻求他们的帮助。

（2）联系专业顾问:在创业过程中,创业者可能需要财务、法律、市场等方面的专业顾问。他们可以为创业者提供专业的建议和服务,帮助创业者规避风险、优化决策。

3. 与其他创业者或团队建立合作关系

（1）进行资源共享:与其他创业者或团队建立合作关系可以实现资源共享,如技术、市场、资金的共享。这有助于降低创业成本,提高创业成功率。

（2）进行经验交流:与其他创业者或团队交流经验可以做到互相学习、互相启发,从而更好地应对创业过程中的挑战和机遇。

（3）共同应对挑战:在创业过程中可能会遇到各种挑战和困难。与其他创业者或团队建立合作关系,可以共同应对这些挑战,降低风险。

4. 注意事项

（1）明确自己的需求和目标:在寻求外部支持时,首先要明确自己的需求和目标,以便有针对性地寻找合适的资源和支持。

（2）主动出击:不要等待机会降临,而是要主动出击,积极寻找和争取外部支持。

（3）建立良好的人际关系:在创业过程中,良好的人际关系是非常重要的。创业者需要积极建立和维护与政府、高校、其他企业、投资者、导师等的关系,以便在需要时获得支持和帮助。

（4）保持诚信和透明:在与外部支持者合作时,要保持诚信和透明,这有助于建立长期稳定的合作关系,并赢得其信任和支持。

**（七）持续学习和成长**

在创业的道路上,持续学习和成长是不可或缺的。创业环境的发展日新月异,只有不断学习和进步,才能跟上时代的步伐,确保自己的创业项目具有竞争力。以下是关于如何持续学习和成长的建议。

1. 保持开放的心态和持续学习的热情

（1）认识到学习的重要性:创业者需要认识到学习是创业成功的关键因素,只有不断学习,才能不断提升自己的能力和竞争力。

（2）保持好奇心:对新知识、新技术、新趋势保持好奇心,积极探索和学习,不断拓宽自己的视野和知识面。

（3）乐于接受挑战:在创业过程中会遇到各种挑战和困难。创业者需要保持开放的心态,乐于接受挑战,在应对挑战中学习和成长。

2. 关注行业动态和新技术的发展

（1）定期阅读行业资讯：关注相关的行业媒体、博客或社交媒体账号，定期阅读最新的行业资讯和动态，了解行业的最新趋势和发展方向。

（2）参加行业会议和研讨会：通过参加行业会议、研讨会等活动与同行交流经验、分享心得，了解行业的最新技术和创新点。

（3）学习新技术：关注新技术的发展和应用，掌握新技术，将其应用到自己的创业项目中，提升项目的竞争力。

3. 积极参与各种培训和学习活动

（1）参加创业培训课程：参加政府机构、高校、相关组织等提供的创业培训课程，学习创业知识、技能和经验，提升自己的创业能力。

（2）利用在线学习平台学习：利用在线学习平台如慕课网、网易云课堂选择自己感兴趣的课程进行学习，提升自己的综合素质和能力。

（3）加入学习小组或社群：加入学习小组或社群，与其他学习者一起交流、讨论和分享学习心得，共同成长和进步。

4. 实践和应用所学知识

（1）将所学知识应用到实践中：将所学知识应用到自己的创业项目中，通过实践来检验和巩固所学知识。

（2）不断总结和反思：在创业过程中不断总结和反思自己的行为和决策，发现问题并寻找解决方案，从而不断提升自己的能力水平。

总之，持续学习和成长是创业成功的关键因素之一。创业者需要保持开放的心态和持续学习的热情，关注行业动态和新技术的发展，积极参与各种培训和学习活动，将所学知识应用到实践中，不断总结和反思，从而不断成长和进步。

＝＝＝＝＝ 课 堂 活 动 ＝＝＝＝＝＝＝＝＝＝＝＝＝＝＝＝＝＝＝＝＝＝

### 创业者核心素质测评

创业是一件充满成就感和诱惑力的事情，但并不是每个人都适合走这条路。创业者核心素质测评可以帮助我们了解自己是否适合创业，从而做出合理的决策。通过填写表3-4，我们可以比较合理地测评自己是否具备创业者要具备的核心素质。

表3-4　创业者核心素质测评表

| 以下是一些关于你自信水平的问题，请在你认为正确的答案后打"√"，并写出你的信心水平（你认为自己正确的概率） | | |
|---|---|---|
| 1 | 迄今为止，珠穆朗玛峰最年轻的登顶者年龄为多少？ | A. 16 岁（　） B. 14 岁（　） | 信心水平（　%） |
| 2 | 目前你所在城市的常住人口中哪种性别比例更高？ | A. 男性（　） B. 女性（　） | 信心水平（　%） |

| 3 | 目前你所在城市的互联网用户人数约为多少？ | A. 500 万（　） 　B. 800 万（　） | 信心水平（　　%） |
|---|---|---|---|
| 4 | 1959—1961 年,我国因哪种原因死亡的人数更多？ | A. 战争（　） 　B. 自然灾害（　） | 信心水平（　　%） |
| 5 | 2023 年国内的汽车产量约为多少？ | A. 2 000 万辆（　） 　B. 3 800 万辆（　） | 信心水平（　　%） |
| 6 | 2020 年上半年我国发病人数更多的是什么疾病？ | A. 乙肝（　） 　B. 肺结核（　） | 信心水平（　　%） |

以下是一些有关创业警觉性的陈述,请根据真实的情况做出评价,在相应的数字上画圈,数字越大表示越符合你的情况

| 1 | 我总是能够听取他人的意见和建议 | 1 | 2 | 3 | 4 | 5 |
|---|---|---|---|---|---|---|
| 2 | 我很在意来自外界的反馈 | 1 | 2 | 3 | 4 | 5 |
| 3 | 我通过各种媒介来获悉商业动态 | 1 | 2 | 3 | 4 | 5 |
| 4 | 我通过关系网络来寻求商业信息 | 1 | 2 | 3 | 4 | 5 |
| 5 | 我会投入较多的时间来思考如何经营 | 1 | 2 | 3 | 4 | 5 |
| 6 | 我能够发现他人的盲点 | 1 | 2 | 3 | 4 | 5 |
| 7 | 我总是能够看到有用的资源 | 1 | 2 | 3 | 4 | 5 |
| 8 | 我的商业设想来自偶然的发现和洞察 | 1 | 2 | 3 | 4 | 5 |
| 9 | 我可以将几个看似不相关的事物联系起来 | 1 | 2 | 3 | 4 | 5 |
| 10 | 当情况反复出现的时候,我不会把它视为一种偶然现象 | 1 | 2 | 3 | 4 | 5 |
| 11 | 对看似偶然的现象,我会保持关注和思考 | 1 | 2 | 3 | 4 | 5 |
| 12 | 我觉得未来充满了新奇感,而不是周而复始的 | 1 | 2 | 3 | 4 | 5 |
| 13 | 我对一闪而过的念头会做出心理模拟和行动设想 | 1 | 2 | 3 | 4 | 5 |
| 14 | 我预见到了某些蕴含商业潜质的事物 | 1 | 2 | 3 | 4 | 5 |
| 15 | 我能够在较短的时间里对经营策略做出判断 | 1 | 2 | 3 | 4 | 5 |

以下是一些有关创业意向的陈述,请根据真实的情况做出评价,在相应的数字上画圈,数字越大表示越符合你的情况

| 1 | 对我来说,和创业相关的活动是有吸引力的 | 1 | 2 | 3 | 4 | 5 |
|---|---|---|---|---|---|---|
| 2 | 面临一个新的创业机会,我会非常兴奋 | 1 | 2 | 3 | 4 | 5 |

| 3 | 即使创业失败,我也不会后悔当初选择创业 | 1 | 2 | 3 | 4 | 5 |
|---|---|---|---|---|---|---|
| 4 | 我感到创业是一种对自己的锻炼和鞭策 | 1 | 2 | 3 | 4 | 5 |
| 5 | 相对于低报酬的稳定工作,我会选择高风险的创业活动 | 1 | 2 | 3 | 4 | 5 |
| 6 | 即使事先知道创业有不确定性,我还是会考虑创业 | 1 | 2 | 3 | 4 | 5 |
| 7 | 为了创业,我会选择放弃优越的工作 | 1 | 2 | 3 | 4 | 5 |
| 8 | 我能独立承担创业风险 | 1 | 2 | 3 | 4 | 5 |
| 9 | 我有比较长远的创业计划 | 1 | 2 | 3 | 4 | 5 |
| 10 | 即使很少有人支持我创业,我也会坚持 | 1 | 2 | 3 | 4 | 5 |
| 11 | 我会尽自己最大的努力去达成创业目标 | 1 | 2 | 3 | 4 | 5 |
| 12 | 即使在创业的过程中遇到了困难,我也会坚持到最后 | 1 | 2 | 3 | 4 | 5 |
| 13 | 如果给我足够的资金,我相信自己能干出一番事业 | 1 | 2 | 3 | 4 | 5 |
| 14 | 如果给我足够的时间,我相信自己能为产品开拓出新的市场 | 1 | 2 | 3 | 4 | 5 |
| 15 | 我相信自己能为现有的产品设计出新的功能 | 1 | 2 | 3 | 4 | 5 |
| 16 | 只要我付出必要的努力,我一定能达成销售目标 | 1 | 2 | 3 | 4 | 5 |
| 17 | 只要我尽最大的努力,我相信自己能解决在创业过程中遇到的大多数难题 | 1 | 2 | 3 | 4 | 5 |

以下是一些有关市场定位与把握的能力的陈述,请根据真实的情况做出评价,在相应的数字上画圈,数字越大表示越符合你的情况

| 1 | 我会经常关注市场动向 | 1 | 2 | 3 | 4 | 5 |
|---|---|---|---|---|---|---|
| 2 | 我会经常关注政策的变化 | 1 | 2 | 3 | 4 | 5 |
| 3 | 我会经常关注各种资源的供求情况 | 1 | 2 | 3 | 4 | 5 |
| 4 | 我会经常关注技术的发展 | 1 | 2 | 3 | 4 | 5 |
| 5 | 我能够发现市场中存在的空隙 | 1 | 2 | 3 | 4 | 5 |

以下是一些有关人际交往能力的陈述,请根据真实的情况做出评价,在相应的数字上画圈,数字越大表示越符合你的情况

| 1 | 我现在已经建立了一个包含10人左右的核心人际网 | 1 | 2 | 3 | 4 | 5 |
|---|---|---|---|---|---|---|
| 2 | 我会定期与人际网中的成员保持联系 | 1 | 2 | 3 | 4 | 5 |

| 3 | 我会时常参加自己喜欢的社交活动以扩大自己的人际网 | 1 | 2 | 3 | 4 | 5 |
|---|---|---|---|---|---|---|
| 4 | 我和各种各样的人都相处得很好 | 1 | 2 | 3 | 4 | 5 |
| 5 | 我可以毫无困难地向陌生人介绍自己 | 1 | 2 | 3 | 4 | 5 |
| 6 | 我几乎可以和任何人谈论任何事情 | 1 | 2 | 3 | 4 | 5 |
| 7 | 我善于博得别人的喜欢 | 1 | 2 | 3 | 4 | 5 |
| 8 | 我通常能敏锐地觉察到人们在特定情境下的内心感受 | 1 | 2 | 3 | 4 | 5 |
| 9 | 我经常考虑别人对我的看法 | 1 | 2 | 3 | 4 | 5 |
| 10 | 赞扬别人,或者告诉他们我很认同他们所做的事情对我来说是毫无问题的 | 1 | 2 | 3 | 4 | 5 |
| 11 | 在与他人说话时,我不介意中途被打断 | 1 | 2 | 3 | 4 | 5 |
| 12 | 我会时常关心身边的人 | 1 | 2 | 3 | 4 | 5 |
| 13 | 我能说出一个人在很多情况下做出某些行为的原因 | 1 | 2 | 3 | 4 | 5 |
| 14 | 即使我不喜欢某个人,也能与之保持关系融洽 | 1 | 2 | 3 | 4 | 5 |
| 15 | 我能批评别人而又不使他们生气 | 1 | 2 | 3 | 4 | 5 |
| 16 | 我能很容易地解决和别人之间的矛盾 | 1 | 2 | 3 | 4 | 5 |
| 17 | 我会赞扬他人所取得的成就 | 1 | 2 | 3 | 4 | 5 |
| 18 | 我能坦然介绍我的工作、生活及教育经历 | 1 | 2 | 3 | 4 | 5 |
| 19 | 在一大群人面前演讲时我感到毫不困难 | 1 | 2 | 3 | 4 | 5 |
| 20 | 我会让他人知道在某个特殊领域我的能力享有盛誉 | 1 | 2 | 3 | 4 | 5 |
| 21 | 我会让他人注意到我的才能 | 1 | 2 | 3 | 4 | 5 |
| 22 | 我一般能给他人留下好的第一印象 | 1 | 2 | 3 | 4 | 5 |
| 23 | 我不认为自己是一个不合群的人 | 1 | 2 | 3 | 4 | 5 |
| 24 | 我通常知道什么时候是寻求别人帮助的最佳时机 | 1 | 2 | 3 | 4 | 5 |
| 25 | 我始终用诚意对待身边的人 | 1 | 2 | 3 | 4 | 5 |

实训篇

# 实训项目一：制订提升创业能力和创业素质的计划

| 实训主题 | 制订提升创业能力和创业素质的计划 |
|---|---|
| 实训目标 | 1. 客观评价自己的创业能力和创业素质；<br>2. 学会制订提升创业能力和创业素质的计划 |
| 实训准备 | 准备测评工具，同学们分为 6～8 人的小组 |
| 实训流程与<br>要求 | 1. 通过线上和线下测评对自己的创业能力和创业素质进行评价，全面客观地了解自己；<br>2. 确定自己需要提升的创业能力和创业素质；<br>3. 制订具体可行的创业能力和创业素质提升计划；<br>4. 每个小组派一名代表进行分享，同学之间相互讨论，交流心得 |
| 实训总结 | 教师点评 |
|  | 实训心得 |

# 实训项目二：发散思维训练

| 实训主题 | 发散思维训练 |
|---|---|
| 实训目标 | 1. 培养发散思维能力；<br>2. 掌握开展发散思维的一般方法；<br>3. 树立开展发散思维的自信心 |
| 实训准备 | 同学们分为若干组，每组 6~8 人 |
| 实训流程与要求 | 如图实训 2-1 所示，灯和开关分别在不同的房间里，一间房里有甲、乙、丙三盏灯，另一间房里则有控制灯的 A、B、C 三个开关。已知每个开关控制其中的一盏灯。现在三盏灯都是灭的。每个房间只能进入一次，如何正确判断甲、乙、丙三盏灯的控制开关？请各组设计出该问题的解决方案<br><br><br><br>图实训 2-1　发散思维训练图 |
| 实训总结 | 教师点评<br><br><br><br><br><br><br>实训心得<br><br> |

# 实训项目三：联想思维训练

| 实训主题 | 联想思维训练——接龙游戏 |
|---|---|
| 实训目标 | 1. 树立创新思维意识；<br>2. 提高创新思维能力；<br>3. 掌握联想思维的应用方法 |
| 实训准备 | 同学们分为若干组，每组 6～8 人 |
| 实训流程与<br>要求 | 请同学们分组开展联想接龙游戏，格式为"想到……就想到……"例如，想到米饭就想到碗，想到碗就想到筷子，想到筷子就想到竹子，等等。各小组分别根据给定的头尾开展接龙，第一个词是"风"，最后一个词是"收音机"，每位同学说出一个联想词，最终完成接龙，用时最短的小组获胜 |
| 实训总结 | 教师点评 <br><br><br><br><br><br><br><br> 实训心得 <br><br><br><br><br><br> |

# 实训项目四：设计思维训练

| 实训主题 | 设计思维训练 |
|---|---|
| 实训目标 | 1. 掌握设计思维的应用步骤与技巧；<br>2. 提升设计思维水平；<br>3. 培养创新能力 |
| 实训准备 | 准备写有家具名称的词卡、白纸，同学们分为若干组，每组 6～8 人，每组选出一名汇报人员 |
| 实训流程与要求 | 1. 各组分别抽取一张词卡，根据词卡上的家具名称，小组讨论，在其基础上设计一种智慧组合家具，要符合用户的需求；<br>2. 设计完成后，请各组分别画出设计稿；<br>3. 各组的汇报人员分别进行展示 |
| 实训总结 | 教师点评<br><br><br><br><br><br><br><br><br><br><br>实训心得<br><br><br><br><br><br><br> |

# 实训项目五：头脑风暴法训练

| 实训主题 | 利用头脑风暴法设计适合在校园内使用的交通工具 |
|---|---|
| 实训目标 | 1. 掌握头脑风暴法的应用要点；<br>2. 学会团队协作；<br>3. 提升沟通表达能力 |
| 实训准备 | 同学们分为若干组，每组 6～8 人，每组选出一名主持人、一名记录人、一名汇报人员 |
| 实训流程与要求 | 1. 各位主持人宣布头脑风暴会议的主题和注意事项；<br>2. 各组分别开展头脑风暴，设计出一种适合在校园内使用的交通工具，要求画出设计稿并进行产品描述，各位记录人记录本组开展头脑风暴会议的过程与情况；<br>3. 头脑风暴会议结束后，各组的汇报人员分别进行展示 |
| 实训总结 | 教师点评<br><br><br><br>实训心得 |

# 实训项目六：决策模拟实训

| 实训主题 | 决策模拟实训 |
|---|---|
| 实训目标 | 1. 掌握决策的基本理论和方法；<br>2. 培养团队协作和沟通能力；<br>3. 提高解决实际问题的能力 |
| 实训准备 | 准备红牌、黑牌两种卡片，同学们分为若干组，每组 6～8 人，每组选出一名汇报人员 |
| 实训流程与要求 | 1. 甲、乙两家公司经过多次谈判达成了一份交易合同。本合同一共包含 6 次交易，甲方负责发货，乙方负责汇款。小组两两结对，分别扮演甲、乙两家公司进行决策。决策的目标是为你的公司获得最大利润。<br>2. 红牌代表守约，黑牌代表不守约。双方的 6 次交易决策遵循以下规则。<br>  (1) 6 笔交易逐笔进行，做完一笔后才能再做下一笔。<br>  (2) 每次交易前双方均各自进行集体决策，随后派一名代表出牌。若双方均出红牌，则各自获利 30 万元；若双方均出黑牌，则各自亏损 20 万元；若一红一黑，则红方亏损 50 万元，黑方获利 50 万元。<br>3. 第一次交易时间为 2 分钟，其余每次交易均在 1 分钟内完成。<br>4. 第三次和第六次交易处于销售旺季，获利和亏损均加倍。<br>5. 各小组两两开始交易，把每一次交易的决策和损益填入表实训 6-1。<br><br>表实训 6-1　交易记录表<br><br>表格如下：<br><br>6. 交易结束后核对损益情况，选出获利最多的小组 |

表实训 6-1　交易记录表

| 交易双方 | | 第一轮 | 第二轮 | 第三轮 | 第四轮 | 第五轮 | 第六轮 |
|---|---|---|---|---|---|---|---|
| 甲方 | 决策 | | | | | | |
| | 损益 | | | | | | |
| 乙方 | 决策 | | | | | | |
| | 损益 | | | | | | |

| 实训总结 | 教师点评 |
|---|---|
| | |
| | 实训心得 |
| | |

# 实训项目七：会议服务与协调实训

| | |
|---|---|
| 实训主题 | 会议服务与协调实训 |
| 实训目标 | 1. 了解活动组织阶段各项工作的主要内容；<br>2. 掌握活动组织工作的流程、方法和手段；<br>3. 能够做好活动组织阶段的各项工作 |
| 实训准备 | 同学们分为若干组，每组 6～8 人，每组选出一名组长，负责协调工作 |
| 实训流程与<br>要求 | 1. 假设××创新股份有限公司将于 12 月 26 日召开研发成果展示会，与会人员将于 12 月 25 日陆续到达。请各组组长负责召集会议，布置落实会议服务工作的相关安排。每组均要做好以下安排。<br>（1）若干名同学负责与会人员接站工作。与会人员乘坐的交通工具有飞机、火车和汽车，到达时间是当日的 6—23 时。与会人员中有 10 位是领导和贵宾，要派专车接送。接站工作的安排要涉及车辆、时间安排，还要注意礼仪规范等。<br>（2）若干名同学负责会议报到、签到工作。要注意选择签到方法，并准备好必要的工具。<br>（3）若干名同学负责会场服务工作。会场服务要认真、周到、热情，注意礼仪规范。<br>2. 各组根据会议讨论，形成相关计划。<br>3. 各组根据责任分工，列出工作过程中必需的物料清单 |
| 实训总结 | 教师点评 <br><br><br><br><br><br><br> 实训心得 <br><br><br><br><br><br><br> |

# 实训项目八：体验团队间的竞争与合作

| 实训主题 | 体验团队间的竞争与合作 |
| --- | --- |
| 实训目标 | 1. 了解市场中的竞争与合作关系；<br>2. 学会团队协作；<br>3. 提升全局意识 |
| 实训准备 | 准备红签、黑签两种卡片，同学们平均分为 5 组 |
| 实训流程与<br>要求 | 1. 游戏共 10 轮，每轮游戏前由小组成员以协商的方式决定本轮所要出的是红签还是黑签。<br>2. 每轮出签后，统计各组出签结果，记录在表实训 8-1 中。第 5 轮结束后，各组分别派一名代表进行一次谈判，第 6 轮和第 8 轮结束后也可以选择谈判。但只要有小组放弃，谈判就取消。<br><br>表实训 8-1　小组出签记录表<br><br><table><tr><td>项　目</td><td>第一组</td><td>第二组</td><td>第三组</td><td>第四组</td><td>第五组</td></tr><tr><td>第 1 轮出签</td><td></td><td></td><td></td><td></td><td></td></tr><tr><td>第 2 轮出签</td><td></td><td></td><td></td><td></td><td></td></tr><tr><td>第 3 轮出签</td><td></td><td></td><td></td><td></td><td></td></tr><tr><td>第 4 轮出签</td><td></td><td></td><td></td><td></td><td></td></tr><tr><td>第 5 轮出签</td><td></td><td></td><td></td><td></td><td></td></tr><tr><td>第 6 轮出签</td><td></td><td></td><td></td><td></td><td></td></tr><tr><td>第 7 轮出签</td><td></td><td></td><td></td><td></td><td></td></tr><tr><td>第 8 轮出签</td><td></td><td></td><td></td><td></td><td></td></tr><tr><td>第 9 轮出签</td><td></td><td></td><td></td><td></td><td></td></tr><tr><td>第 10 轮出签</td><td></td><td></td><td></td><td></td><td></td></tr></table><br><br>3. 第一轮出签后，依据表实训 8-2 中的得分规则统计各组得分，并登记在表实训 8-3 中。之后几轮依次进行，共计 10 轮。最终得分最高的小组获胜。 |

| 实训流程与要求 | 表实训 8-2　得分规则 |||
| --- | --- | --- | --- |

表实训 8-2　得分规则

| 出　签　情　况 | 得　　分 |
| --- | --- |
| 5 红 | 各组均加 3 分 |
| 4 红 1 黑 | 红组扣 3 分,黑组加 10 分 |
| 3 红 2 黑 | 红组扣 4 分,黑组加 6 分 |
| 2 红 3 黑 | 红组扣 2 分,黑组加 3 分 |
| 1 红 4 黑 | 红组加 1 分,黑组扣 2 分 |
| 5 黑 | 各组均扣 5 分 |

注：第 7、第 8 轮的得分乘 3 计算,第 9、第 10 轮的得分乘 6 计算。

表实训 8-3　小组得分统计表

| 项　　目 | 第一组 | 第二组 | 第三组 | 第四组 | 第五组 |
| --- | --- | --- | --- | --- | --- |
| 第 1 轮得分 | | | | | |
| 第 2 轮得分 | | | | | |
| 第 3 轮得分 | | | | | |
| 第 4 轮得分 | | | | | |
| 第 5 轮得分(谈判) | | | | | |
| 第 6 轮得分(可谈判) | | | | | |
| 第 7 轮得分(乘 3 计算) | | | | | |
| 第 8 轮得分(乘 3 计算)(可谈判) | | | | | |
| 第 9 轮得分(乘 6 计算) | | | | | |
| 第 10 轮得分(乘 6 计算) | | | | | |
| 合 计 | | | | | |

| 实训总结 | 教师点评 |
| --- | --- |
| | |
| | 实训心得 |
| | |

# 主要参考文献

［1］李大元,王丁,傅颖竹.数字创新创业管理［M］.北京：清华大学出版社,2024.

［2］董新蕊,侯宁,莫胜钧.创新魔方［M］.上海：东方出版社,2023.

［3］田丰,胡剑英,尹晓伟.大学生创新创业基础［M］.北京：中国人口出版社,2023.

［4］刘义军.创新引领未来：从理论到应用看创新轨迹［M］.北京：九州出版社,2023.

［5］刘露.从创意到创业：大学生创新创业实践指导［M］.合肥：合肥工业大学出版社,2023.

［6］伯昆.创新的思考［M］.北京：中国广播影视出版社,2023.

［7］潘从明.五步创新思维法［M］.北京：中国工人出版社,2022.

［8］刘炯朗.创新思维［M］.北京：朝华出版社,2021.

［9］宋洋.创新思维［M］.沈阳：东北大学出版社,2019.

［10］江帆,戴杰涛,刘征.创新方法与创新设计［M］.北京：机械工业出版社,2019.

［11］赖先志,郑栋之.大学生创新创业实践指导教程［M］.成都：电子科技大学出版社,2019.

［12］杨羽宇,孙双林,黄东兴.创新创业教育基础［M］.长春：吉林大学出版社,2018.

［13］马莹,单学亮,马光波.大学生创新创业基础［M］.沈阳：东北大学出版社,2017.

［14］张丰河.大学生创新创业［M］.南京：东南大学出版社,2016.

［15］殷朝华,许永辉,翁景德.大学生创新创业基础［M］.上海：上海交通大学出版社,2016.

［16］龙柒.世界上最伟大的50种思维方法［M］.北京：金城出版社,2016.

［17］黎娜.清华北大学生爱做的1 500个思维游戏［M］.北京：中国华侨出版社,2010.

［18］问道,王非.思维风暴［M］.北京：华文出版社,2009.

感谢您使用本书。为方便教学，我社为教师提供资源下载、样书申请等服务，如贵校已选用本书，您只要关注微信公众号"高职素质教育教学研究"，或加入下列教师交流QQ群即可免费获得相关服务。

最新目录
样书申请
资源下载
写作试卷
线上购书

**"高职素质教育教学研究"公众号**　　　　　师资培训　教学服务　教材样章

**资源下载**：点击"**教学服务**"—"**资源下载**"，或直接在浏览器中输入网址（http://101.35.126.6/），
　　　　　　注册登录后可搜索下载相关资源。（建议用电脑浏览器操作）
**样书申请**：点击"**教学服务**"—"**样书申请**"，填写相关信息即可申请样书。
**样章下载**：点击"**教材样章**"，可下载在供教材的前言、目录和样章。
**师资培训**：点击"**师资培训**"，获取最新直播信息、直播回放和往期师资培训视频。

## 联系方式

职业素养和创新创业教师交流QQ群：310075759
联系电话：（021）56961310　电子邮箱：3076198581@qq.com